W0038996

HAYMON verlag

Familiengeschichte, die auch Weltgeschichte ist: Lange vor der Geburt seines Enkels Wolfgang wird Hugo Paterno umgebracht. Der Zollbeamte aus Vorarlberg und strenggläubige Katholik wird Opfer der im Nationalsozialismus so alltäglichen wie folgenschweren und erbarmungslosen Praxis der Denunziation.

Großvater Hugo ist für Wolfgang Paterno ein Unbekannter, ein Ausgelöschter. Nur wenige Menschen können – oder wollen – mit ihm über das Vorgefallene sprechen und seine Fragen beantworten. Auf Basis von Protokollen, Briefen und Prozessakten zeichnet er das Schicksal seines Großvaters nach. Eine eindrückliche und persönliche Dokumentation eines menschlichen Schicksals in der Maschinerie der nationalsozialistischen Unrechtsjustiz.

Wolfgang Paterno

„So ich noch lebe ..."

Meine Annäherung an den Großvater
Eine Geschichte von Mut und Denunziation

Gedruckt mit freundlicher Unterstützung durch das Amt der Vorarlberger Landesregierung, den Zukunftsfonds der Republik Österreich und den Nationalfonds der Republik Österreich für Opfer des Nationalsozialismus.

Auflage:

4	3	2	1
2023	2022	2021	2020

© 2020
HAYMON verlag
Innsbruck-Wien
www.haymonverlag.at

ISBN 978-3-7099-7289-2

Buchinnengestaltung nach Entwürfen von himmel. Studio für Design und Kommunikation, Innsbruck/Scheffau – www.himmel.co.at
Satz: Da-TeX Gerd Blumenstein, Leipzig
Umschlag: Eisele Grafik · Design, München
Umschlagabbildung: Hugo Paterno mit Ehefrau Maria und Tochter Anita, Juni 1932 (© privat)
Autorenfoto: Erwin Schuh

Gedruckt auf umweltfreundlichem, chlor- und säurefrei gebleichtem Papier.

„Niemand auf der Welt kann ein Leben, sei es nun lang
oder kurz gewesen, ungeschehen machen." [1]
Ralf Rothmann

„Das Entziffern der Schrift ist das
Entziffern eines Menschen." [2]
Anne Weber

„Der Körper vergeht, die Erzählung besteht,
sie löst sich aus dem Körper und lebt auf." [3]
Florjan Lipuš

„Er war ein Mensch!" [4]
Leserbrief *Vorarlberger Nachrichten*, 1979

Vorrede

„*So ich noch lebe* …" ist das Buch einer Suche. Es erzählt die Geschichte des Vorarlberger Zollwachebeamten Hugo Paterno, der am 19. Dezember 1896 in Bludenz geboren und als ein Opfer von Denunziation und Verfolgung am 7. Juli 1944 in München-Stadelheim hingerichtet wurde; es berichtet über ein Leben, das jahrzehntelang verdrängt wurde, und über ein Sterben, das nahezu vergessen ist. „*So ich noch lebe* …" erzählt von einer Zeit, in der ein Menschenleben wenig wert, in der Verrat an seinem Nächsten auf der Tagesordnung stand, in beängstigender Gemengelage aus Neid, Rachelust, Missgunst, Gehässigkeit, Wichtigtuerei. Dieses Buch ist weder wissenschaftlicher Bericht noch lückenlose Recherche einer Biografie, vielmehr der Versuch, den weißen Flecken und Leerstellen einer nahezu entschwundenen Existenz hinterherzuschreiben.

Mein Großvater Hugo Paterno ist mir ein Unbekannter, ein Fremder, mit dem ich kein klares Bild und, wenn überhaupt, Emotionen zweiter und dritter Hand verbinde – und der zugleich, in geisterhafter Gleichzeitigkeit, als Vater meines eigenen Vaters letztlich dafür verantwortlich ist, dass ich über sein Leben und Sterben berichte.[1]

Hugo Paterno ist innerhalb seiner Familie, inner- und außerhalb seines Heimatorts Lustenau ein Vergessener. Die wenigen Darstellungen seiner Lebensspuren, im Abstand von Jahrzehnten in Zeitungen und historischen Überblicksartikeln verstreut publiziert, entbehrten zumeist jeder gesicherten Grundlage, sie waren und sind schlicht falsch. Seine Biografie wurde schon immer verzerrt dargestellt. Man gab sich damit zufrieden, von seinem Sterben 1944 unter dem Fallbeil zu berichten, und verabsäumte dabei, nach den Einzelheiten seines Lebens zu fragen; das schwarzdüstere Schlussbild überdeckte den Rest. Niemand fragte nach, kaum jemand hakte ein. Die Antwort auf jedes Nachbohren war Stillschweigen.

Hugo Paternos Geschichte steht für vieles, wenn es um das Stillhalten und Schweigen nach 1945 geht. Nicht nur die Täter verstummten, die Opfer richteten sich ebenfalls in ihrer Wortlosigkeit ein. Sein Schicksal bot dem Schweigen tausend Türen. Man nahm in Kauf, dass der Großvater für seine konsequente Haltung den Preis des Vernichtet- und Vergessenwerdens entrichten musste, und man verabsäumte – über dem kaum je gezeigten Stolz, auf der richtigen Seite der Geschichte zu stehen, nämlich auf jener der Opfer – nach den näheren Umständen seines Lebens und Sterbens zu fragen. Im Juli 1944, als er enthauptet wurde, räumten die Nazis mit ihren Gegnern an der inneren Front gnadenlos auf, Widerstand zwecklos. Nach 1945 wollte man mit den Widerständlern nichts zu tun haben, die Familien blieben unter sich, die Opfer wurden in kleinem Rahmen gewürdigt, ihre Nachleben oft nicht über die Zeit gerettet.

„So ich noch lebe …" erzählt auf Basis erstmals eingesehener Dokumente, die während der Jahrzehnte unbeachtet in tiefen Kellern lagerten, verschollen geglaubter Fotos und Briefe vom Leben und Sterben Hugo Paternos. Bei all dem kann ich aber nie so tun, als kannte ich ihn.

Es brauchte mein halbes Leben, damit ich mich, als eines seiner sieben Enkelkinder, auf seine verwischten Spuren machte, auf die Suche nach dem Großvater, der er nie war. Hugo war 48 Jahre alt, als er starb, genauso alt, wie ich, sein Enkel, heute bin.

Als ich Kind war, hieß es, Hugo sei enthauptet worden. „Guillotiniert" ist ein schwieriges Wort für ein Kind, einmal der Aussprache wegen, vielmehr dem Sinn nach. Dem Großvater wurde der Kopf abgeschlagen? Hugos Haupt fiel unter dem Fallbeil? Opa geköpft? In unserer Familie wurde von dem fernen Verwandten mit abgetrenntem Kopf nie viel Aufhebens gemacht. Der Opa ohne Kopf und ohne Geschichte war dem Kind bald so selbstverständlich wie dem Nachbarsbuben sein leibhaftiger Großvater, der auf der Holzbank in der Sonne saß.

Zu Beginn der Spurensuche, im Sommer 2010, stand ein Briefbündel, verschnürt mit lila Schleife, über Jahre der Zierschmuck auf einer Kommode meines Vorarlberger Elternhauses: Hugos Haftbriefe aus Innsbruck, Berlin und München, vollgeschrieben mit schwarzer Tinte, adressiert an seine Familie in Lustenau, stockfleckig gewordene Blätter, die niemand mehr lesen wollte oder, bedingt durch die schwer entzifferbare Schrift, nur mehr wenige lesen konnten. Dazu die Geschichten über Hugo, die nie auserzählt, immer nebenher fallengelassen wurden, umnebelt blieben. Ein Großvater ohne Kopf, der einem nichts weiter hinterlässt als einen Packen ungelesener Briefe und verstreute Erzählungen.

Nach jahrelanger Suche in Archiven und Bibliotheken, auf Dachböden und in Kellern füllen die Dokumente von und über Hugo – Taufscheine, Briefe, Bücher, Meldezettel, Fotos, Fotokopien und Ausdrucke, Mitarbeiterlisten, Postkarten, Gerichtsakten, Anschuldigungsschriften, Urteile, Zeugen- und Vernehmungsprotokolle – zwei Aluminiumkisten mit je 47 Liter Fassungsvermögen. Hugos Leben und Sterben hat in zwei silberfarbenen Kisten Platz, in die zentimeterhohe Papierstapel, etliche Heftordner und eine blaue Sammelmappe mit Fotos passen. Der Weg zu ihm führt über Berge alter, vergilbter Zettel, die einen als Rechtsakt verbrämten Mord bezeugen. Aus dem, was Hugo schrieb und was über ihn geschrieben wurde, lässt sich sein Leben nachvollziehen.

Dieses Buch ist kein Dokument später Abrechnung. Die Namen von Hugos Denunzianten, deren alt gewordene Kinder teils bis heute in ihren Elternhäusern leben, sind ebenso unkenntlich gemacht wie jene der Nazihetzer, die Hugo verhafteten, verhörten, verurteilten: Rudolf G., Rosa R., Reinhold S., Bartholomäus B., Max H., Sebastian M., Heinrich W., Karl F., Paul L. und Franz T.

Rachegelüste und niederträchtige politische Motive boten den Anlass für seine Denunziationen in Gaißau und Lustenau; jenseits des Arlbergs hatte die Verleumdung letztlich Hugos Haft und Hinrichtung zur Folge. Der Ort in Tirol, in dem er 1943 als Zollwachebeamter im Außendienst war, wird deshalb mit S. anonymisiert.

„So ich noch lebe ..." ist ein Buch mit Fußnoten. Sie sollen helfen, Hugos Daseinsspuren zu sichern, ihrem leisen Verschwinden aus Zeit und Raum zum Trotz – damit dieses Leben, das die kaiserlich-königliche Monarchie, die junge österreichische Republik und die nationalsozialistische Diktatur überspannte, am Ende nicht mehr ungeschehen gemacht werden kann.

Dieses Buch ist keine historische Abenteuergeschichte, in der ein Einzelner gegen die bösen Nazis kämpft. Die Fußnotenzeichen sollen als kleine Widerhaken daran erinnern. Wer will, kann den Anmerkungsapparat einsehen. Wer Hugos Geschichte nicht verlassen möchte, lässt die Anmerkungen bedenkenlos links liegen. Niemand muss Fußnoten lesen.[2]

Gewidmet ist dieses Buch Hugos Kindern Anita, Imelda, Josef und Quido, die durch den frühen Tod ihres Vaters der Kindheit und Jugend beraubt wurden und die heute nicht mehr am Leben sind – und, ganz besonders, Hugos Urenkeln Paul und Lotti. Geschichte kennt kein Ende.

Prolog

Der Fremde

Hugo war der Fremde. Man nannte ihn „Opa", auch wenn das Wort unpassend schien für einen, der entrückte Erinnerung war. Hugo war da, und er war nicht da. Von Anfang an war er uns abhandengekommen. „Opa" drückt Vertrauen und Nähe aus; Hugo war immer der verwehte Traum eines Großvaters. Eine schemenhafte Gestalt, die man aus Verlegenheit „Opa" nannte, von der man nicht einmal mehr ahnte, dass sie eine Geschichte gehabt haben könnte.

Wie ihn am besten nennen? Opa? Großvater? Wie sich einem Mann annähern, der auf Fotos schlank und filigran wirkt, sodass er fast etwas Zerbrechliches an sich hat? Hugo ist mein Großvater, ohne dass er es je gewesen ist. Ein Opa ohne Kopf. Wie ihn also nennen? Vielleicht einfach nur Hugo.

Hugo ist der Unbekannte, dessen Leben und Sterben an uns, seine Verwandten, als kalter Kern familiären Unglücks bis heute heranreicht: Als Vater wurde er seinen vier unmündigen Kindern entrissen; seine Frau Maria wurde zur Witwe; er starb nicht für Volk und Vaterland, sondern durch Volk und Vaterland, was ihm Volk und Vaterland weit über seinen Tod hinaus übelnahmen. Sekunden des Grauens unter dem Fallbeil machten Jahrzehnte der Erinnerung zunichte. Der festgefrorene Augenblick, als Hugos Leben auf der Guillotine verlosch, legte sich irgendwann über sein ganzes Dasein, bis auch dieser eine, schreckliche Moment nur mehr Erinnerung war. Das barbarische Ende verzerrte seine Existenz, entstellte sie bis zur Unkenntlichkeit. Was blieb, waren Trauer und Trauma, die sich selten unverhüllt zeigten, nie mit fratzenhaftem, bedrohlichem

Antlitz gegen seine Hinterbliebenen anstürmten, gerade so, als wäre ein Verwandter ohne Kopf das Normalste der Welt: An den Scherben von Hugos Schicksal schnitt und schneidet sich seine Familie bis heute die Finger wund, die einen mehr, die anderen weniger; die einen, indem sie sich an das Wenige, was man von Hugo weiß, zu erinnern versuchen, die anderen, indem sie ihn in die tiefste Hölle des Vergessens verdammen.

In der Familie fielen die immergleichen Sätze über Hugo. Er sei Zollwachebeamter gewesen, ein frommer Mann, dem im Krieg das Schlimmste widerfahren sei. Irgendwie gehörte er zur Familie, und dann auch wieder nicht. In der Welt außerhalb kam er so gut wie nicht vor. Lustenau, das Vorarlberger Heimatdorf des Großvaters nahe der Schweizer Grenze, in dem auch ich aufwuchs, hüllte sich in Schweigen. Ich kann mich nicht daran erinnern, als Kind und Jugendlicher jemals auf Hugo angesprochen worden zu sein, in einem Ort, in dem die Frage „Wem gehörst du?", in klingendem Dialekt vorgebracht, zum Ritual jedes Kennenlernens gehört, damals wie heute. Jahrzehntelang sah sich in Lustenau niemand dazu veranlasst, den wenigen Spuren von Hugo, der sich vor dem endgültigen Vergessen mit knapper Not in das Gedächtnis seiner Familie gerettet hatte, zu folgen. Man schwieg sich aus, während Hugo durch die Geschichten und Legenden der Familie geisterte, als sei er nie wirklich mitgemeint, auch wenn man über ihn sprach.

Die Letzten, die Hugo näher kannten, sind tot, seine Frau Maria und seine Kinder Anita, Imelda, Josef und Quido, mein Vater. Man kann sich Hugo nur mit Hilfe seiner hinterlassenen Lebensspuren in den beiden Alukisten nähern, durch wenige Relikte und Artefakte, die in meinem Lustenauer Elternhaus, in dem der Großvater nie wohnte, aufbewahrt sind.

Da ist das gemalte Bild im Goldrahmen an der Wand des Fernsehzimmers, das einen ernst dreinblickenden Mann mit abstehenden Ohren und angespannter, wie gemeißelter Miene zeigt, die Haare kurz, der Blick geradeaus gerichtet. In meiner Erinnerung verschmilzt Hugos Augenspiel mit dem eines eigenbrötlerischen Hausgastes, der immer da war, dessen Präsenz aber auch immer etwas Statuarisches hatte; ein schweigsamer Mitbewohner, der *nie* da war.

Wenige Gegenstände bergen Hugos Lebenstragödie: sein Bajonett aus dem Ersten Weltkrieg, gefährlich spitz; die grüne Uniformjacke mit den billig wirkenden silbrigen Kordeln im Keller, nicht meine Größe, an den Schultern zu eng, die Ärmel zu kurz, die Dienstkleidung eines Beamten der Reichsfinanzverwaltung des Deutschen Reichs im Range eines Oberzollinspektors; das in hellbraunes Packpapier eingeschlagene Buch „Das österreichische Zollrecht und Zollverfahren", abgegriffen und zerfleddert von seiner Wanderung durch Zeiten und Räume, die Seiten übersät mit Hugos handschriftlichen Anmerkungen, vieles davon in stenografischen Kürzeln, eingelegte Zettel, selbstgebastelte Register – das Dienstbuch eines beflissenen Beamten; die große Heckenschere mit den vom vielen Handhaben schwarz gewordenen Holzholmen; das Sofa mit kratzigem Bezug und steil aufragenden Seitenteilen, auf dem mein Bruder und ich später lagen und oft Kinderkrankheiten auskurierten, längst entsorgt; es gibt ein Foto, auf dem das Sofa für ein Familienbild im Garten steht, Hugo links hinten in weißem Hemd, Anzugweste und Krawatte, eine Lederschürze umgebunden, offenbar ein Augenblick zwischen Arbeit und Feierlichkeit. Schließlich das Kreuz, groß, wuchtig, die Inschrift „INRI" über dem Holzheiland. Auf einem der alten Fotos hängt es in einem Zimmer, in dem Freunde der Familie und Hugos Schwiegereltern um einen

Tisch mit Kuchen und Weingläsern sitzen, der Großvater in der Mitte. Jesus am Kreuz verließ Hugo sein Leben lang nie.

Abb. 1: Augenblick zwischen Arbeit und Feierlichkeit – Hugo als Familienmensch (undatiert)

Abb. 2: Im Schatten des Holzheilands – Hugo mit Freunden und Schwiegereltern (März 1932)

Und da waren und sind die wenigen Erzählungen über Hugo, nicht mehr als Splitter und Flickwerk aus einem zerrissenen Leben: Hugo sei, besagt die Familienüberlieferung, ein unerschrockener Mann gewesen, einer, der in dunkler Zeit zu seinen Idealen gestanden sei. An einem Kiosk in Innsbruck habe er sich gegen Kriegsende geringschätzig über Hitlers Regime geäußert, er sei denunziert und bald darauf in München, Jahrzehnte vor meiner Geburt, zum Tod verurteilt worden. So lange ich zurückdenken kann, stellte ich mir vor, wie Hugo zwischen Zeitungsständern und vor Zigarettenschachtelreihen steht und dabei vor den Falschen das Falsche sagt und durch deren stilles Schäumen und gehässiges Geifern am Ende in der Todeszelle landet. Weshalb ich mir dazu immer eine Szene voller Sonne ausmalte, weiß ich nicht. Opa ohne Kopf. Lange Zeit ließ sich die Geschichte des Großvaters in einem Satz erzählen. Nichtwissen und Nichtwissenwollen wurden in die ewig gleichen Andeutungen gekleidet. Es seien undatierte Fotos in Schubladen vorhanden, man erinnere sich auch an Briefe aus der Haft – Konkretes und Belegbares aber, mit dessen Hilfe sich diese Biografie, Stück für Stück, vergegenwärtigen ließe, sei nicht mehr verfügbar, man habe sich mit den Lücken im Lebenslauf abzufinden. Hugo war da. Und er war nie da.

Die wenigen Geschichten, die über Hugo erzählt wurden, gewannen von ihrem drastischen Ende her an Bedeutung. Der Weg seines Sterbens gab seinem Leben erst einen Sinn. Von seinem Dasein gab es dafür kaum ein Bild, das blieb. Ich erinnere mich, wie erzählt wurde, dass Hugo im Himmel, in den auch wir dereinst kämen, auf uns warte. Ich erinnere mich, wie es hieß, Hugo habe Italienisch gesprochen. Hätten die Nazis meinen Großvater nicht umgebracht, wäre mein Vater als Sohn eines Italieners aufgewachsen, dann spräche ich unter Umständen

Hugos Muttersprache, sicher Brocken davon. Den großen ausgefuchsten Geschichtstableaus habe ich immer misstraut. Durch Hugo erfuhr ich, dass Geschichte bis in die haarfeinen Ritzen und Spalten des Lebens sickert. Dass nur ein Großvater mit Kopf mit seinen Enkeln in seiner Muttersprache spricht.

Ich erinnere mich an das Rosenkranzbeten als Kind, an den Stubentisch, um den zu Allerseelen die Verwandten versammelt waren. An die sägenden Stimmen der Tanten und Freundinnen der Familie, an die quälende Unaufhörlichkeit des Gebets: Vater unser. Gegrüßet seist du, Maria. Herr, gib Hugo die ewige Ruhe. Und das ewige Licht leuchte ihm. Herr, lass Hugo ruhen in Frieden und schenke auch uns eine glückliche letzte Stunde. Hugos Name blitzte im Totengebet nach dem Rosenkranz auf, der in unserer Stube so lange heruntergeleiert wurde, bis die meisten Mitbeter der Reihe nach selbst verstorben waren.

Ich erinnere mich, wie ich als Kind in der Nachtkästchenschublade auf der Bettseite meines Vaters einen Schatz fand, eine Kostbarkeit hinter Glas, schwarzer Fond, zart goldumrahmt, in der Mitte Hugos Porträtfoto, darüber ein stilisierter Zweig, in gekünstelter Handschrift: „Dem lb. Quido! Dem lb. Schätzle extra Grüße. Sei immer brav und gedenke jeden Tag an mich wie auch ich an Dich denke, ehe Du erwachst. Dein Vater." Ich erinnere mich, wie mir als Kind beim Lesen Tränen in die Augen stiegen.

Mein Vater war sieben Jahre alt, als Hugo hingerichtet wurde. Quido erzählte nie viel von seinem Vater, an den er wenige Erinnerungen hatte. Hugo habe ihn am ersten Volksschultag begleitet, Hand in Hand, darauf vergaß Quido nie; danach habe er Hugo nie mehr gesehen. Ich erinnere mich, wie Hugos Nachricht an sein Schätzle später am Kopfende des Bettes von meinem Vater hing, über seinen Tod vor einigen Jahren hinaus, bis heute.

Abb. 3: Kostbarkeit hinter Glas – Erinnerungstafel für Sohn Quido

Verstreute Spuren eines Daseins, das sich zu keinem Ganzen fügen wollte. Hugos Geschichte ist eine Geschichte des Vergessens, Verschlampens, Verdrängens. So gesehen zeugte jahrzehntelang einzig sein Name auf zwei Grabsteinen, der eine auf dem Friedhof im Lustenauer Ortsteil

Rheindorf rechts beim Eingang, der andere mitten auf dem Bludenzer Begräbnisfeld, von diesem Geisterleben: Hugo Paterno, 1896 bis 1944.

Jeder tut mit

Der Verrat ist so alt wie die Menschheit selbst, aber erst im Nationalsozialismus avancierten Hetze und Heimtücke zum Massenphänomen. Der Akt der Denunziation galt selbst im NS-Wertesystem als unehrenhaft – zugleich legitimierte kein anderes Staatswesen der jüngeren Geschichte die verleumderisch-verbrecherischen Umtriebe seiner Untertanen in einem solchen Ausmaß. Denunziationen richteten sich gegen „Arbeitsscheue" und „Staatsfeinde", Parteigenossen und Juden, Außenseiter und Nachbarn, Arbeitskollegen und Familienmitglieder gleichermaßen: „Die überwiegende Mehrheit der Deutschen und Österreicher war tatsächlich empört, wenn jemand über den ‚Führer' herzog und ihn verächtlich machte, wenn jemand abfällige Äußerungen über die Erfolge in der Wirtschafts- und Sozialpolitik machte oder sich gar kritisch über die allerorts als erhebend empfundenen Siege im ‚Blitzkrieg' äußerte."[1] So beschreiben die Politikwissenschaftlerin Nina Scholz und der Historiker Herbert Dohmen in ihrer 2003 erschienenen Untersuchung „Denunziert" mit Schwerpunkt auf der Verleumdung jüdischer Personen in Wien ab März 1938 die kollektive mentale Verfasstheit, vor deren Hintergrund das System der freiwilligen NS-Zuträger nahezu reibungslos funktionierte: Im Dritten Reich stand die Diffamierung an der Tagesordnung, die NS-Gesetzgebung, lese ich bei Scholz und Dohmen, stellte ein „Eldorado für Denunzianten"[2] dar. Auf dem Buchcover von „Denunziert" ist eine Ansammlung von Menschen zu sehen, die sich unter einem weißen Spruchbanner mit schwarzer Schrift versammelt hat: „Jeder tut mit. Jeder denkt nach. Jeder meldet."

Anlass dazu boten Rachegelüste wie angeblich hehre politische Motive, familiäre Streitereien wie das Abhören sogenannter „Feindsender". Zum Weitermelden des in Wirtshaus und Arztwartezimmer, Nachbarschaft und Bekanntenkreis, auf offener Straße und in Hinterzimmern Vernommenen fühlten sich viele berufen, wobei die Einleitung der Strafverfolgung letztlich in den Händen der Gestapo lag. Den von vorsätzlich falschen und infamen Verdächtigungen Betroffenen drohte Enteignung, Kerker, Konzentrationslager oder Todesstrafe.

Der Nationalsozialismus als allmächtiges Terrorsystem, bei dem jeder mitmachen musste, ist von der Forschung längst als Mythos enttarnt – ebenso wie die Ausreden ehemaliger NS-Zuträger: Nach 1945 stellten viele Mitläufer in Abrede, über die bisweilen fatalen Folgen für die Opfer ihrer Spitzeldienste unterrichtet gewesen zu sein. „Sie haben es ganz genau gewusst", sagt der Grazer Historiker Heimo Halbrainer, der 2007 die Studie „Der größte Lump im ganzen Land, das ist und bleibt der Denunziant'" zur gezielten Verleumdung in der Steiermark zwischen 1938 und 1945 veröffentlichte: „Dennoch übertrug man sein eigenes schuldhaftes Verhalten oder das seiner Familienangehörigen nach 1945 lieber auf Institutionen wie jene der Gestapo, auf das ausgemachte Böse, den manifesten Terror: ‚Die Gestapo sieht alles, hört alles, weiß alles', so hieß es damals. Dass die Gestapo in Relation eine eher kleine Einheit war, die all die angeblichen Widergesetzlichkeiten nie auf eigene Faust hätte feststellen können, wird dabei häufig ausgeblendet."[3]

Hugos Geschichte steht für die Unkultur des gezielten Rufmords. Sein Fall liefert Einblicke in das politische und soziale Gefüge des NS-Schreckens und in die Motivlagen der willfährigen Handlanger des Regimes. Er enthüllt, nahezu musterhaft, die Mechanismen und Grausamkeiten des Verrats aus niederen Beweggründen.

Kriegsenkel

„So ich noch lebe ..." ist Geschichtsschreibung von unten, von der Peripherie her, mit einem Menschen im Mittelpunkt, den die große Geschichte vergessen hat.[1] Eine Lebensgeschichte, die vom Alltag eines Beamten berichtet – und von existenziell Einschneidendem im nationalsozialistischen Verfolgungsstaat. Wenn es nach der deutschen Publizistin Sabine Bode geht, bin ich ein „Kriegsenkel", in dessen Biografie sich Spuren des Zweiten Weltkriegs zeigen.

In dem Wort „Kriegsenkel" hallt für mich viel „Krieg" und wenig „Enkel" nach. Hugo ließ mich nicht als Kriegsenkel zurück. Er war als Soldat im Ersten Weltkrieg, für Hitler musste er sich nicht Gewittern von Stahl und Schrapnell ausliefern. Im Zweiten Weltkrieg bewachte er als Zöllner die Grenzen der Heimatfront. Militärischer Musterung musste sich Hugo, Wehrnummer 96/64/3/10, laut Wehrpass im Jänner 1939 in Bregenz und Ende Juli 1943 in Innsbruck unterziehen; „garnisonsverwendungsfähig" und „Heimat" ist in den Wehrpass in Frakturschrift gestempelt.[2] Hugos Wehrpass ist ein notizbuchkleines, mit schwarzem Faden geheftetes Büchlein von 52 Seiten in Militärgrün, Reichsadler auf dem Umschlag und aufklappbaren Innentaschen vorne und hinten. In der vorderen steckt ein Zettel mit Bleistiftnotizen, vor Jahrzehnten hineingesteckt: „Volksgerichtsrat Dr. L., Reichsanwalt Dr. F., Potsdam, Referent Staatsanwalt Dr. P., Reichsrichter Dr. I." Darunter sind die Namen jener Männer, die Hugo im Mai 1944 in München in seiner Hauptverhandlung zum Tode durch das Fallbeil verurteilten.

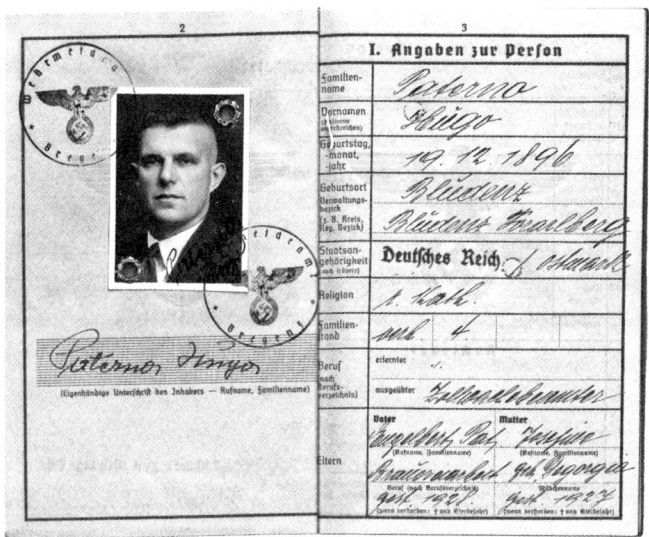

Abb. 4: Ausbildung an Gewehr und Handgranate – Auszug aus Hugos Wehrpass (Jänner 1939)

Ein Weltkriegsorden, der im Internet als „Ehrenkreuz für Frontkämpfer 1914–1918" herumgeistert, ein Relikt aus den Aluminiumkisten mit Hugos zusammengetragenen Habseligkeiten.[3] Ein spielzeugkleines Kreuz am Band mit spitzer Stecknadel, in dem der Ungeist des Krieges, der in dem bronzierten Eisen steckt, nicht mehr zu wecken ist. Hugo war Soldat im Ersten Weltkrieg. Diese Epoche war bereits meinem Vater ferne Erinnerung, für mich ist die Zeit vor über 100 Jahren äonenweit entfernt. Hitlers Krieg war bei uns das Hintergrundrauschen in Hugos Geschichte. Hitler war das Arschloch, das den Großvater auf dem Gewissen hatte. Hitler war der Schweinehund, der an Hugos Misere Schuld trug. Immer wieder fielen bei uns solche Sätze, denen aber keine Sätze über Hitler und den Krieg vorangegangen waren, denen keine Sätze über Hugos Leben und Sterben folgten.

„Ich möchte die Kriegsenkel ermutigen, ihre Familien-
gespenster endlich aus ihrem Schatten herauszulocken,
damit diese keine Verwirrung mehr stiften können"[4],
schreibt Sabine Bode, die vielfältige Traumata und familiäre Zerwürfnisse, verunsichertes Lebensgefühl und
unauflösbare Ängste im Leben vieler Kriegsenkel ortet.
Hugo war das Gespenst ohne Kopf, von Anfang an ein
Schemen seiner selbst. Die „langen Schatten von NS-Zeit
und Krieg"[5], über die Bode schreibt, waren in unserer Familie ein Schweigen über Schatten.

„Wenn das Urteil wirklich vollstreckt werden sollte,
würden wir nicht nur unseren Ernährer verlieren", schrieb
Hugos Frau Maria in einem Gnadengesuch für ihren zum
Tode verurteilten Mann, „sondern es wäre für uns alle ein
namenloses Unglück, das unser ganzes Leben für immer
zerstören würde."[6] Ein Unglück ohne Namen beschäftigt
und beschädigt seitdem Hugos Familie.

Über „seelische Trümmer" und die „Erbschaft Krieg"
lese ich in dem Buch „Die Kinder der Kriegskinder und
die späten Folgen des NS-Terrors" von Heike Knoch, über
„destruktive Implantate des Krieges", über Schmerz, Ag-
gression, Scham, „seelische Trümmer" und den „unbe-
wussten Verzicht der Kriegsenkel auf ein eigenes Leben".[7]
Nie wäre ich von selbst auf den Gedanken gekommen, als
Hugos Enkel zwangsläufig eine „Trümmerkindheit"[8] erlebt zu haben, während mein Vater, Hugos jüngster Sohn,
mit dem „Schuttabtragen"[9] beschäftigt war. Hugos kleine
Geschichte war, verschuldet von seinen Nächsten, im Dunkel der großen Geschichte kaum mehr zu erkennen.

Maria schrieb weiter in ihrem Gnadengesuch: „Auf
Milde und Gnade hoffend und mit dem feierlichen Versprechen, mich durch mein Verhalten stets eines Gnadenaktes würdig zu erweisen und auch meine Kinder in
diesem Sinne zu erziehen, und in der festen Überzeugung,

dass mein Mann seine Tat tief bereut, danke ich im Vorhinein herzlich."[10] Namenloses Unglück drückt nieder, lässt einen klein sein, demoliert Leben in langsamer Bewegung: Hugo gab uns, seinen Hinterbliebenen, nichts und gleichzeitig alles mit auf den Weg.

Spurensuche

Wer sich mit der Geschichte des Nationalsozialismus auseinandersetzt, muss mit Widerstand rechnen. Feldkirch im Februar 2011. Im ersten Stock jener Behörde, die sich um die Verwaltung des lokalen Zollwesens kümmert, haben Mitarbeiter in einem Seitenarm des weitläufigen Stiegenhauses ein kleines Museum eingerichtet: Uniformen, Hinweistafeln, Requisiten aus dem Arbeitsalltag der Grenzwache, Zeugnisse der einstigen Bedeutung. In einem der Schaukästen ist ein Zeitungsartikel von 1984 zu finden, eine Reminiszenz an Hugo, die ausnahmsweise nicht vor Fehlern strotzt.

Mit einigem Stolz führen die Beamten durch den museal ausgestalteten Flur, ergehen sich in weitschweifigen Erklärungen zu Dienstgraden, Amtsbezeichnungen und Warenkontrollen. Schließlich deuten sie auf die Zeitungszeilen hinter Glas, in denen unter anderem von „heldenhaftem Tod" und Märtyrertum, von einem aus ihren Reihen die Rede ist.[1]

In den Gewölben des Gebäudes lagert auch der Personalakt von Hugo Paterno, der von 1920 bis zum Todesurteil 1944 Zollbeamter war. Den Amtsträgern vor Ort ist es strikt untersagt, den Akt auszuhändigen, auch Jahrzehnte nach dem Ableben des Betroffenen, auch einem nahen Verwandten gegenüber nicht. Das Schulterzucken der Beamten, verbunden mit dem Hinweis, sich mit der Bitte um Einblick in den Personalakt direkt an die übergeordnete Dienststelle zu wenden, deren Antwort prompt erfolgt: Unter „Berufung auf die gebotene Amtsverschwiegenheit"[2] könne, so die Order, keinesfalls Akteneinsicht gewährt werden.[3]

Die Suche nach Lebensspuren wurde nicht nur in diesem Fall von Amts wegen behindert. Der Anfrage an das Landesgericht Innsbruck, ob noch Material zu Hugos Fall in den Tiefenspeichern lagere, folgte die Auskunft, dass solches „nicht mehr vorhanden" sei.[4]

Das Vorarlberger Landesarchiv wiederum teilte mit, der „Opferfürsorgeakt nach Maria Paterno", der Witwe des Hingerichteten, sei „in Verstoß" geraten, die detaillierte Nachkriegsdokumentation sei seit spätestens 2008 nicht mehr an ihrem Platz.

Das Vorarlberger Dossier ist bis heute unauffindbar, in Innsbruck tauchten nach zig Anfragen und Telefonaten doch noch Prozessakten auf. Nach Einspruch im ressortzuständigen Finanzministerium wurde schließlich auch der zuvor unter Verschluss gehaltene Personalakt in Feldkirch freigegeben, mit befremdlicher Auflage: In den neun zerschlissenen Dokumentenmappen, nach Jahrzehnten ans Tageslicht gehoben, wurden die Namen noch lebender Personen geschwärzt. Die Namen von Hugos Söhnen Quido und Josef, meines Vaters und Onkels, beide Mitte der 1930er-Jahre geboren und 2016 und 2017 kurz hintereinander verstorben, sind unter dicken schwarzen Strichen verborgen. Geschwärzte Geschichte.

Hugo wurde nach Aktenlage mindestens dreimal denunziert: 1938 in der Vorarlberger Grenzgemeinde Gaißau, 1940 in Lustenau und 1943 in einem entlegenen Tiroler Gebirgsdorf, im Grenzgebiet zu Deutschland. In Gaißau beklagt sich Mitte Oktober 1938 ein Arbeitskollege in denunziatorischer Absicht über Hugo bei der übergeordneten Dienststelle; in Lustenau findet im April 1940 in der

Wachhütte am Schlagbaum der Lustenauer Oberfahrbrücke, die über den Rhein ins Schweizerische Berneck führt und 1957 abgebrochen werden wird[5], ein Gespräch zwischen Hugo und dem Hilfszollassistenten Rudolf G. statt, worauf G. Hugo anzeigt; im Sommer 1943 schließlich liefert die Tabaktrafikantin Rosa R. im Tiroler S. nach einer Dienstverrichtung, während der R. und Hugo ins Reden über Hitler und die Partei kommen, den Großvater aus niedrigen Beweggründen an den Nazistaat aus.

Vielleicht finden sich in Lustenau und dem Tiroler Dorf S. erste Antworten auf die Fragen nach dem Wie und Warum. Einer der Söhne jenes Mannes, der seinerzeit in Lustenau führend Aufhetzung und Diffamierung betrieben hatte und zu Beginn der 1990er-Jahre an Demenz starb, lebt heute einen Steinwurf von seinem ehemaligen Elternhaus entfernt. Horst G., ein freundlicher Herr in rotem Pullover, bittet einen nach kurzem Zögern herein, in ein in die Länge gezogenes Wohnzimmer; viel dunkles Holz und eine Wand aus roten Backsteinziegeln. Er bietet Bier und Schnaps an, er sagt, Rudolf G., sein Vater, der fanatische Nationalsozialist der 1940er-Jahre, der Hugo in Lustenau denunzierte, sei ihm stets „katzgrau", blass und fremd geblieben: „Er meinte nur, solange ich lebe, sollte ich keiner Partei beitreten." Von der illegalen Mitgliedschaft seines Vaters in der NSDAP ab 1933 und der SA ab 1938, von dessen verleumderischem Eifer gegen Hugo will Horst G. noch nie gehört haben. Er selbst sei 1943 auf die Welt gekommen, das „Hitlerzeug" interessiere ihn nicht, es seien seines Wissens auch keine Unterlagen mehr vorhanden. „Und meinen Vater kann ich nicht mehr fragen."

In S., eine halbe Stunde Autofahrt von Innsbruck entfernt, in dem Hugo 1943 als Zollwachebeamter auf Außendienst abermals Opfer einer Denunziation wurde, lebt der Sohn der einstigen Verleumderin. In dem von Bergmassiven umstellten Ort mit saisonal hohem Tourismusaufkommen liegen Kirche, Einkaufsmarkt und Gemeindeamt einen kurzen Spaziergang entfernt, entlang einer Durchzugsstraße; vom Bahnhof bis zum Eigenheim mit den vielen Blumen am Balkon sind es nur wenige Minuten.

Ende Juli 1943 führte Hugo in diesem Haus, das damals noch eine Trafik beherbergte, eine Revision durch. Rosa R. – Mutter von drei Kindern, seit 1940 Eignerin der Tabaktrafik – und der Beamte kamen nach der Dienstverrichtung in der Küche ins Gespräch, in dessen Verlauf Paterno, den späteren Angaben R.s zufolge, Appelle gegen den Nationalsozialismus geäußert habe.[6]

Über Umwege, in der Verkettung von böser Nachrede und arglistiger Diskreditierung, erlangte die Gestapo Kenntnis von der Konversation, worauf Hugo im September 1943 verhaftet wurde – bis zur Vollstreckung der Todesstrafe am 7. Juli 1944 in München-Stadelheim blieb er von da an in Gefangenschaft, neun Monate und 21 Tage lang.

Rosa R., von einem ortsansässigen Polizeibeamten in einer Niederschrift aus der Nachkriegszeit als „überzeugte ortsbekannte Nationalsozialistin" beschrieben, starb 1992 nach langer Krankheit. Einer der Dorfhonoratioren sagte mir 2011 am Telefon, dass „vor langer Zeit etwas gewesen" sei, etwas „Kompliziertes", und dass R. wohl auch keine „leichte Person" gewesen sein soll, das habe er so gehört, das sage er nur so weiter.

Adolf R., einer der Söhne von Rosa R., der nach wie vor im Haus seiner Mutter lebt und dessen Hausnummer wie ehedem lautet, will von der Vergangenheit ebenfalls nichts mehr wissen. Das Telefonat mit der Bitte um ein Treffen beendete er brüsk. Er habe „kein Interesse, die Sache aufzuwärmen". Er müsse „nicht mehr argumentieren", ich solle ihn nicht mehr anrufen. „Für mich ist die Sache erledigt. Auf Wiederhören." Aus und vorbei.

Lebenspuzzle

Setzt man das Puzzle der spärlichen Teile über Hugos Leben zusammen, ergibt sich ein erstes, allerdings grundfalsches Bild: Hugo Paterno sei, so ist in historischen Darstellungen und heutigen Zeitungsberichten zu lesen, 1940 verhaftet, am 6. Mai 1944 in Berlin zum Tode verurteilt und am 17. Juli 1944 hingerichtet worden. Zuvor sei „Hans Paterno" in Innsbruck – dem 2015 publizierten Buch „Die Zukunft wird unser Sterben einmal anders beleuchten" zufolge im Tiroler Reutte – denunziert worden, worauf die Vorgesetzten der Zollwacheabteilung sich gezwungen gesehen hätten, die Äußerungen ihres Vorarlberger Kollegen der Geheimen Staatspolizei zu melden. Keine dieser Angaben zu den zeitlichen, örtlichen und faktischen Zusammenhängen, die letztlich zur Hinrichtung des Großvaters führten, entspricht den historischen Tatsachen; wenige Quellen formen seit Jahrzehnten das Zerrbild eines tragisch verlaufenen Lebens.[1]

Ein Jahr nach Kriegsende beschäftigte Hugos Fall die französische Militärregierung in Österreich: „Bei der Gestapo angezeigt: Veterna Hugo", dokumentiert ein Schreiben. „Peterna" sei, hält die einleitende Anklageschrift weiter fest, „auf einem öffentlichen Platz in Innsbruck erhängt" worden.

Im Mai 2006 war in einem Vorarlberger Lokalblatt über Hugo zu lesen: „Der Arbeiter wurde verhaftet, später im KZ Mauthausen erschlagen." Die inzwischen gelöschte Falschmeldung, wonach Hugo am „5. Juni 1942 zu 15 Jahren Zuchthaus" verurteilt worden sei, fand auf der Website einer NS-Erinnerungsinitiative globale Verbreitung.[2]

Im Vereinsblatt der ÖVP-Kameradschaft, eines rührigen, von Zeitzeugen und deren Nachkommen geführten Gedenkvereins der politisch Verfolgten Vorarlbergs, wurde behauptet, Hugo habe im Lustenauer Kriegsopferbuch einen „ehrenhaften Platz" gefunden. Dieses Kriegsopferbuch versammelt die Namen und Fotos jener Soldaten aus der Gemeinde, die im Kampf- und Kriegsgetümmel fielen, eine Galerie blutjunger Männer, noch während des Zweiten Weltkriegs chronologisch nach Sterbedatum angelegt. „Unsere gefallenen Helden" steht auf dem Einband der schwarzen Kladde, auf den Buchrücken sind die Worte „Blut für das Vaterland" geprägt. Ziemlich genau in der Mitte des voluminösen Folianten findet sich Hugos Konterfei. Auf dem verblassten Schwarz-Weiß-Foto wirkt er mit Anzug und Krawatte, umgeben von Jungmännerporträts in Wehrmachtsuniform, seltsam fehl am Platz. Die dürren Angaben zu seiner Person, mit Hand unter das Foto notiert, zeugen eher von Ratlosigkeit als von böser Absicht: „Zollw. Paterno Hugo. 1896 – 7. 7. 1944."[3]

In den 1950er-Jahren ließ die Kommune am Kriegerdenkmal vis-à-vis vom Lustenauer Gemeindeamt die Namen der im Zweiten Weltkrieg Gefallenen anbringen; das 1951 auch in gedruckter Form zusammengestellte und in Buchhandlungen gebrachte „Kriegsopferbuch" diente dabei als hauptsächlich herangezogene Quelle der Namensfindung. Auf den letzten Seiten der Publikation mit silbergrauem Einband und Gemeindewappen ist ein Erdhügel mit Birkenkreuz abgebildet, trauernde Landser, dazu die Parole: „Kameradschaft über's Grab."

Seit damals prangt auch der Name von Hugo Paterno, der sein Leben nicht an der Front ließ und ein Opfer der NS-Diktatur war, in großen Lettern auf dem Mahnmal wider das Vergessen. Was Hitler nicht schaffte, nämlich Hugo zum Parteigänger zu machen, brachten die Nachgeborenen zustande: Hugo, der Soldat. Hugo Paterno, einer von uns. Über ein Geisterdasein ist der Großvater nach seinem Tod nicht hinausgekommen.[4]

Maul halten

Hugos Geschichte kann kein lebender Mensch mehr bezeugen oder widerrufen. Alle, die ihn kannten und hätten kennen können, sind tot, und jenen, die Kinder waren, als er selbst ein junger Mann war, und heute noch leben könnten, fiel er in Lustenau nicht weiter auf. Warum auch.

Bruchstücke, die kein Ganzes ergeben: Eine alte Frau in Lustenau erinnert sich, dass Hugo verraten worden sei; die Lehrer, sagt ein anderer Zeitzeuge, hätten ihren Schülern vom Schicksal des Großvaters erzählt; Hugos Geschichte sei ortsbekannt gewesen. Erzählungen geistern in Lustenau bis heute herum: Hugo habe die Dinge, die ihm zum Verhängnis wurden, auch dann nicht widerrufen, als ihm der Richter die Möglichkeit dazu geboten habe. Als ob in den Gerichtssälen der Nazis Recht gesprochen wurde, als ob deren Recht und Gesetz verhandelbar wären! Im Dorf erzählen die Alten hinter vorgehaltener Hand: Hätte Hugo seinen Mund gehalten, sein vorlautes Maul, man hätte ihn leben lassen wie andere auch, die durch Vorsicht und Verschwiegenheit nach 1945 noch am Leben waren. Warum musste Hugo seinen Kopf hinausstrecken? Weshalb ist er wohl verhaftet worden? Wohl auch deshalb, weil er sich Unehrenhaftes zuschulden kommen ließ. Hugo, der Verräter an der Sache, der Nestbeschmutzer, der seine gerechte Strafe erfuhr.[1]

Hätte Hugo sein Maul gehalten, wäre er nicht der Großvater ohne Kopf gewesen. Womöglich hätte ich ihn dann gefragt: Was hast du im Krieg gemacht? Wie war das damals? Gut möglich aber auch, dass wir nie darüber gesprochen hätten. Mit etwas Glück wäre Hugo bei meiner Geburt am Leben gewesen, ein Mann von 75 Jahren, der vielleicht jede Frage weggelächelt hätte. Lange Zeit bin ich nicht auf die Idee gekommen, dass er in Wahrheit ein Held meines Lebens ist.

Auf einem von Hand gezeichneten Stammbaum in einer der Alukisten sind verschiedene Familienstränge eingetragen, ein Gewirr fremder Namen, meine große, unbekannte Familie. „Unsere Urgroßeltern" steht mit rotem Stift in der rechten oberen Ecke des großformatigen Papiers, viele Namen, Jahreszahlen, Ortsnamen: „Angelo, Spera 1859; Josefine, geboren 1861, gestorben in Hohenems 15.07.1927, Luigi, Josef, Johann Ursula, Antonia, Maria, Hugo 1896". Eine separate Linie zweigt für Hugos kleine Familie ab. Hugo Paterno, geb. 1896 in Bludenz, verheiratet mit Maria Sperger, Lustenau, vier Kinder: Anita, Imelda, Josef, Quido. Hugos Name ist mit Kugelschreiber rot eingekreist. Ein Pfeil weist in die untere rechte Ecke, hin zu einer von Bleistift umrandeten Bemerkung: „Revoluzzer? KZ?"[2] Ich lese „Revoluzzer" und überlese „KZ". Hugo, mein Held.

Trude L. treffe ich an einem sonnigen Februartag 2011 im Innsbrucker Nothburgaheim. Trude ist die Tochter von Hugos einstiger Innsbrucker Zimmervermieterin Emma L., die sich nach seiner Verhaftung durch die Gestapo 1943 aufopfernd für ihn eingesetzt hat. Etliche Briefe von Emma an Hugos Frau Maria sind erhalten.

Trude ist 100 Jahre alt, als ich ihr begegne. Sie bleibt der einzige Mensch, den ich auf meiner Suche antreffe, der Hugo noch persönlich gekannt hat.[3] Trude, gestreifter grauer Pullover, Seidenschal, schlohweißes Haar, sitzt an diesem Donnerstagnachmittag im hellen Speisesaal des Altenheims, tief in ihrem Rollstuhl versunken. Sie lacht viel, trinkt Kaffee, isst einen Marillenkuchen. Sie singt mehr, als dass sie spricht. Ein Sprechsingen. Sie kann sich an Hugo kaum noch erinnern. Sie weiß fast nichts über den Großvater. In ihrem Leben von 100 Jahren blieb Hugo eine flüchtige Episode. Als ich ihr ein Foto von ihm zeige, sagt sie, er sei ein fescher Mann gewesen. Ein großer, gerader Kerl. Hugo habe für kurze Zeit im vorderen, kleinen

Zimmer in der Wohnung ihrer Mutter gelebt. Beim Abschied umfasst sie meine ausgestreckte Hand mit ihren beiden Händen.[4]

Niemand weiß mehr, wie Hugo lachte. Wie er sprach. Wie sein Gang war. „Hugo Paterno war ein sehr nüchterner Mensch"[5], sagt Serafine H. drei Jahre nach seinem Tod, in deren Innsbrucker Wohnung Hugo, nachdem er aus Emmas kleinem Zimmer ausgezogen war, bis zu seiner Verhaftung lebte. Emma L. und Serafine H., vor der Verhaftung seine beiden letzten Quartiergeberinnen in Innsbruck, sind Hugos helfende Engel. Man darf das so sagen, weil er dieses Wort in seinen Briefen gerne selbst verwendet. Serafine erinnert sich 1947: „Aufgefallen ist mir, dass er sehr religiös war und täglich den Gottesdienst besuchte." Emma L. und Serafine H. werden Hugo bis zu seinem Ende beistehen. Serafine ist im Dunkel der Geschichte verschwunden. Sie wurde 1889 in Wien geboren, war verwitwete Postangestellte und arbeitete offenbar in einer Innsbrucker Trafik nahe der Hungerburg. Im Februar 1940 übersiedelte sie von Alpbach in die Innstraße 107; im Jahr 1953 verließ sie Innsbruck wieder in Richtung Alpbach. Viel mehr war über sie nicht in Erfahrung zu bringen.

Aus Emmas Leben sind mehr Bruchstücke bekannt. Aus ihren Briefen, von denen sich einige in den hellen Kisten erhalten haben und die sie oft mit „Emmy" unterschrieben hat, ergibt sich ein flüchtiges Bild von ihr: Brunhilde, ihre Jüngste, ist mit einem Mann verheiratet, der sich 1944 in einem Lazarett in Köln befindet, ihren Enkel nennt Emma „Berndl" und „herziger Kerl"; Emmas Sohn Raimund ist als Nachtjäger in Holland stationiert. Sie berichtet über Bombardierungen, wie sie sich in Kellern versteckt, über ein brennendes Benzinlager, Flammen und Rauch am Himmel, von Bombentrichtern am Bergisel. Ende Oktober 1944 schreibt sie in einem Brief an Maria vom Tod ihres Sohnes: „Raimund wäre ja nicht abgestürzt, aber sein Fallschirm war von Kugeln durchlöchert. Gott wollte es eben so!"[6] Die Namen von Serafine und Emma werden in dieser Geschichte noch oft zu lesen sein.

Emmas Worte über jenen Gott, der den Tod ihres Sohnes wollte, führen ins Herz von Hugos Geschichte. Sein Glaube ist Hugos höchstes Gut. Religion sein Leben. Hugos Religion, an der er bis zu seinem Tod durch das Fallbeil festhält, an die er sich klammert, die ihm Labsal und Obdach ist. Hugos Religion, deretwegen die Nationalsozialisten morden und die Hugo beinahe märtyrerhafte Züge verleiht. Hugos Religiosität, die für mich immer wieder Züge von Blasiertheit trägt, von Verbohrtheit und Verbissenheit, die mir zugleich so fremd ist wie der Großvater selbst. *„So ich noch lebe ..."* ist auch die Geschichte eines Menschen, dessen Denken und Handeln von Religion bestimmt ist, der nicht an die Nazis glauben wollte.

Abb. 5: „Ein paar Tage bei Onkel Hugo" – Großfamilie Paterno (1932)

„Er war in seinen Gesprächen nicht leidenschaftlich", sagt Serafine später: „Wohl hat er aber in seinen Betrachtungen Probleme der Politik mit religiösen Erwägungen verbunden. Er war sehr bescheiden in seiner Lebenshaltung."[7] Der ruhige, zurückhaltende Hugo, der wenig spricht, gewissenhaft, hilfsbereit, beliebt, geachtet ist.[8]

Auf dem Foto aus der Aluminiumkiste blicken einem Tote entgegen. Niemand auf dem Familienbild ist noch am Leben. Es muss ein Tag zum Feiern gewesen sein, an dem sich die Erwachsenen und Kinder im Schatten der Lustenauer Reichsstraße 43, einem geduckten Haus mit Schindelholzfassade, in dem Marias Eltern wohnten, versammelten. In das Fotoalbum mit dem speckigen Einband hat jemand neben das Gruppenfoto in verschnörkelter Schrift auf die schwarz kartonierte Seite „Kilbi 1932" geschrieben. Die Kilbi, Lustenau größtes Volksfest, war für mich als Kind noch Pflicht. Die Männer tragen auf dem Foto Krawatten und Stehkrägen, ein Mädchen mit langen Zöpfen um ihren Hals eine Kette. Hugo überragt alle aus der Gruppe, er steht in der letzten Reihe, seine beiden Töchter sind noch Babys. Das Foto zeigt ihn als Ehemann und Vater. Hugo, der Familienmensch. Hugo, der stolze Beamte. Man kommt ihm nicht näher, so oder so. Er bleibt der Mann auf einem Gemälde, das seine Farben verloren hat. Ein Leben aus Splittern.

Hugo Paterno 1896–1944

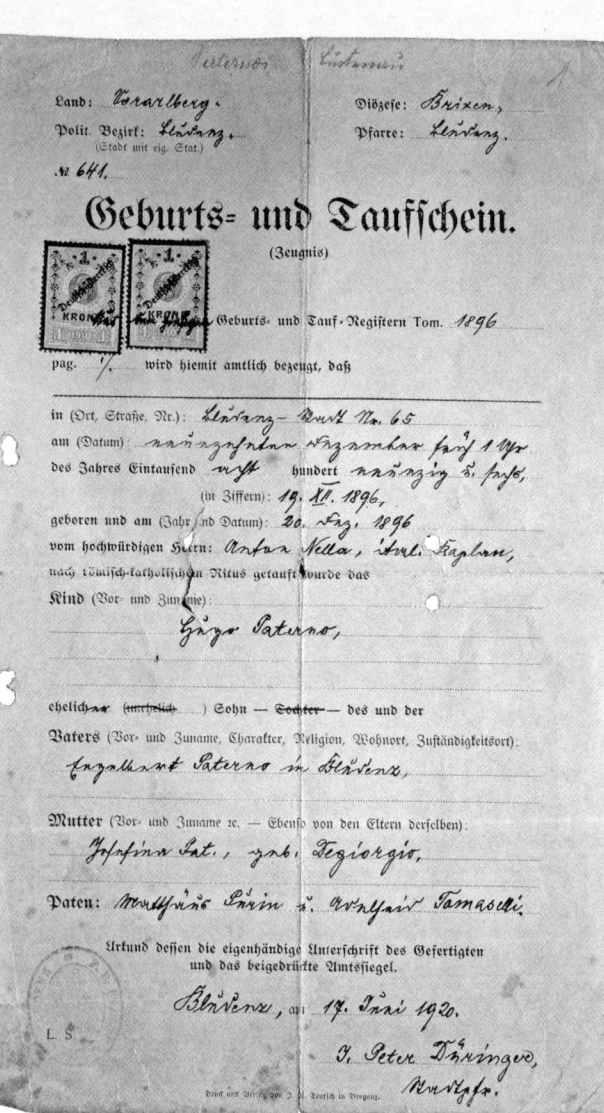

Abb. 6: Hugo, der Glückliche – Geburts- und Taufschein (Juni 1920)

Ein Leben als Geist

Man muss, um Hugos Leben und Sterben zu verstehen, weit zurückgehen in seiner Geschichte, bis zum Tag seiner Geburt. Die Taufmatrikel der Pfarre Bludenz, mit winziger Handschrift notiert, vermerkt unter der Nummer 146 die Geburt von Ugo Felice. Hugo, der Glückliche. „Monat, Tag und Stunde der Geburt: 19. Dezember, 1 Uhr fünf", links oben der Jahreseintrag 1896. Ein Schrägstrich in der Spalte „Knabe", geboren im „Haus Nr. Stadt 65", getauft am 20. Dezember. Auf dem viel später ausgestellten, inzwischen fleckig gewordenen Geburts- und Taufschein, der das Datum vom 17. Juni 1920 trägt, ist als Taufpfarrer Anton Nella, „italienischer Kaplan", eingetragen, als „Don Nella"[1] bekannt, zwei Postwertzeichen oben links: „Deutschösterreich – 1 Krone – 1910". Von Zerrissenheit ist Hugos Leben früh geprägt: „Land: Vorarlberg" ist auf dem Dokument zu lesen: „Politischer Bezirk: Bludenz" – „Diözese: Brixen" – „Pfarre: Bludenz". Hugo sei, ist weiter verzeichnet, der „Sohn des Engelbert Paterno in Bludenz" und der „Josefina Paterno, geb. Degiorgio". Die Namen von Hugos Eltern, die im April 1884 in Bludenz heirateten, finden sich auf Urkunden und Stammbäumen, vor allem im Fall seiner Mutter – in häufig abenteuerlich voneinander abweichender Schreibweise, als sei es unerheblich, wer man sei. Angelos 1861 geborene Ehefrau wird auf Dokumenten wahlweise als Ginsepina de Gorgio, Ginseppina Degiorgio, Josefina Degiorgio oder Josephine Degorgio vermerkt, Hugos Nachname zu Veterna, Peterna, Perterna oder Paterna verballhornt.[2]

Die Koordinaten für das, was man mit Migranten im ländlichen Vorarlberg zur Jahrhundertwende anstellen durfte, beginnen zu verrutschen, immer zum Nachteil von Hugos Familie.[3] Er ist der Sohn italienischstämmiger Eltern. Vater Angelo – Engelbert – wurde 1859 in Spera, einem Dorf im oberitalienischen Valsugana, im Südosten des Trentino, geboren.

Der Name Paterno ist in Spera, einem von Gebirgsketten eingeschlossenen Weiler in 500 Meter Seehöhe, noch immer allgegenwärtig: An vielen Türschildern ist er zu finden, die Zufahrtsstraße zum Friedhof heißt „Patèrni". Auf der Begräbnisstätte selbst ziert der Name Paterno viele Grabsteine, eine große Familie bis über den Tod. Der ehemalige Bürgermeister des Bauerndorfs, ein quirliger Mann namens Paterno mit übersprudelnder Neugier und großem Sendungsbewusstsein, kann die Historie der verschiedenen Clans bis in das 16. Jahrhundert wortreich aufschlüsseln, bis ins Brasilien der Gegenwart seien Paternos aufzuspüren. An Ursula, eine von Hugos Schwestern, die offenbar in Spera und danach viele Jahre in einer der Nachbargemeinden lebte, erinnert er sich nicht. Wer in dem Dorf mit der ockergelben Kirche im Ortszentrum den Namen Paterno trägt, fällt nicht weiter auf.

Der Landwirt Angelo macht sich nach Vorarlberg auf, das Arbeitskräfte für die Webereien und Spinnereien, den Tunnel-, Brücken- und Straßenbau sucht[4]; um 1880 beginnen die Bauarbeiten des Bahntunnels durch den Arlberg, Angelo schuftet zuerst vermutlich als Zementarbeiter, später in einer Brauerei. Jahre später erstehen Angelo und Guiseppina ein Haus in der Riedstraße 20 in Bludenz, einer reihum von Bergen umgebenen Stadt im Süden Vorarlbergs, und eröffnen offenbar bald ein Ladengeschäft für Lebensmittel und Wein. Bis vor wenigen Jahren war das Haus, ein schlichter Bau mit giebeligem Dach, noch in Familienbesitz.

Wer damals in der Gegend um die Riedstraße wohnt, ist ein Welscher, ein Italiener in der Fremde, einer von ganz unten. Der Bludenzer Lehrer und Erzähler Josef Wichner schrieb 1889 in seiner mit „lustiges und lehrreiches Volksbüchlein" untertitelten Schwanksammlung „Alraunwurzeln" im Kapitel „Eisenbahngeschichten": „Und die welschen schmutzigen Arbeiter selbst mit ihrer unverständlichen Sprache, ihrer verbrannten Haut, ihren rollenden Augen und ihren Flöhen und Wanzen, was waren sie Anderes, als ein der Hölle entstiegenes Teufelsgesindel?"[5] Welscher war ein Schimpfwort. Welsches Leben wenig wert. Welscher blieb man ein Leben lang. „All das behagte den erbgesessenen Bewohnern des seit Jahrhunderten deutschen Ländchens nicht im Mindesten", schrieb Wichner fünf Jahre später in seinem „Volksroman" genannten Buch „Im Schneckenhause": „Und als im Laufe der Jahre ganze Ansiedlungen entstanden, so machte das den Urbewohnern wenig Freude und sie bezeichneten solche mitten in ihrem Gebiete liegenden italienischen Inseln spöttisch als Kleinvenedig und mieden nach Tunlichkeit den Umgang mit Leuten völlig entgegengesetzter Art und Lebensgewohnheit."[6]

Wird Hugo als Kind und Jugendlicher seiner Sprache, seiner Haut, seiner Augen wegen angefeindet? Sieht man in ihm einen mit Wanzen und Flöhen? Ist seine Familie Teufelsgesindel?

Hugo hat sieben Geschwister.[7] Louis, der Älteste, wird 1884 geboren und stirbt mit sechs Jahren. Josef ist Jahrgang 1885; Ursula kommt 1888, Johann 1895 auf die Welt; Anton, Antonia und Maria werden nicht alt; Anton stirbt 1896 mit nur zwei Jahren, Antonia 1916 mit 26, Maria zwei Jahre später mit 20. Die Paternos sind welsche Bludenzer. Zuhause ruft man sie Luigi, Guiseppe, Orsola, Antonia, Antonio, Giovanni, Maria und Ugo. Die Paterno-Kinder tragen außerdem Doppelnamen. Ugo Antonio, Giuseppina Maria, Giovanni Angelo. Ugo Felice. Engel und Glückliche.[8] Vater Angelo stirbt 1928 im Alter von 69 Jahren in Bludenz, offenbar im Stand eines Brauers; Giuseppina ist ein Jahr zuvor in Hohenems verstorben.

Hugo besucht die Volkschule und die Bludenzer Bürgerschule. Nach dem Entlassungszeugnis der zweiten Klasse ist sein „Betragen" in der Schule „lobenswert", sein „Fleiß" ist „befriedigend".

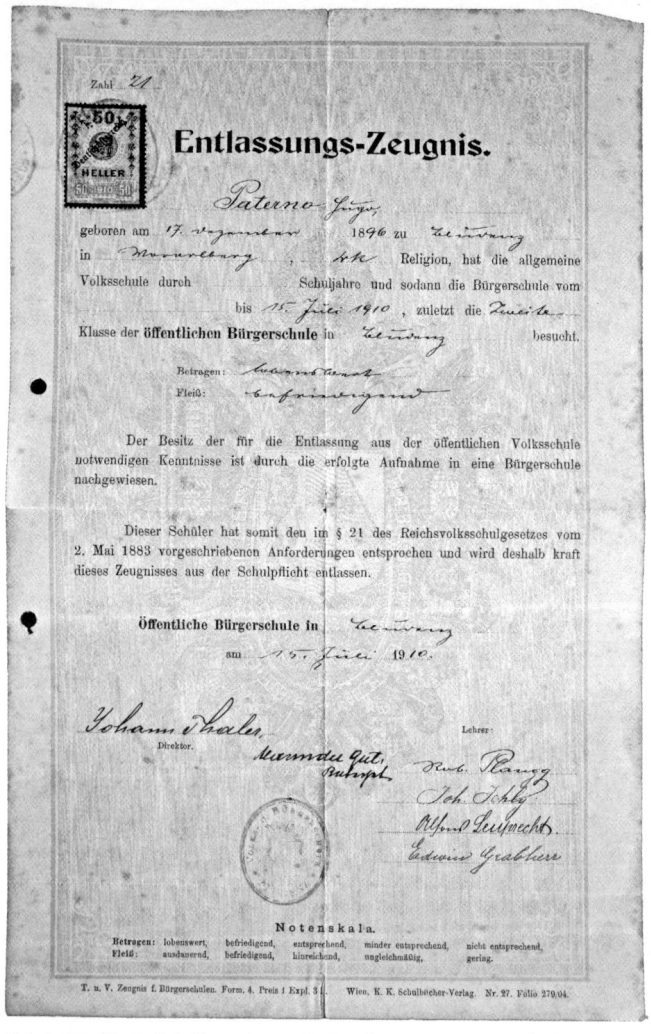

Abb. 7: Fleiß „Befriedigend" – Schulentlassungszeugnis (Juli 1910)

Am 15. Juli 1910 wird er aus der Schulpflicht entlassen. Nach der Schule arbeitet er als Brotausträger und in der Schokoladenfabrik Suchard in Bludenz.[9] Drei Jahre später taucht Hugos Name in einer Mitarbeiterliste der Bludenzer Bierbrauerei Fohrenburg auf. Am 1. Mai 1913 tritt er als Hilfsarbeiter ein, im August 1915 erfolgt der Austritt; danach verdingt er sich wie schon sein Vater Angelo vorübergehend bei der Eisenbahn in Bludenz.

Dann zieht Hugo in den Krieg, zwei Jahre, neun Monate und 13 Tage lang, 3. Regiment der Tiroler Kaiserjäger, 1. Feldkompanie, Musterungsjahr 1915, Grundbuch-Vormerkblatt Nr. 1115, ausgebildet an Gewehr und Handgranate, Unterjäger als letzte bekleidete Charge.[10] Hugos Entlassungsschein von Oktober 1919 verzeichnet seine „Militärdienstleistung" penibel genau: Jänner bis Juni 1916 – 3. Tiroler Jäger-Regiment Ersatzkader und Marschbataillon 21; nach zweieinhalb Monaten Ausbildung abkommandiert an die italienische Front, zurück ins welsche Land für mindestens neun Monate, in die Steingeröllwüsten des Pasubio und des Cosmagon; der Monte Majo und der Fluss Piave tauchen in Hugos Unterlagen als weitere Kriegsschauplätze auf, an denen er sieben Monate lang stationiert ist. Zwischen 28. August 1916 und 1. März 1917, gut sechs Monate lang, beurkundet der Entlassungsschein einen Spitalsaufenthalt, womöglich wegen eines rechtsseitigen Wadendurchschusses; ab August 1917 folgen zur Linderung eines „schweren Rheumatismus aus dem Felde" weitere zwei Monate in Krankenhauspflege.[11] Am 1. November 1918 wird Hugo aus dem Militärdienst entlassen; Ende November kehrt er nach Bludenz zurück. Im Dezember 1918 tritt Hugo erneut in die Bierbrauerei Fohrenburg ein, diesmal als Nachtwächter. Als Hugos „Heimatgemeinde" führt Fohrenburg auf der Mitarbeiterliste 1918 das italienische Spera an, als „Wohnort" ist „Bludenz" vermerkt. Welsche bleiben Welsche.[12]

Im Dienst

Mitte Juni 1920 schreibt Hugo einen Brief, der alles verändert. „Löbliche Finanz-Bezirks-Direktion Feldkirch", wendet er sich in seiner schönsten Handschrift an die Behörde: „Ergebenst gefertigter Hilfsarbeiter der Brauerei Fohrenburg erlaubt sich hiermit aufgrund der beigeschlossenen Dokumente um gütige Aufnahme in die Finanzwache zu bitten. Einer wohlwollenden Erledigung entgegensehend zeichnet Hugo Paterno."[1]

Der unterwürfige Ton, der aus diesen Zeilen spricht, der zwanghafte Gestus des Untergebenendaseins, all die winzigen Grundbausteine des Untertanendenkens, werden Hugos Beamtenlaufbahn Jahrzehnte begleiten. In seinen dienstlichen Schriften wird Hugo, ganz im Einklang mit dem Kommandogebell der Bescheinigungen und Bewilligungen, Aufforderungen und Mitteilungen seitens der Zollbehörde, der fleißige, korrekte Beamte sein. „Dienstvorschrift für die Vollstrecker" steht als Titel auf einem Büchlein mit grauem Einband, das auf wenigen Seiten zahllose Paragrafen und Unterparagrafen der Finanzverwaltung versammelt.[2] Hugo versieht das Buch auf der ersten Seite mit seiner Unterschrift: Hugo, der Vollstrecker. Ich stelle mir Hugo als Zinnsoldaten vor, der, plötzlich lebendig, mit großem Ernst auf der knarzenden Bühne des Beamtentums auf- und abschreitet, ein großer Mann mit weichen Händen und Bauchansatz, der sich ein steifes, undurchdringliches Gehabe verleiht.

„Ist groß, kräftig, zeigt gesundes Aussehen und ungestörtes Allgemeinbefinden. Innerer Organbefund durchaus normal. Der Mann ist körperlich zu jedem Finanzwachdienst vollkommen tauglich", notiert der Amtsarzt am 19. Juli 1920. Knapp zwei Wochen später wird Hugo zum provisorischen Aspiranten der Finanzzollwache ernannt.

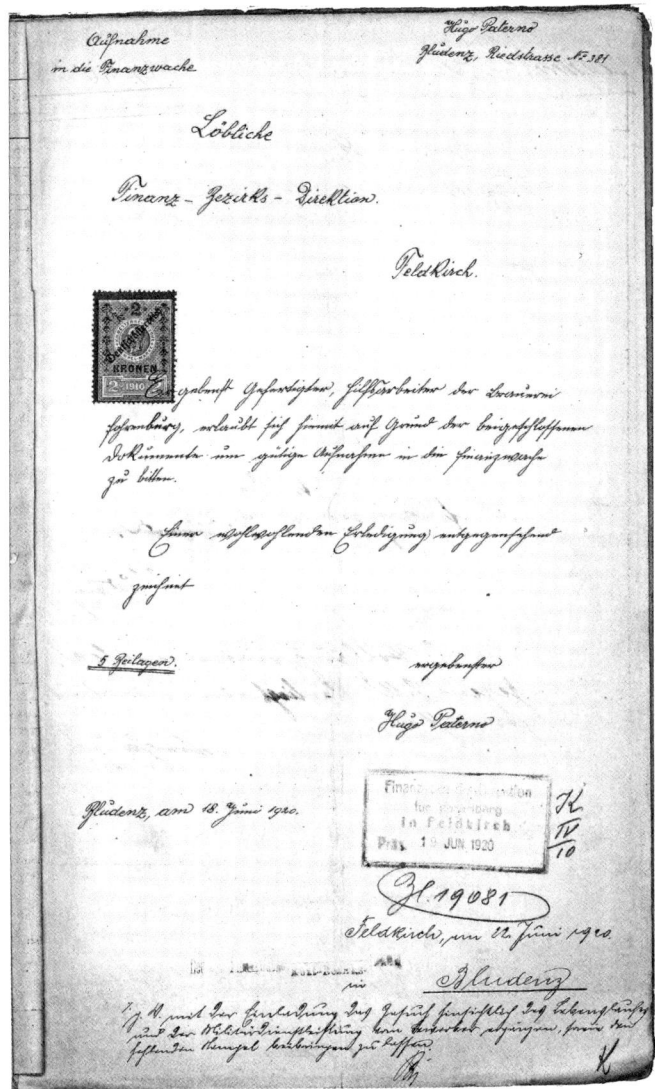

Abb. 8: „Gütige Aufnahme" – Bewerbungsschreiben für den
Zollwachedienst (Juni 1920)

„Besondere Kenntnisse und Fertigkeiten: Italienisch und Radfahren", wird der Personalbogen der Finanzverwaltung Jahre später, 1942, festhalten.[3] Die nationalsozialistische Herrschaft ist bei Hugo unbedingt bemüht, öffentlich die Chimäre der Korrektheit und Vollständigkeit aufrechtzuerhalten. Nebenher etabliert sie ein Schattenreich, in dem Menschenfeindlichkeit und Repression wuchern. Die bereits im April 1939 eingebrachte „Meldung über Fähigkeiten und Leistungen" trägt den Vermerk: „Der Inhalt dieser Auskunft darf der davon betroffenen Person unter keinen Umständen bekannt gegeben werden!" Hier werden Hugos Fähigkeiten schon gehässig herabgestuft: „etwas Italienisch"[4].

Beamte müssen Diensteide schwören. Hugo tut dies am 1. August 1920 in Lustenau: „Sie werden bei Ihrer Ehre und bei Ihrem Gewissen schwören, der demokratischen Republik Deutschösterreich treu und gehorsam zu sein und deren Gesetze unverbrüchlich zu beobachten."[5] Er unterschreibt die Eidformel in Kinderschrift, über das o seines Vornamens malt er einen Kringel.

1933 schwört er neuen Dienstherren, einem neuen Staat die Treue: „Sie werden einen Eid zu Gott dem Allmächtigen schwören und bei Ihrer Ehre und bei Ihrem Gewissen geloben, dem Bundesstaate Österreich treu und gehorsam zu sein und die Gesetze der Republik unverbrüchlich zu beobachten."[6]

Am 19. März 1938 bezeugt der Beamte Hugo Paterno in Bregenz einem Mann die Treue: „Ich werde dem Führer des Deutschen Reiches und Volkes, Adolf Hitler, treu und gehorsam sein, die Gesetze beobachten und meine Amtspflichten gewissenhaft erfüllen, so wahr mir Gott helfe!" Die Behörde hinkt der neuen Zeit hinterher: Das Dokument von März 1938 ist mit einem Stempel mit Schriftzug „Finanzlandesdirektion für Vorarlberg" versehen, in der Mitte der Doppeladler; am 1. Oktober 1938 wird Hugo als Zollsekretär in das nationalsozialistische Reichsbesoldungsrecht überführt.[7]

Beamtenkarriere

Es ist wie verwunschen mit den Fotos, auf denen Hugo als Nationalsozialist zu sehen ist. Auf einem der Bilder ist das verwackelte Gesicht eines Mannes mit Ordensbrust und einer in die Armbeuge gerutschten Hakenkreuzschleife zu sehen. Es ist nicht ganz sicher, ob der Mann auf dem Foto auch Hugo ist. Die nächste Aufnahme zeigt eindeutig den Großvater. Er steht inmitten von 14 uniformierten Zollbeamten in der zweiten Reihe vor einem Haus.

Abb. 9: „Hitler treu und gehorsam sein" – Hugo (Dritter von links) unter Arbeitskollegen (undatiert)

Einige seiner Kollegen tragen Säbel und Hakenkreuzbinden. Es ist unklar, ob auch Hugo das Hakenkreuz am Ärmel trägt. Ein drittes Foto, eine Ansammlung von Menschen auf einer Wiese mit bewaldetem Berg im Hintergrund, viele Uniformträger, aber auch Kinder und Frauen, als ob sich Zaungäste fröhlich ins Bild drängten. Ein Motorrad mit Nummernschild „W 3013" und Landeskennzeichen „D". Eine Exkursion von Zollwachebeamten? Hugo steht auf dem Foto abseits, als ob ihn alles nichts anginge.

Hugo ist ein untadeliger Beamter. Sein Fleiß und seine Genauigkeit stechen hervor, seine Arbeitsweise ist flott. Seine Bücher in den Aluminiumkisten sind voller Anmerkungen, Notizen, eingelegter Blätter, Unterstreichungen. „Das österreichische Zollrecht und Zollverfahren"[1] zum Beispiel, Wien 1920, eines von Hugos vielen Dienstbüchern, 794 Seiten, brauner, abgegriffener Packpapierumschlag, ein Arbeitsbehelf, den er oft in Händen gehalten haben muss. „Zollrecht und Zollverfahren" erzählt einiges über sein Beamtendasein: Er hat dafür mit kleinen braunen Zetteln ein Register angefertigt, auf die er mit Schreibmaschine „§§ 558, 559", „Postzollordnung PZO", „Zollvormerkordnung ZVO" oder „Kleiner Grenzverkehr § 20" getippt hat; blauer und roter Buntstift markiert Wichtiges, zahllose eingelegte Zettel.

Hugos Schrift ist klein, fein, harte Bleistiftstärke, stenografische Zeichen durchziehen die Seiten. In den Alukisten findet sich auch die Broschüre „Lehrgang der Stenografie" von 1918, darin Übungstexte nach Hugos Geschmack wie jener von dem „Wolf auf dem Totenbette": „Der Wolf lag in den letzten Zügen und schickte einen prüfenden Blick auf sein vergangenes Leben zurück. ‚Ich bin freilich ein Sünder', sagte er, ‚aber doch, hoffe ich, keiner von den größten. Ich habe Böses getan; aber auch viel Gutes. Einmal, erinnere ich mich, kam ein blökendes Lamm, welches sich von der Herde verirrt hatte, so nahe, dass ich es gar leicht hätte würgen können; und ich tat ihm nichts.'"[2]

Glitte einem „Das österreichische Zollrecht und Zollverfahren" aus den Händen, es regnete Papierschnitzel mit Hugos Anmerkungen und Kommentaren zu Gesetzesstellen, auch Verordnungsblätter wie jene von September 1931 oder der kleingefaltete Bogen „Tatbeschreibung" vom 15. November 1926 fielen aus dem Buch zu Boden, fast ausschließlich Dienstliches, kaum Privates; nur diese eine Postkarte aus dem Dornbirner Ferienheim Ebnit mit Sommergrüßen.

Ich denke daran, wie Hugo in dem Buch wohl immer und immer wieder die Seiten durchblätterte, auf der Suche nach Gesetzen, Paragrafen, Statuten, unterlegt vom Geräusch des Raschelns. Hugos Handbuch „Die österreichische Zollwachvorschrift"[3] hat weniger Seiten; auch hier hat er ein Register gebastelt. Hugos Relikte sparen immerhin nicht mit Hinweisen, wer er gewesen sein könnte.

In den Alukisten finden sich zwei mit Zahlen und Daten übersäte Seiten eines Formblatts, mutmaßlich nach Hugos Hinrichtung erstellt, das Werk eines beflissenen Beamten des Oberfinanzpräsidiums Wien-Niederdonau, ein in seiner Gewissenhaftigkeit einschüchterndes Dokument: Hugos Leben wird darauf in Zahlen aufgelöst. Er sei, seinen fast dreijährigen Kriegsdienst eingerechnet, 29 Jahre, elf Monate und 14 Tage lang Beamter nach österreichischem Recht gewesen – vom 31. Juli 1920 bis zum 11. Mai 1944; Beamter auf Lebenszeit sei Hugo seit dem 1. Jänner 1922; nach deutschem Reichsrecht, listet der sorgfältige Chronist im Oberfinanzpräsidium nach undurchschaubarem Berechnungsschlüssel auf, 28 Jahre und 145 Tage.[4] Hugos Witwe Maria, so die eigentliche Bilanz der schier endlosen Zahlenkolonnen auf den Formularblättern, wird nach Hugos Hinrichtung einen Unterhaltsbeitrag „auf drei Jahre unter Vorbehalt jederzeitigen Widerrufs im Gnadenwege"[5] erhalten.

Der nationalsozialistische Wahn reinen Blutes führt Hugo bald in die entferntesten Verzweigungen seines

Familienstammbaums. Anfang September 1938 trifft in Gaißau eine Postkarte ein, zittrige Handschrift, Stempel der Pfarrkirche Spera, adressiert an „Sig. Ugo Paterno, Zollamt Gaißau, Deutschland – Vorarlberg": Bis in das Jahr 1822 zurück schlüsselt die Karte Hugos italienische Familienhistorie auf, viele Namen, Geburts- und Sterbedaten, die selbst ihm nur mehr wenig gesagt haben dürften.[6]

„Stammen Sie von jüdischen Eltern oder Großeltern ab?", lautet eine der Fragen auf dem Blatt mit Reichsadler-Stempel, das Hugo Ende Oktober 1938 mit „Nein" ausfüllt; die Postkarte aus Spera dient ihm dabei als Hilfe.[7] Hugos „Ahnenpass", ein Heft von 48 Seiten, rehbrauner Leineneinband, führt die Genealogie bis zur Geburt von Hugos Urgroßvater in das Jahr 1799 zurück.[8]

In Hugos amtlicher Korrespondenz ist viel von Besoldungsdienstalter, Gehaltsvorrückungen, Ortszuschlägen zu lesen, von etlichen Wechseln der Dienstorte innerhalb Vorarlbergs: Hugo, der Einwanderersohn mit italienischer Muttersprache, macht Beamtenkarriere, das Leben meint es gut mit ihm. Er macht sich Gedanken über seine Zukunft. Der Großvater schließt einen Bausparvertrag ab; Bausparkasse der Gemeinschaft der Freunde Wüstenrot, Nummer 14282, lautend auf 20.000 Schilling, jährliche Sparpflicht 400 Schilling. Hugos in kleiner Handschrift dokumentierte Nachweise über seine regelmäßigen Zahlungen an Wüstenrot sind erhalten, große weißmatte Bögen, die den eigentümlichen Geruch alter Schriftstücke ausströmen. Von 1. Juni 1931 datiert die erste Einzahlung im Wert von 80 Schilling, die letzte erfolgt Anfang Oktober 1938 im Wert von 26 Reichsmark und 80 Pfennig[9]; im Februar 1939 kündigt Hugo den Bausparbrief 14282 von Ende 1931: „Ihr Guthaben beträgt einschließlich Zinsen mit 15. Juni 2.444,83 Reichsmark", informiert Wüstenrot:

„Dieses Guthaben wird auf zehn gleiche Jahresraten [...] aufgeteilt. Infolge der Zinsen und Zinseszinsen, die in die einzelne Rate im Voraus eingerechnet sind, beträgt die Jahresrate 270 Reichsmark."[10]

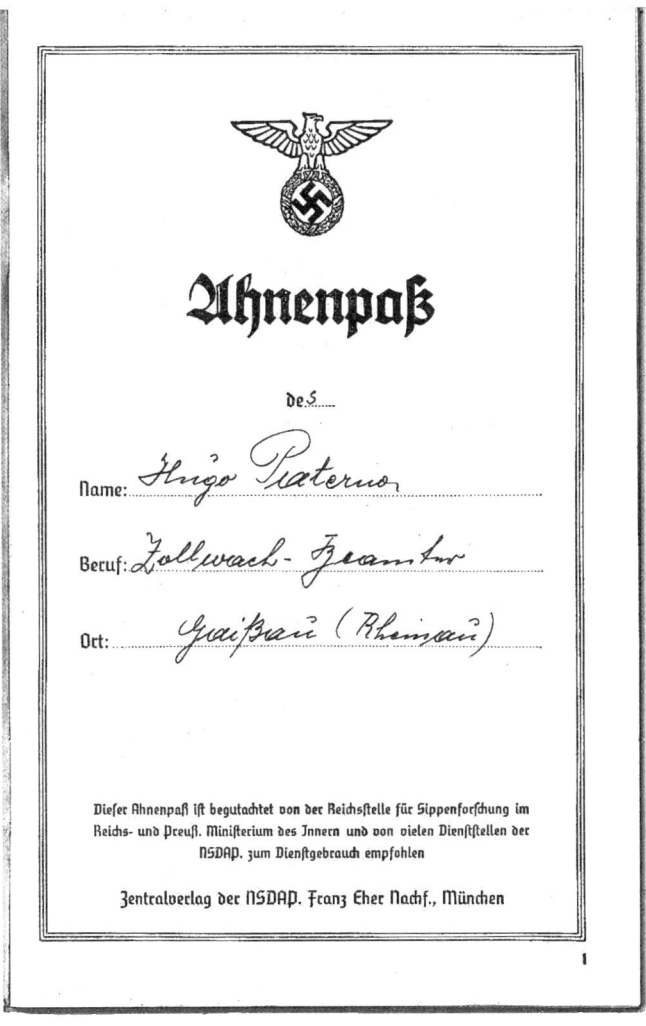

Abb. 10: Wahn reinen Blutes – Hugos „Ahnenpass" (undatiert)

Mit Wüstenrot

Vielleicht glaubt auch Hugo, mit Wüstenrot den Krieg zu meistern. Womöglich geht er den Verheißungen der Salzburger Bausparkasse auf den Leim. Ein Handwurfzettel aus den Aluminiumkisten mit Hugos Nachlass, ein hellgrünes Wurfblatt, ohne Impressum und mit großer Überschrift: „Hat das Sparen im Kriege einen Wert?" Darunter der Text: „Auf diese Frage, die nicht nur unsere Bausparer, sondern auch sehr viele unserer Volksgenossen heutzutage beschäftigt, hat unser Reichwirtschaftsminister Dr. Funk in seiner Rede anlässlich der Erhebung der bisherigen Reichsbanknebenstelle Salzburg zu einer Reichsbankstelle an der Wende des neuen Jahres, am 2. Jänner 1940, in Salzburg eindeutig Antwort gegeben und damals wortwörtlich gesagt: ‚Der Wert von Ersparnissen wird nach Beendigung des jetzigen Ringens besonders deutlich werden, wenn es gilt, teilzuhaben an der Umstellung der Wirtschaft auf die Friedensarbeit.'" Und weiter: „‚Die Kriegssparer werden nicht enttäuscht, sondern belohnt werden.' Heute weiß jeder Volksgenosse, dass zwischen 1918 und 1940 nicht nur politisch und militärisch, sondern auch wirtschaftlich ein ungeheurer Unterschied ist. Der Krieg wird infolge der ausgezeichneten Führung unseres Volkes und unserer Wehrmacht sicherlich nicht lange dauern. Dann wird jede abgetilgte Darlehensmark und jede zurückgelegte Guthabensmark doppelt wichtig und wertvoll sein." Sparen, verheißt ein Appell gegen Seitenende, sei die „beste Antwort im heutigen Kampf um Deutschlands Freiheit und Größe"[1].

Durchhalteparolen finden sich auch auf dem „Mitteilungsblatt der Bausparkasse Gemeinschaft der Freunde Wüstenrot" von Anfang 1940. Das Foto auf dem Infobrief, auf dem ein einsames Haus in tief verschneiter Landschaft steht, beschwört die Idylle im Krieg. Darunter die Bild-unterschrift: „Etliche tausend ostmärkische Wüstenrot-Eigenheime schauten über schöne Schneelandschaft in das neue Jahrzehnt." Wüstenrot trommelt für Volk und Vaterland: „An der Schwelle eines neuen Jahres und gar eines neuen Jahrzehntes hält jeder einen Augenblick inne, um zurück und vorwärts zu blicken auf seinem Weg", kann Hugo auf dem „Mitteilungsblatt" lesen: „Wir sind, das dür-fen wir mit Stolz sagen, bei dem großen Aufschwung wa-cker mitmarschiert."

Man werde auch zukünftig dem „Werbespruch" treu bleiben, mit dem man die „Arbeit im Jahre 1940" begin-nen wolle: „Im Kriege sparen und im Frieden kaufen, im Kriege sparen und im Frieden bauen! Wir denken dabei auch an unsere Verpflichtung, am Aufbau der Inneren Front im Heimatlande nach Kräften mitzuhelfen. Wenn unsere Feldgrauen heimkehren aus diesem Krieg, dann werden sie nicht wieder, wie 1918, ein Chaos vorfinden, sondern eine größere und schönere Heimat, die ihnen wieder Friedensaufgaben zuweisen kann, die sie als Helfer am weiteren Werk der täglichen Arbeit herzlich willkom-men heißen soll. Wozu wir Wüstenroter unser bescheide-nes Scherflein beitragen sollen, ist, dass die Heimkehrer eine starke Bauspar- und Eigenheimbewegung vorfinden, wohlgerüstet für die Aufgaben des Eigenheimbaues und der Siedlung im Frieden."[2] Krieg als lässliche Störung kommender Herrlichkeit. Krieg als Fundament baldigen Friedens, als Grundstock für Besitz und Wohlstand. Hat Hugo an die Werbetrommelei auf den Wüstenrot-Zetteln geglaubt?

Anfang Jänner 1937 schließt er einen weiteren Wüs-tenrot-Bausparbrief auf 16 Jahre und zwei Monate ab, Nummer 18548, mit monatlicher Sparpflicht von acht Schilling, einen „reinen Sparbrief mit Lebensversiche-

rung"; die Sparsumme von 2000 Schilling bekäme im To-
desfall Maria ausbezahlt.[3] Auf dem Antrag beteuert Hugo,
in den vergangenen fünf Jahren keine Krankheit überstanden zu haben; er sei nicht operiert worden, und sein
„gegenwärtiger Gesundheitszustand" sei „ein vollkomme-
ner guter". Er laboriere nicht an „Herzleiden, Ohrenfluss,
Lungenspitzenkatarrh, Krebs, Asthma, Bluthusten", und
er sei auch in keiner „Spitals- oder Heilstättenbehand-
lung"[4].

In langen Kolonnen notiert Hugo auf einem Papierbogen die monatlich geleisteten Zahlungen für Sparbrief
Nummer 18548. Zum Auftakt 16 Schilling am 15. Februar
1937, dann jeweils, in langen Zahlenreihen, acht Schilling
monatlich; ab März 1938 ersetzt die Reichsmark Österreichs Währung – Hugo zahlt nun regelmäßig fünf Reichsmark und 33 Pfennig auf sein Sparkonto ein. Er ist wieder
die Korrektheit in Person: Auf dem „Sparbrief", einem
weißgelblichen Bogen stärkeren Papiers, sind 99 Posten
vermerkt, 99 Einzahlungen – 15. Februar 1937 bis 1. Mai
1944, in einer Handschrift wie gedruckt, das Zeugnis
gründlicher Fleißarbeit.[5] Noch in seinem Abschiedsbrief 1944 wird Hugo Wüstenrot erwähnen.

Privatmann

Hugo als Privatmann ist mir schwer vorstellbar. Vielleicht
am ehesten wie auf jenem Foto aus der silbernen Kiste, auf
dem er in grauem Anzug, der in der Sonne sehr heiß wirkt,
auf einer von Bäumen gesäumten Wiese steht, hoher weißer Kragen, schwarze Krawatte. Hugos Hände baumeln
locker herab, sein linkes Bein als Spielbein, er hat wenig
von einem Staatsbediensteten.

Abb. 11: Weißer Kragen, schwarze Krawatte – Privatmann Paterno
(undatiert)

Oder dem Foto, auf dem er Pause bei der Heuernte macht:

Abb. 12: Moment der Unbeschwertheit – Maria, Hugo und Freunde bei der Heuernte (undatiert)

Viel Wald ist im Hintergrund zu sehen, die Männer auf dem Bild tragen Lederhosen und breite Hosenträger, die Frauen leichte Sommerkleider. Hugo hat Maria seinen rechten Arm um die Schulter gelegt. Er ist braun im Gesicht, seine abstehenden Ohren lassen seinen Kopf größer wirken. Der Kamera schenkt er kein Lächeln, sein Mund ist leicht geöffnet, als wolle er etwas sagen. Wieder auf einem anderen Foto, Hugo und Maria im Freien, sie liebkost ein Baby im Arm. Hugo trägt Anzug mit Uhrenkette, seine braunen Schuhe glänzen, die Finger seiner rechten Hand umschließen einen Arm des Kleinkindes. Hugos lockere Faust sieht sehr groß aus, beschützend. Maria und Hugo mit ihrem ersten Kind Anita, Juni 1932.

Maria und Hugo im Garten einer Gaststätte sitzend, noch so ein Foto von Hugo, das ihn in seinem Leben abseits seines Beamtentums zeigt.

Abb. 13: Baby im Arm – Maria und Hugo als Eltern (Juni 1932)

Abb. 14: Grübchen auf beiden Wangen – Hugo mit Maria und
unbekanntem Geistlichen (undatiert)

Gegenüber den beiden ein Geistlicher mit runder Brille und dicken Backen. Hugo hat auf vielen Fotos Männer der Religion um sich. Hugo führt ein Leben mit Gott. Auf dem Tisch Kaffeetassen, ein Glas mit klarer Flüssigkeit, aufgeschnittener Gugelhupf, Zuckerschälchen, Hugos Hut. Er trägt wieder Anzug mit Uhrenkette, Maria einen dunklen Glockenhut, um ihren Hals eine Fellstola. Hugos rechte Hand ruht auf Marias linker Schulter. Ein Moment der Unbeschwertheit, Hugo lächelt, Grübchen auf beiden Wangen.

Abb. 15: Der Kamera kein Lächeln – Hugo mit Maria und Töchtern Anita und Imelda (Juli 1933)

Ein letztes Foto, gezackter weißer Rahmen, das Hugo außer Dienst zeigt. Er steht auf einer Wiese mit Pfeife im Mundwinkel, weißem T-Shirt, Lederhose, Hosenträger. Hugo hält die kleine Anita an der Hand, seine linke hat er seltsam kess in die Hüfte gestemmt. Maria trägt Imelda als Baby im Arm. Ein Foto, das Zukunft verheißt, Sommer 1933.

Staatsdiener

Als Beamter ist Hugo immer wieder ein Ehemann und Vater auf Distanz.[1] Von 1920 bis 1924 ist er als Zöllner in der Lustenauer Nachbargemeinde Höchst stationiert; dann die dienstliche Versetzung an das Zollamt Rheindorf bei der Oberfahrbrücke[2] in Lustenau, wo er zwischen 30. Mai 1927 und 23. Jänner 1934 Dienst versieht.[3] Lustenau muss zu dieser Zeit eine Arbeitsstelle mit viel Personal gewesen sein, darunter Hugo, der das, was er tat, sicher mit großem Ernst erledigte.[4] „Amtsplatz des Zollamtes Rheindorf" steht in großen Lettern auf einem Foto aus einer der Aluminiumkisten.

Abb. 16: „Schritt fahren!" – Amtsplatz des Zollamtes Rheindorf (undatiert)

Es ist womöglich eine Aufnahme aus der Zeit, als Hugo neu bei der Zollwache war, vielleicht die Oberfahrbrücke. Ein Mann trägt darauf Zylinder, ein anderer einen altertümlich geschnittenen Anzug. Eine Holzhütte, daneben ein Häuschen mit Ziegeldach, das wirkt, als könne man sich darin nicht umdrehen, rechts davon öffnet sich schwarz der Rachen der Brücke über den Rhein. „Schritt fahren!", mahnt das Schild über dem Einlass. Ein Foto wie ein Stillleben. Viele Autos dürften noch nicht über die Holzdielen gepoltert sein.

Gaißau, eine Kleingemeinde im Rheindelta an der Schweizer Grenze, ist zwischen 20. Oktober 1934 und Anfang November 1938 die nächste Station, die sich offenbar mit Hugos vorheriger Lustenauer Dienststelle um einige Monate überschneidet, die Aufzeichnungen dazu widersprechen sich. Am 10. November 1938 erfolgt von Gaißau die Rückkehr nach Lustenau als Leiter des dortigen Zollamts: Hugo am Zenit seiner Beamtenlaufbahn. „Dienstwillig" verzeichnet 1939 die „Meldung über Fähigkeiten und Leistungen"[5]: Seine dienstliche und außerdienstliche Führung wird gelobt, sein Auftreten ist bestimmt, ein guter Kamerad, vertrauenswürdig. Als Sohn italienischer Eltern im Staatsdienst muss er jedoch vorsichtig sein und sich anpassen, zumal in Lustenau, dem Sitz der Schmuggler, wo Zollwachebeamte seit alters her unerwünscht sind.[6] Er darf seinen Mund nicht zu weit aufmachen, seinen Kopf nicht hinausstrecken.

Mit Wirkung vom 1. April 1940 wird Hugo schließlich an die Zollaufsichtsstelle Innsbruck strafversetzt, wo er aber erst ab Mitte Mai des Jahres Außendienst verrichtet, Brennereien und Trafiken kontrolliert und mit Trennungszulage monatlich 360 Reichsmark verdient.[7] Der berufliche Abstieg, von Hugos oberster Dienstbehörde via Verweis angeordnet. Innsbruck wird nach Höchst, Gaißau und Lustenau Hugos letzter Arbeitsort sein.

Es geht im nationalsozialistischen Schriftverkehr, von der ersten Zeile an, immer nur darum, Menschen zu erniedrigen, sie ihrer Würde zu berauben. Anfang Juni 1941 wird in der „Anschuldigungsschrift" zu Hugos Biografie festgehalten: „Ende Juli 1920 gelang es ihm, bei der österreichischen Zollwache unterzukommen. Seine Dienstorte waren Lustenau (Rheindorf), Gaißau, dann wieder Lustenau und seit 13. Mai 1940 Innsbruck. In der Zeit zwischen 10. November 1938 und 11. Mai 1940 war er selbstständiger Leiter des Zollamtes Lustenau."[8] Hugos Eintritt in das Beamtenverhältnis wird im Nachhinein herabgewürdigt – dem Taugenichts sei es gelungen, in der Zollwache „unterzukommen".

Abb. 17: Aus einer Wundertüte gezaubert – Ehepaar Paterno (April 1930)

1930 heiratet Hugo in die alteingesessene Lustenauer Familie Sperger ein. Es muss eine Hochzeit von einigem Prunk gewesen sein, 28. April 1930, Stadtpfarrkirche St. Gallus in Bregenz. Hugo Paterno, Zollwachebeamter aus Lustenau, tritt mit Maria Sperger, Jahrgang 1898, Tochter des Valen-

tin Sperger und der Karolina Alge, vor den Altar.[9] Auf den
wenigen Hochzeitsfotos wirkt Hugo wie aus einer Wundertüte gezaubert. Auf einem steht er, Maria neben sich,
im Schatten einer schwarzen Limousine mit Weißwandrei-
fen, eine Melone auf dem Kopf, weiße Fliege, die Hände
in weißen Handschuhen vor dem Bauch verschränkt. Auf
einem anderen hat sich die Hochzeitsgesellschaft vor dem
Kirchenportal versammelt, 17 Festgäste und zwei Kinder.
1932 und 1933 kommen Hugos Töchter Anita und Imelda
zur Welt.

Abb. 18: Noch herrscht Alltag – Hochzeitsgesellschaft (1930)

Noch herrscht Alltag. In einem Schreiben vom September 1929 an das Bundesfinanzamt in Feldkirch bittet Hugo
um Zuweisung einer Wohnung im Zollamtsneubau der Lustenauer Oberfahrbrücke: „Zur Begründung dieser meiner
Bitte erlaube ich mir anzuführen, mich im Frühjahr 1929 zu
verehelichen.“[10] Ein „Rücktritt von der beabsichtigten Ver-
ehelichung" sei nicht mehr möglich; Anfang Dezember ein
weiterer Brief in der Angelegenheit, fast flehentlich: „Erge-

benst Gefertigter erlaubt sich hiermit seiner vorgesetzten Behörde abermals die Bitte um Zuweisung einer Wohnung. Gesuchsteller beabsichtigt sich im Februar kommenden Jahres zu verehelichen. Nun ist es aber die Wohnungsfrage, von deren Lösung die Gründung eines eigenen Haushaltes abhängt. Unter den derzeit herrschenden Wohnungsverhältnissen ist es nämlich hierorts beinahe unmöglich, eine auch nur annähernd örtlich günstig gelegene Unterkunft zu angemessenen Mietzinsen zu erhalten. Und eine Wohnung außerhalb des Dienstortes zu beziehen, ist eben mit den Anforderungen des Dienstes nicht in Einklang zu bringen. Ferner wolle auch berücksichtigt werden, dass Bittsteller dem Zollamte Lustenau zur Dienstleitung zugeteilt ist, weshalb ihm die dorthin erbetene Bequartierung umso größere Vorteile bieten würde."[11]

Hugo und Maria müssen dann eine Zeit lang in einer der Unterkünfte im Lustenauer Zollamtsgebäude bei der Oberfahrbrücke in der Reichsstraße 79 gewohnt haben, es finden sich etliche mit dieser Adresse versehene Briefe und Bausparunterlagen unter den Schriftstücken. Später übersiedelt die Familie in eine Untergeschoßwohnung in derselben Straße, nicht weit entfernt, in die Reichsstraße 22. Eine der wenigen Erinnerungen Quidos war, dass dort die Familie vom Vermieter in der Etage über ihnen drangsaliert worden sei und nach Hugos Tod eingeworfene Fensterscheiben und zwischen Zähnen hervorgeknirschte Demütigungen zu erdulden gehabt hätte; Ende 1951 zieht Maria mit den Kindern in den Lustenauer Pfarrweg.[12] Dort wohnt die Familie in einem holzverschalten Haus, im Schatten des Kirchturms der Pfarre St. Peter und Paul, wenige Schritte von jenem Kriegerdenkmal entfernt, das hier seit 1932 in gewollter Monumentalität emporragt und auf dem bis heute fälschlicherweise Hugos Name in Metalllettern zu finden ist.

Vielleicht kommt Maria im Pfarrweg zu Ohren, dass die Nazikünstlerin Stefanie Hollenstein der Gemeinde bei der Errichtung des Denkmals beratend zur Seite gestanden ist. Die Malerin, ab August 1934 illegales und seit 1938 ordentliches NSDAP-Mitglied, wird im selben Jahr Vorsitzende des „Künstlerverbandes Wiener Frauen". Hollenstein stirbt 58-jährig am 24. Mai 1944 in Wien. Bis heute trägt Lustenaus bekannteste Galerie ihren Namen.[13]

Womöglich hat es Hugos Witwe auch nicht mehr ertragen, den Namen ihres Mannes, seit 1953 auf der Eisentafel des Mahnmals eingeschlagen, bei jedem Vorbeigehen lesen zu müssen, jedenfalls übersiedelt sie vier Jahre später mit den Kindern in jenes Haus nahe der Schweizer Grenze, beinahe in Sichtweite zur Reichsstraße 22, in dem sie bis zu ihrem Tod 1969 – und meine Mutter bis heute – lebt.[14]

Hugo befasst sich Anfang der 1930er-Jahre mit Wohnungsfragen, gegen Ende des Jahrzehnts besucht ihn ein Verwandter. In einer mit Schreibmaschine getippten Notiz erinnert sich Ferdinand, ein Sohn von Hugos zweitältestem Bruder Josef, den der Großvater in seinen Briefen oft Pepi nennt, an den Juli 1937: „Eine Woche im Unterland!!!", schreibt Ferdinand. Oberland wird der südliche, Unterland der nördliche Teil genannt, der Kummenberg bei Koblach trennt Vorarlberg. Ferdinand weiter: „Ein paar Tage bei Onkel Hugo in Gaißau gewesen. Diesmal war ich allein und konnte deshalb immer gerade tun, was mir beliebte. Am zweiten Tag schon fuhr ich bei herrlichem Wetter mit dem Rad in die Schweiz. [...] Der nächste Tag fand mich wieder wie voriges Jahr auf einer Gondel-Partie, die Sonne meinte es dabei sehr gut. [...] Den letzten Tag verbrachte ich dann noch in Dornbirn, wo wir einen sehr netten gemeinsamen Ausflug in die Rappenloch-Schlucht machten."[15]

Ist Hugo auf dem Foto aus der Aluminiumkiste ebenfalls in der Rappenloch-Schlucht, dem nach wie vor beliebten Ausflugsziel nahe des Dornbirner Stadtzentrums, unterwegs?

Abb. 19: Wie lachte Hugo? Wie sprach er? – Ausflug mit einer Bekannten aus der Schweiz (undatiert)

„Achtung! Steinschlag-Gefahr!", verkündet eine Tafel hoch über seinem Kopf. Er steht, ausstaffiert als Wandersmann, neben einer Frau in weißer Bluse und schwarzem Rock, vermutlich einer Bekannten aus der Schweiz, vor grauer Felswand: Hugo in Janker, Lederhose, kniehohen Stutzen, die Haare kurz geschoren, in der linken Hand ein Wanderstock, im Mund den Stumpen einer Zigarette. Ein Sonntagsausflug? Ein Wandertag in der Rappenloch-Schlucht, oder doch ganz woanders? Das Wochenende eines Beamten?

Hugo wird über die Jahre zum Zollwacherevisor, Zollwacheoberrevisor, Zollwachekontrollor, Zollwacheoberkontrollor ernannt.[16] Er darf eine Walther Kaliber 7,65 mm tragen und ist berechtigt, Dienst in Zivilkleidung zu verrichten. 1921 belegt er die Zollwacheprüfung, 1935 folgt in Wien die höhere Fachprüfung für die Zollwache, die am 2. Dezember ab 9 Uhr vormittags stattfindet; die Prüfungsunterlagen haben sich erhalten. Um 13.37 Uhr gibt Hugo seine Examensblätter ab; mit schwarzer Tinte ist darauf ein Übungsfall an der Schweizer Grenze dargestellt: Ein gewisser Josef Blum, Viehhändler in Gaißau, so lautet die Aufgabenstellung, habe rund 200 Meter unterhalb des Zollamts zwei Kühe eingeschmuggelt und in sein Elternhaus gebracht – Arbeit für den Grenzwächter. „Sollte meine Anzeige Erfolg haben", schreibt Prüfling Paterno auf den Testbogen, „so bitte ich um Zuerkennung der mir gesetzlich zustehenden Anzeigerbelohnung, wenn in dieser Sache nicht schon vor mir eine Anzeige eingebracht wurde". Die Ausbilder urteilen mit „einstimmig bestanden"[17].

Hugos Leben als Beamter hinterlässt Spuren in Personalakten, Anlageheften, Handakten, in Form von Einträgen, Beurteilungen und Anmerkungen. Notiert wird, was er tut und was er nicht tut, wer er ist und sein könnte, eine von Beginn an verzerrte Biografie in Abschnitten, die den Eindruck von Exaktheit vermitteln will. An Hugos Lebensbild schreiben viele mit: Vorgesetzte, Kollegen, Ärzte, Begutachter, Dienststellen und Kommissionen.

Hugo betritt eine hierarchische Welt, in der Zollräte, Hauptzollamtsvorsteher, Hauptzollamtsleiter, Bezirkszollkommissare, Oberzollinspektoren und Oberfinanzpräsidenten das Sagen haben, in der Zollsekretäre und Hilfszollbetriebsassistenten in Zollwacheabteilungen, Zollaufsichtsstellen und Hauptzollämtern Dienst versehen.

Verliert Hugo manchmal den Überblick angesichts der vielen verschiedenen Dienststellen, Vorschriften, Gruß- und Anredeformeln, Rangordnungen und Hackordnungen? Ich kann ihm regelrecht dabei zusehen, wie er in seiner grünen Uniform, die seit Jahrzehnten, von Mottenfraß verschont, in einem Kasten im Keller meines Elternhauses hängt, mit raumgreifenden Schritten durch Amtsräume eilt, im Innern womöglich unsicher und schwankend, ob er um die Regeln und Richtlinien auch gründlich genug Bescheid weiß. Hugos abschließende Beförderung ist jene zum Zollwacheoberkontrollor, keine allzu hohe Charge. 1946, zwei Jahre nach seiner Hinrichtung, stellt das Präsidium der Finanzlandesdirektion für Vorarlberg den Antrag für die rückwirkende Anerkennung Hugos zum Zollwacheinspektor; Maria wird in einem Schreiben des Zentralbesoldungsamtes noch 1953 als „Zollwachinspektorswitwe" bezeichnet.[18]

In der „Qualifikationstabelle", einer Art fortlaufender Beurteilung in Hugos dickem Personalakt, zwischen 1920 und 1932 von seinen Vorgesetzten angelegt, ist in der „Jahresschilderung pro 1920" vermerkt: „Groß, stark gebaut und gesund, ohne auffallende Gebrechen und Neigungen. Fähigkeiten gute, zum Grenzdienste sehr gut verwendbar, sehr vertrauenswürdig, gegen Vorgesetzte willig und stramm, gegen Gleichgestellte anständig, gegen Parteien sicher."[19] Drei Jahre später folgt der Eintrag: „Ist im Dienst sehr fleißig, gewissenhaft und vertrauenswürdig. Ist im

Parteienverkehre gut verwendbar, hat gute Umgangsformen und ein sicheres Auftreten." Wieder fünf Jahre später, 1928: „Hat gute Fähigkeiten und ebensolche Auffassung, ist sehr fleißig, pünktlich, gewissenhaft, vertrauenswürdig und verlässlich, hat großes Interesse für den Dienst, hat viele Gefällsanstände [Untersuchungen] aufgebracht und hat eine über das gewöhnliche Maß von Pflichterfüllung hinausgehende Dienstwilligkeit. Ernstes, ruhiges Auftreten, ist gegen Parteien zuvorkommend, hat Energie und eignet sich für den gesamten äußeren Dienst sehr gut. Ist gegen Vorgesetzte achtungsvoll, gegen Gleichgestellte kollegial, übt auf die Zugeteilten guten Eindruck aus." Im Jahr darauf, 1929, ist vermerkt: „Unter Einhaltung der Höflichkeitsformen energisch und im Rahmen des Dienstinteresses zuvorkommend." Der Eintrag von 1931 beschreibt Hugo so: „Zur Leitung einer Zollw. Abteilung geeignet."[20] Erst Jahre später, 1938, wird Hugo die Oberaufsicht über das Zollamt bei der Lustenauer Oberfahrbrücke anvertraut.

Ein Beamtenleben nimmt seinen Lauf. Hugo ist in eine fortlaufende Personalie verwandelt. Der Nationalsozialismus zermürbt Menschen mittels uferloser Bürokratie. Das „Gesamturteil" der „Meldung über Fähigkeiten und Leistungen" lautet im April 1939: „Paterno ist ein Beamter mit ruhiger und ernster Wesensart. Er ist sehr fleißig und dienstwillig. Seine Einstellung zum nationalsozialistischen Gedankengut dürfte einwandfrei sein, da er Parteianwärter ist." Mitte Oktober 1939 hält der streng vertrauliche Personalbericht fest: „Obengenannter war vor der Machtübernahme Anhänger der klerikalen Parteirichtung. Nach dem Umbruch zeigte er mehr Verständnis für die nationalsozialistische Bewegung. Er ist als guter und aufrichtiger Kamerad bekannt."

Ab 1940 verschärfen sich Ton und Stil der Begutachtungen des Zöllners Paterno. Die Hinterhältigkeit bricht sich ungehindert Bahn. Die Meldung vom 3. Juni 1940: „Er ist dienstlich eifrig, fleißig und genau. Paterno ist den Kameraden gegenüber immer sehr zurückhaltend und konnte [aufgrund] seines bisherigen Unvermögens, sich die nationalsozialistische Weltanschauung zu eigen zu machen, keine engere Fühlung mit ihnen erhalten. [...] Seine politische Einstellung ist seitens der Ortsgruppe Lustenau wiederholt bemängelt worden. Er unterhält angeblich noch immer Verkehr mit den Kreisen, die dem Nationalsozialismus noch fernstehen."[21] Paterno werde, schließt die Beurteilung vom Juni 1940, wegen abfälliger Äußerungen gegen die Partei angegriffen.

In der politischen Beurteilung durch die Gauleitung Tirol-Vorarlberg mit „Streng vertraulich!"-Vermerk ist am 27. September 1940 über Hugo zu lesen, dass „direkt Nachteiliges nicht bekannt geworden sei. Er ist wohl sehr stark konfessionell gebunden und hat daher dem Nationalsozialismus gegenüber aus weltanschaulichen Gründen gewisse Hemmungen." Am 11. November 1940 berichtet der Vorsteher des Innsbrucker Hauptzollamtes dem Oberfinanzpräsidenten, dem ranghöchsten Behördenvertreter, Hugos politischer Leumund sei „schlecht gewesen"[22].

Spätestens ab diesem Zeitpunkt stehen die Zeichen auf Eskalation. Ein „Dienstvermerk" vom 25. November 1940 führt an, dass die Ortsgruppe Lustenau, die „schon früher wegen der weltanschaulichen Einstellung des Paterno Misstrauen in dessen politische Zuverlässigkeit"[23] gehabt habe, gegen eine weitere dienstliche Verwendung Paternos keine Bedenken hege: „Es sei ihr lediglich darauf angekommen, dass Paterno aus dem Grenzabfertigungsdienst verschwinde."[24]

Hugos „politische Beurteilung" durch die Gauleitung Tirol-Vorarlberg der NSDAP hält am 12. November 1943, fast auf den Tag genau drei Jahre später, fest: „Der Obengenannte war in der Systemzeit Anhänger der Systemregie-rung." Die Chiffre „Systemzeit" war ein von den National-sozialisten gebetsmühlenartig vorgebrachtes Schlag- und Schlüsselwort, mit dem sie die Zeitspanne von 1919 bis zur Machtergreifung 1933 verächtlich machten. Missachtung schlägt auch Hugo in der Aktennotiz der Gauleitung ent-gegen: „Er ist äußerst stark konfessionell gebunden und steht vollkommen unter dem Einfluss der Geistlichkeit. Aus weltanschaulichen Gründen ist er ein überzeugter Gegner des Nationalsozialismus, der in den Jahren seit dem Umbruch schon mehrfach durch abfällige Äußerun-gen aufgefallen ist."[25] Hugo muss zum Verschwinden ge-bracht werden.

Nummer 7871889

Lange davor, am 30. Juni 1938, stellt Hugo bei der Orts-gruppe Rheinau-Höchst den „Antrag auf Ausstellung einer vorläufigen Mitgliedskarte" für die Nationalsozialistische Deutsche Arbeiterpartei, worauf dem Anwärter die einst-weilige Mitgliedsnummer 7871889 zugesprochen wird[1]; auf dem beigehefteten „Personal-Fragebogen" bleiben die Seite mit den „Angaben über die Zugehörigkeit zur NSDAP" ohne Eintrag, die vorformulierten Fragen nach den Verdiensten des Aspiranten während der Verbotszeit der Partei ohne Antworten. Er sei, schreibt Hugo in das entsprechende Feld, weder aus politischen noch sonstigen Gründen vorbestraft.

„Welchen anderen Parteien, Organisationen, Verbänden und Vereinen [...] gehörten Sie an?" –Ja, schreibt Hugo in flotter Handschrift: „V. F. Mitglied".[2] Hugo war Mitglied in der Vaterländischen Front, jener im Mai 1933 vom da-maligen Bundeskanzler Engelbert Dollfuß gegründeten

Sammelbewegung der Vaterlandstreuen, die sich unter dem Symbol des Kruckenkreuzes versammelte. „Kernorganisation des austrofaschistischen Ständestaates mit Monopolstatus als einzige legale politische Organisation"[3], lese ich in dem Studienband „Soziologie und Nationalsozialismus" nach. Hugo war, wenn als Beamter auch gezwungenermaßen, ein Dollfuß-Mann, ein Austrofaschist.[4] Auch das gehört zu Hugos Geschichte. Es sind helle und dunkle Puzzleteile, die sich zu einem Bild ordnen.

Im Feld „Bestätigung" auf der letzten Seite des „Fragebogens" die handschriftliche „Beurteilung vorstehender Angaben durch die Ortsgruppenleiter oder Formationsführer": „Angaben stimmen. Politisch V. F. gewesen. Sonst im Dienst korrekt. Wird als Anwärter empfohlen."[5]

Die Gauleitung Tirol-Vorarlberg entscheidet erst spät, am 4. August 1942, über Hugos Antrag. Laut Beschluss des Kreisgerichtes Bregenz der NSDAP wird der „Volksgenosse" für die Aufnahme in die Einheitspartei ausgeschlossen, die Mitgliedskarte mit der Nummer 7871889 nicht ausgefolgt. Grundlage für die Entscheidung ist ein Beschluss von Mitte Dezember 1941 des NSDAP-Kreisgerichts Bregenz, zusammengefasst auf vier Maschinenschreibseiten, der auf das Gespräch zwischen Hugo und Rudolf G. im April 1940 am Schlagbaum der Lustenauer Oberfahrbrücke Bezug nimmt. „Die Äußerungen Paternos, der früher der klerikalen Partei angehörte und sich offenkundig auch heute noch in den Gedankengängen dieser Leute bewegt, zeugen von seiner absolut feindlichen Einstellung gegenüber dem deutschen Volke, dem Staate, Führer und der Partei. Ein Mann dieser Gesinnung kann daher unter gar keinen Umständen für die Aufnahme in die Partei in Betracht kommen"[6], stellt das Schreiben fest, daher sei die Ablehnung zu beantragen. Der Bescheid ergeht an zehn unterschiedliche Behörden: Der Fall Paterno liegt jetzt der

Ortsgruppenleitung Rheinau, dem Amt für Beamte, dem Sicherheitsdienst der SS, Abschnitt Innsbruck, und der Gestapo in Innsbruck vor.

Über Hugos Kopf braut sich ein Unwetter zusammen, während der Vater dem Sohn eine Postkarte schreibt. Ein Sommerparadies ist da zu sehen. Das Ausflugsboot ankert am See, über sattes Grün gewürfelte Häuschen im Schatten eines grauen Felsmassivs, Tristenkopf und Sonnjoch. Hugo schreibt Josef am 1. September 1942 eine Karte mit Tiroler Idyll: „Mein lb. Seppl! Nun, wie geht es Dir in der Schule? Bist Du zufrieden mit dem Herr Lehrer? Oder er mit Dir? Vergiss nicht auf die Munili, damit sie trocken haben, wenigstens ein Mal in der Woche. Sei brav und folgsam. Viele Grüße, Dein Papa."[7] Seppl, ermahnt Hugo seinen Sohn, pass auf, dass die Hasen im Trockenen sind. Brav sein!

Mit 9. September 1942 ist der Brief aus dem Münchner Schiedsamt an den zuständigen Gauschatzmeister des Gaues Tirol-Vorarlberg datiert, mit dem Hugos vorläufige Mitgliedsnummer 7871889 endgültig eingezogen wird: „Nach Karteiangleichung kann diese Angelegenheit als erledigt betrachtet werden."[8] Angelegenheit erledigt. Die kalte Sprache der Macht wird Hugo bis zu seinem Ende auf dem Schafott nicht mehr loslassen. Am 4. Juli 1944 sendet der Münchner Oberstaatsanwalt an den Oberreichsanwalt beim Berliner Volksgerichtshof ein Telegramm: „Angelegenheit wird am 7. 7. 44 erledigt."[9] An diesem Tag wird Hugo in München hingerichtet. Auf dem Telegramm mit der Kennung 1795 Muenchen F 25 4 09 40 steht statt „Volksgerichtshof" fälschlich das Wort „Volksverichtshof"[10], das wie Volksvernichtshof klingt. Der Volksvernichtshof nimmt seine Arbeit aber nicht erst 1944 mit Verhängung der Todesstrafe auf. Hugos Leidensweg beginnt viel früher, im Oktober 1938, in der Vorarlberger Gemeinde Gaißau.

B. erstattet Meldung

Wer im Nationalsozialismus an Gott glaubt, gilt als weltfremd oder dumm, man nimmt ihn nicht ernst. Franz B., einer von Hugos Gaißauer Arbeitskollegen, schreibt am 10. Oktober 1938 an seine übergeordnete Dienststelle: „Ich sehe mich veranlasst, über nachstehende Vorfälle Meldung zu erstatten."[1] Es ist die erste offizielle Verleumdung, die sich gegen Hugo richtet und die sich in den Alukisten erhalten hat. Die Attacken gegen den Großvater werden sich mit der Zeit häufen. Franz B. eröffnet den Reigen der Verunglimpfungen und Herabwürdigungen. B. ist Nationalsozialist. Er ermahnt die Menschen in Gaißau, keinen ausländischen Rundfunk zu hören, und stellt im Ort die Frage in den Raum, weshalb nicht auch der Pfarrer mit „Heil Hitler!" zu grüßen habe. Es geht zudem das Gerücht, B. habe mit einem Meißel das Wort „Österreichisches" aus der Aufschrift „Österreichisches Zollamt" an der Gaißauer Behörde geschlagen.[2]

Hugo ist Franz B.s Dienstvorgesetzter. Hugo habe, gibt ein Zeuge nach dem Krieg an, seine Untergebenen zum Besuch der „Heilige Stunde", eine jeden Donnerstag in der Gaißauer Klosterkapelle abgehaltene Messe, gedrängt und offen dazu aufgerufen, an den Sonntagsgottesdiensten teilzunehmen. Hugo gilt offenbar als einer, der, sobald es um Religion geht, mit dem Zeigefinger spricht.[3] Der Groll gegen Hugos Katholizismus schlägt in Niedertracht um. Die Denunziationen von Rudolf G. in Lustenau und Rosa R. im Tiroler S. werden bald folgen.

Franz B. teilt in seinem Schreiben vom 10. Oktober 1938 an die Behörde mit, dass Hugo zehn Tage zuvor – Vorfall eins – Grenzdienst gehabt hätte, ihn dabei aber niemand gesehen habe, Hugo sei in der „vorgeschriebenen Zeit" zwischen 20 und 24 Uhr nicht ausgerückt; um halb 10 sei

Hugo zu B. an die Brücke beim Zollamt gekommen und habe ihm, B., den Auftrag erteilt, die „erste Umschlagseite des D. B. auszufüllen". Jede Bewegung, jedes Tun behördlicherseits schlägt sich im D. B., im Dienstbuch, nieder. Neun Tage darauf, 9. Oktober 1938 um 4 Uhr früh – Vorfall zwei –, habe Hugo B. auf der Brücke abgelöst: „Im D. B. war für denselben von 4–6 ½ Uhr noch Grenzdienst vorgeschrieben. Paterno ging jedoch um 4 Uhr ins Dienstzimmer und um 6 Uhr wurde er bereits in der Kirche gesehen." Hugo, schließt Franz B., habe, wie die Tage zuvor, seinen Dienst zu früh beendet. „Ähnliche Beobachtungen wurden auch von den anderen Beamten [...] schon früher gemacht. Aber es konnte Paterno nie etwas Bestimmtes nachgewiesen werden. Dieses fortgesetzte gewissenlose Verhalten des Paterno hat unter den Beamten begreiflicherweise Empörung und Verachtung gegen den Postenführer hervorgerufen." Verachtung und Empörung. Beides wird Hugo die kommenden Jahre gleichsam verfolgen. Sein Verhalten empört. Sein Dasein empört. Sein Reden empört. Auf Empörung folgt Verachtung. Am Ende steht Hugos Hinrichtung.

Franz B. lässt nichts Gutes an Hugo. Wer auf Provokation baut, darf in seinem falschen Treiben nicht nachlassen. Hugo wehrt sich nach Kräften. Er rechtfertigt sich, argumentiert, nimmt Stellung. Er schreibt am 17. Oktober 1938, eine Woche nach Einlangen von B.s Beschwerde, an den zuständigen Dornbirner Bezirkskommissar: „Dass ich am 30. September 1938 weder aus- noch eingerückt bin zum Dienst, ist unwahr. Tatsache ist, dass ich infolge der in letzter Zeit vielseitigen Pflichten des Postenführers am 30. September 1938 den ganzen Nachmittag außerdienstlich dringende Sondersachen [...] zu erledigen hatte und daher gezwungen war, beim Abenddienst 20 bis 24 Uhr den Monatsschluss für Zoll, Steuer u. Erhebungsdienst termingemäß zu verfertigen. Es ist richtig, dass ich um 22 ½ Uhr den an der Brücke zur Nachtzeit wenig tuenden Beamten B. ersuchte, mir die Umschlagseite des neuen Dienstbuches für Oktober auszufüllen."[4]

Hugos Erwiderung ist dreimal so umfangreich wie die Meldung von B. In diesen frühen Tagen des Dritten Reiches lässt sich Hugo nicht so leicht einschüchtern. Er nimmt zum Vorwurf des Kirchenbesuchs während seiner Dienstzeit Stellung: „Am 8. Oktober 1938 kehrte ich von meinem Urlaub zurück, trat um Mitternacht meinen Dienst an der Brücke an, wo ich um 4 Uhr von B. abgelöst wurde. Während dieser Zeit habe ich einige dringende Schriftstücke erledigt, welche ich um 4 Uhr nach der Ablösung in die Kanzlei zurückbrachte. Wenn B. aufrichtig ist, so muss er zugeben, gesehen zu haben, wie ich alsbald von der Kanzlei weg meinen Grenzdienst angetreten habe." Hugo erzählt seine Version der Geschichte. Der Vorwurf, die Kirche dem Dienst vorzuziehen, wiegt schwer. Hugo schreibt: „Gleich nach 6 Uhr begab ich mich zum Kirchplatz nach Gaißau, da ich, wie es hier üblich ist, an diesem Platze den Ortsbauernführer Werner L. von Gaißau zu treffen beabsichtigte, mit welchem ich bezüglich der steuerfreien Branntweinerzeugnisse dringend zu sprechen hatte. Da der Gesuchte aber nicht anwesend war, trat ich in die Kirche ein und wartete dort, weil es gerade regnete, bis 6.20 Uhr auf das Herauskommen des L., mit welchem ich erst dann die Sache besprechen konnte. Tatsächlich bin ich dadurch um etwa ¼ Stunde später eingerückt, habe das Schriftstück sogleich erledigt und bin erst vor 7 Uhr von der Kanzlei weggegangen."

Hugo könnte es dabei belassen. Er hat Franz B.s Beschwerde auf einer halben Seite entkräftet. Hugo entdeckt in dem Vorfall aber die Zeichen von Gehässigkeit und Argwohn. Er schreibt: „Soll ein Postenführer [...] den auferlegten Verpflichtungen einigermaßen gerecht werden können, so bedarf er im Interesse des Dienstes einiger Bewegungsfreiheit. Um nun auf die Anzeige zurückzukommen, möchte ich dem Herrn Kommissar offen sagen, dass ich nun bald 20 Jahre zur vollsten Zufriedenheit meiner Vorgesetzten im Staatsdienst diene und mir reichlich Mühe gebe, dies auch in Zukunft zu tun. In den Dienstbüchern für August und September 1938 ist zu ersehen, dass ich pro Monat 30 bis 40 Stunden im Interesse des Dienstes unentgeltlich über mein Pflichtstundenausmaß geleistet habe. Als alter Soldat, der nur zu oft an den Folgen des letzten Krieges leidet, hat mich die Anschuldigung einer Pflichtwidrigkeit von Seiten eines der jüngsten, unerfahrenen Beamten aufs Gröbste verletzt. Bei diesem Anlasse gestatte ich mir, Herrn Bezirkskommissar anzudeuten, wer B. ist."

Solche Sätze sind in der Zeit des Nationalsozialismus gefährlich. Man deutet an, verleumdet Freunde, Vorgesetzte, Nachbarn, Familienmitglieder und Arbeitskollegen. Denunziert Hugo im Gegenzug B., der ihn zuvor wegen seines auffallenden Hangs zum rigiden Katholizismus angezeigt hat? Hugo ist kein Verleumder. Er schreibt: „B. weiß, dass er seine dauernde Anstellung am 31. Jänner 1936 nur mir persönlich zu verdanken hat. Er weiß, dass ich sogar gegen meine Überzeugung geschrieben habe, um ihn nicht brotlos zu machen. Es ist kein Beamter auf der Zollaufsichtsstelle, der soviel Begünstigungen beansprucht und erhalten hat wie Franz B."

In B. und einem weiteren Gaißauer Arbeitskollegen macht Hugo die Rädelsführer gegen sich aus. Er schreibt in seiner Rechtfertigung vom 17. Oktober 1938: „Was nun B. angesichts dieser Tatsachen zu dieser Kainstat veranlasst hat, ist mir völlig unbekannt. Der Urheber der Anzeige dürfte jedoch L. sein. Heute glauben sowohl B. wie L. die

Zeit für gekommen, wo jede Autorität und jedes Disziplin-
gefühl aufgehört haben. Die Genannten haben mich schon
früher in derlei Weise, wenn auch erfolglos, verleumdet.
Abschließend möchte ich dem Herrn Kommissär klar und
eindeutig bekannt geben, dass es bei der Zollaufsichtsstelle Gaißau so lange zu keinem Frieden, Ordnung und
keinem gedeihlichen Zusammenwirken im dienstlichen
Interesse kommt, als eben solche Quertreiber wie L. und
B. hier sind. Schon aus dienstlichen Gründen wäre eine
Versetzung solcher Beamten angezeigt, welche schon so
lange auf dem gleichen Posten sind, deren Frauen von hier
sind und welche mitten in einer sehr großen Verwandt-
und Bekanntschaft leben und Dienst machen sollen."

Zu Hugos Geschichte gehören sein Gottesglaube und
der Widerstand dagegen seitens seiner Arbeitskollegen,
Vorgesetzten, Vernehmungsbeamten und Richter. Religion
macht bei Hugo den ganzen Unterschied aus zwischen Leben und Sterben, zwischen Davonkommen und Schafott.[5]

Sein Katholizismus war so fanatisch wie frömmle-
risch, eine Schule freiwilliger Kasteiung und Selbstbe-
herrschung, der auch seine Kinder und Enkel ohne jede
Wahl folgen mussten: Der allsonntägliche Gottesdienst,
die Gräberbesuche an Allerheiligen, meine ganze Kindheit
und Jugend hinweg das Mittagsgebet, mehr Dankformel
als Gebet, mehr gemurmelt als gesprochen. Viel später, als
mein Vater älter wurde, zwang er seine beiden Söhne, meinen Bruder und mich, nicht mehr in die Gottesdienste, der
Mittagstisch kam ohne Gebet aus, der Vater lernte, und
das gar nicht schlecht, auch ohne seine angestrengt nach
außen hin gezeigte Religion zu leben, umso mehr, als ihn
die Krankheit später von Kirchgang und Allerheiligen-
prozession abhielt. Er schien darüber nicht unglücklich
zu sein, eher von einer Last befreit. Ein Ritual behielt er
dagegen sein ganzes Leben bei: Auf dem frischgekauften

Brotwecken deutete er mit der Messerspitze vor dem Aufschneiden drei kleine Kreuze an. Hat Hugo das auch gemacht? Das Messerkratzen auf der Brotrinde habe ich bis heute im Ohr.

Hugo wächst seine Religion langsam über den Kopf. Über seine Tage legt sich ein Schatten der Gefahr. Es genügt nicht mehr, abzuwarten und auszuharren, nichts zuzugeben, sich bedeckt zu halten. Hugo schreibt in seiner Entgegnung von Oktober 1938: „Ich aber bitte Sie, Herr Kommissär, mich bei der nächsten Gelegenheit zu versetzen, um wieder unter aufrichtigen, kameradschaftlichen Menschen leben und wirken zu können." Anfang November 1938 wird Hugo von Gaißau nach Lustenau abkommandiert.

Vom Verschwinden

Hugos Familie sieht sich ebenfalls bösartiger Nachrede ausgesetzt. Am 4. Oktober 1939 meldet der Lustenauer NSDAP-Ortsgruppenleiter Josef F., der als einer der „verbissensten Nazis"[1] der Gemeinde gilt, Hugos ranghöchstem Vorgesetzten, dem Innsbrucker Oberfinanzpräsidenten und Parteigenossen Max H. einen Vorfall. Der 1880 geborene Grazer Max H. wird Hugo später, 1940, von Lustenau an das Innsbrucker Hauptzollamt strafversetzen, und er ist ab 1943 auch an den Vorkommnissen, die zu Hugos Todesurteil und Hinrichtung führen werden, federführend beteiligt. In Hugos Akten taucht der Name H. oft auf, der Innsbrucker Oberfinanzpräsident ist ein mächtiger Mann, der, wie so viele andere, nach 1945 sein Mittun an Hugos Ermordung kleinreden wird.

Hugos Schwager Anton, schreibt Josef F. am 4. Oktober 1939 in aller Dringlichkeit an Max H., habe sich als

Finanzbeamter gegenüber einem Lustenauer Handwerker ungebührlich verhalten: „Am 2. September 1939, also einen Tag nach Kriegsausbruch, hatte der Schreinermeister Josef G., Lustenau, Lerchenfeldstr., beim Finanzamt Feldkirch ein Guthaben für gelieferte Arbeiten an die Heeresverwaltung einzuziehen. [...] Bei der Ausfolgung dieser Steuergutscheine erklärte der auszahlende Beamte, Anton S., wörtlich: ‚Die kannst Du auf den Hut stecken oder einrahmen lassen.'"[2] Dies habe Anton dem NS-Parteigenossen auf den Kopf zugesagt. „Das Verhalten dieses Beamten ist ein Hohn auf die Pflichten eines Staatsbeamten", schreibt Josef F. Anfang Oktober 1939: „Und es ist typisch für jene Sorte von Beamten, die ihrer inneren Gesinnung nach dem Nationalsozialismus und damit auch dem Staat abgrundtief gegenüberstehen und daher dessen Einrichtungen und Maßnahmen bei jeder Gelegenheit sabotieren. [...] Der Beamte S. ist ein Musterbeispiel dieses Schlages. Er selbst durch und durch klerikal, die Familie in Lustenau von den Alten bis zum Jüngsten alles verneinend und ablehnend, was heute geschieht. Hier kann nicht streng genug vorgegangen werden. Vom einfachen Volksgenossen erwartet man, dass er zu seinen Opfern, die die heutige Zeit erfordert, auch noch Haltung bewahrt und sich entsprechend benimmt, und zwar mit Recht. Umso mehr muss daher gefordert werden, dass auch der Beamte nach diesen Grundsätzen handelt und nicht ihm ins Gesicht schlägt." Gegen Hugo und seine Familie, fordert Josef F., könne nicht streng genug vorgegangen werden. Viele werden sich dem anschließen.

F. stellt die Frage, was in der Sache zu tun sei – ob Oberfinanzpräsident Max H. entsprechende Schritte einleite oder an welcher Stelle sonst Anzeige zu erstatten wäre. Wenige Monate nach der Eingabe von Ortsgruppenleiter Josef F. wird Max H. im Mai 1940 in einem Schreiben Hugos wegen, des Beamtenbiedermanns in Person, um die „Sicherheit des Reichs"[3] bangen. Man lässt Hugo langsam verschwinden. Man erfindet eine Gelegenheit: Man hetzt ihm Rudolf G. auf den Hals.

Es gibt ein undatiertes Foto aus der Zeit, in der Hugo der Leiter des Lustenauer Zollamts ist.

Abb. 20: Wie ein Stillleben – Hugo (Zweiter von links) als Leiter des Lustenauer Zollamts (undatiert)

Er muss diesen Posten innehaben, anders ist sein Auftreten nicht zu deuten. Er hält seine Arme hinter dem Rücken verschränkt, Uniform und starre Körperhaltung, er blickt auf dem Amtsplatz vor dem Zollamt wichtigtuerisch in die Kamera. Hochgewachsen, kleine senkrechte Falten beidseits der Nase, pausbäckige Wangen. Man kann in seinem Gesicht nicht lesen, ob er von den Plänen gegen sich das Geringste ahnt. Vor dem großen Gebäude wirkt er sehr klein. Es muss ein warmer Tag sein. Viele Fensterflügel stehen offen.

Gespräch unter Feinden

Am 28. April 1940 findet zwischen 11 und 12 Uhr an der Oberfahrbrücke beim Zollamt Lustenau ein Gespräch unter Kollegen statt.[1] Hugo, der Leiter des Grenzpostens, trifft auf den Hilfsgrenzangestellten Rudolf G., der seinem Sohn dereinst nur „katzgrau" in Erinnerung bleiben wird. Es ist der Sonntag, genau zehn Jahre nach Hugos Hochzeitstag. Man sitzt beieinander, redet zwanglos unter Arbeitskameraden. Vielleicht schauen G. und Hugo mit ihren Ferngläsern auf das gegenüberliegende Schweizer Ufer.[2] Möglicherweise rauscht der Rhein, und die Schweizer Hügel jenseits des Wassers grüßen herüber. Bei niedrigem Wasserstand sind Fundamentteile der Oberfahrbrücke bis heute zu sehen. Auf Höhe der ehemaligen Brücke spielten wir als Kinder im anthrazitgrauen Sand des Rheinufers.

Eine Stunde soll die Unterhaltung zwischen G. und dem Großvater gedauert haben, von der Hugo später große Teile leugnen und deretwegen ihm die vorläufige Parteimitgliedsnummer entzogen werden wird. Die 60 Minuten werden Berge von Papier produzieren; in Hugos Personalakt, neun abgegriffenen Einzelmappen in unterschiedlicher Stärke und Farbe, berichten sehr viele Blätter über das Dienstverfahren, das gegen Hugo auf Grundlage von Rudolf G.s späteren Aussagen 1941 eingeleitet wird. Ich erwische mich manchmal dabei, wie ich denke: Wäre Hugo, der ferne Opa, als Wehrmachtssoldat in der russischen Eiswüste gefallen, ich wüsste bei meiner verschwiegenen Familie nichts über ihn; Hugo wäre ganz im Dunkel der Geschichte verloren. Rudolf G. und den Vernehmungsoffizieren, den Protokollantinnen und Richtern verdanke ich Hugos Nachleben in den Akten. Ein schwarzes Wunder.

Ende April 1940 treffen Hugo und G. also aufeinander. Rudolf G. erscheint am 14. Juni 1940 um 8 Uhr früh auf

dem Grenzpolizeikommissariat in Bregenz, dem Gestapohauptquartier für Vorarlberg in der Römerstraße. Er berichtet, dass er am 28. April, gezählte 47 Tage zuvor, nahe
der Rheinbrücke mit Hugo auf „gegenwärtige Tagesfragen"
zu sprechen gekommen sei: „Wir erörterten einen deutschen Einmarsch nach der Schweiz. Ich erklärte, dass
wir nur dann einmarschieren, wenn uns die Westmächte
hierzu Anlass geben. Paterno erklärte, dass er das nicht
glaube, er sei vielmehr der Ansicht, dass, wenn in der
Schweiz etwas zu holen wäre, wir schon längst einmar-
schiert wären."[3] Die ersten Sätze setzen den Ton. G.s Rede
und Hugos von G. inszenierte Gegenrede laufen auf die
Herabwürdigung und Vorverurteilung des Großvaters hinaus, im Zweifel gegen den Angeschwärzten: „Bei der [...]
Auseinandersetzung waren Paterno und ich alleine. Wenn
jemand vorbeikam, brach er das Gespräch ab, so dass niemand Zeuge der Unterhaltung wurde."

47 Tage. Selbst der Vorsteher des Innsbrucker Hauptzollamts, Bartholomäus B., dessen Name bei Hugos zweiter Denunziation wieder auftauchen wird, hegt in einem
Schreiben vom 10. Juli 1940, einen guten Monat nach G.s
Meldung bei der Gestapo, Zweifel, dass dem anrollenden
Verfahren gegen Hugo ein unangenehmer Hautgout juristischer Willkür anhafte, weil sich G. „erst [...] sechs Wochen nach dem Gespräch an die Gestapo gewandt hat"[4].
B. beantragt, Hugo zunächst G. gegenüberzustellen, was
nach Aktenlage erstmals Ende August 1940 geschieht.

In dem auf dem Bregenzer Kommissariat in der Römerstraße am 14. Juni 1940 aufgenommenen Protokoll verweist
G. auch auf die Kriegserfolge in Polen und Norwegen – und
schiebt Hugo offenkundig Antworten unter: „Hierauf antwortete Paterno, man kann wohl Schlachten gewinnen,
aber den Krieg werden wir nicht gewinnen."[5] Es klingt
geübt, wenn G. sagt: „Er gebrauchte bei diesen Redewen-

dungen nicht das Wörtchen ‚wir‘, sondern sprach immer nur von den ‚Deutschen‘, so dass ich den Eindruck hatte, dass er sich nicht zu den Deutschen und somit zu uns zählt.“

Man dürfe, sagt Hugo laut G., nicht alles glauben, was die Zeitungen brächten und durch die Nachrichtendienste bekannt gegeben werde. „Hier führte Paterno als Beweis an, dass man zuerst, bei der Landung in Narvik, diese Stadt als sehr wichtig hinstellte und nach ein paar Tagen, nachdem Narvik wieder verloren war, ihr keine Bedeutung mehr beimaß. Diese Feststellung will er aus einer Zeitung gemacht haben.“ Die Erwähnung des norwegischen Narvik, im April 1940 Schauplatz einer vernichtenden Niederlage der deutschen Kriegsmarine, wird Hugo noch lange nachhängen.[6]

Glaubt man G., besprechen die Arbeitskollegen auf der Brücke im Verlauf von einer Stunde in einem weiten Bogen die Themen der Zeit. Die Niederschrift liest sich wie ein Katalog vieler Fallen, in die Hugo nacheinander tappt – von G. ausgelegt, hineingeschubst und -gestoßen.

„Im weiteren Verlauf kamen wir dann auf den Führer zu sprechen“, so G., wobei Paterno Folgendes geäußert habe: „Der Führer sagte immer, er wolle keinen Krieg, und jetzt haben wir doch Krieg. Er brachte zum Ausdruck, dass er gegen den Führer nichts hätte, wenn er den Krieg nicht angefangen hätte.“ Die nächsten Mitarbeiter Hitlers – G. nennt Hitler nur „Führer“ – seien laut Hugo seine größten Feinde, die nur auf die Gelegenheit warteten, ihn aus dem Weg zu schaffen, von seinem Buch „Mein Kampf“ habe sich Hitler abgewandt: „Paterno wollte damit zum Ausdruck bringen, dass der Führer nicht hält, was er verspricht.“ Legt G. Hugo umlaufende Gerüchte in den Mund?

„Der Führer habe ein halbes Jahr vor Beginn des Krieges in einer Rede auf die Freundschaft mit Polen verwiesen und nachher Polen überfallen. Auf meinen Vorhalt, dass man uns den Krieg aufgezwungen hat, sagte Paterno, das sei eine Lüge, der Krieg wurde uns nicht aufgezwungen." In den letzten Krieg, gibt G. Hugos Worte wieder, sei man mit Begeisterung gezogen. Heute sei dies nicht der Fall, zumindest nicht in den „besetzten Gebieten".

Es entspinnt sich ein Dialog, der einen Verlierer kennt: „Ich erwiderte, für uns muss kein Pole und kein Tscheche in den Krieg." – „Hierauf sagte Paterno, aber die Österreicher und die Sudetendeutschen." – „Ich erklärte ihm, dass es sich hier ja um befreite Gebiete handelt." – „Er behauptete, es seien vergewaltigte Gebiete." G. lässt Hugo als Sprechpuppe auftreten, als Nörgler und Besserwisser, als Querulanten. „Die Druckmittel der Systemregierung seien mit dem, was heute alles vorkommt, gar nicht zu vergleichen", weiß sich G. an Hugos Worte zu erinnern: „So z. B. die Erschießungen ohne Gerichtsverhandlungen, Besitzenteignungen und anderes. Unschuldige seien nach der Machtergreifung in die Anhaltelager gekommen, während man früher nur Verbrecher in die Konzentrationslager steckte. Er wisse, wie es in den Konzentrationslagern zugeht, und behauptete, dass die Leute misshandelt würden, was früher nicht der Fall gewesen sei." Spricht hier wirklich Hugo, der umsichtige, in vielen seiner Äußerungen knöchern wirkende Beamte? Der argwöhnische Katholik? Der Zweifel ist mein treuer Begleiter beim Festlesen in den Papierbergen aus den Aluminiumkisten, in all ihrer Hässlichkeit und Banalität.

G. gibt den Prahlhans: „Ich hielt ihm dann die Vorkommnisse allein von Vorarlberg vor und wie damals die Leute von der Heimwehr und der Polizei behandelt wurden." – „Er sagte, das sei alles nichts gegen die heutigen Maßnahmen. Uns hat man das Vaterland genommen, man weiß bei uns nicht, um was man kämpft." – „Ich hielt ihm vor, dass Leute mit solchen Gedankengängen nur einen kleinen Prozentsatz der Bevölkerung ausmachen und diese über das ganze Land verteilt seien, und so keinen Einfluss auf die Geschehnisse mehr ausüben können." – „Er sagte dann, es sei vielleicht gut, dass sie überall verteilt sind."

Der Bregenzer Kriminalassistent, der die Einvernahme mit G. aufsetzt, vermeidet in Hugos angeblichen Antworten wiederholt den Konjunktiv in indirekter Rede, so auch hier: Jener Teil der Bevölkerung, der „solche Gedankengänge" pflegt, soll Hugo gesagt haben, *sei* nicht, sondern *ist* überall verteilt: „Er sagte dann, es sei vielleicht gut, dass sie überall verteilt *sind*." Manipulation und Kontrolle geistern durch die dreiseitige Denunziationsschrift von Juni 1940, einmal gut versteckt, dann wieder offensichtlich. Auf den aberhundert einschlägigen Seiten, die G.s Verleumdung nach sich ziehen wird, findet sich keine einzige, auf der Hugo höflich adressiert wird, nach der Art: „Sehr geehrter Herr Paterno!" Jeder Rest von Zivilisiertheit ist verloren. Vorverurteilung durch Verweigerung.

Die Anschuldigungen nehmen im Juni 1940 kein Ende: „Die veröffentlichten Dokumente aus Polen und Norwegen seien nur Vorwand und in Wirklichkeit nicht der Wahrheit entsprechend. Der Krieg sei eine Lumperei, heute genau noch so wie früher." – „Ich sagte ihm, wir leisten dem Führer Gehorsam, ob er Krieg führt oder nicht, und halten ihm auch die Treue." – „Er lachte mich deswegen aus und sagte, ob ich weiß, was das ist, blinder Gehorsam."

Lachen ist unter Hitler nicht vorgesehen. Vielleicht lacht Hugo das bittere Lachen eines Mannes, der womöglich weiß, dass es nichts zu lachen gibt, möglicherweise wird ihm sein Lachen, wie so vieles andere auch, von seinem Inquisitor bei der Brücke untergeschoben.

Dann spricht Hugo über die Ostmark, über die Volksabstimmung am 10. April 1938, die den sogenannten „Anschluss" nachträglich legitimieren sollte, über seine Stellung als Beamter: „Österreich sei eher lebensfähig gewesen wie das Dritte Reich und habe nicht so viele Schulden gehabt. Wenn man in Österreich zu den Zwangsarbeitern von heute gegriffen hätte und so viele Leute in den grauen Rock gesteckt hätte, dann wäre der Aufbau in Österreich rascher vor sich gegangen. Im Bettelstaat Österreich hat man noch lange nicht so gebettelt wie im Dritten Reich. Bei der Wahl am 10. April 1938 sei das Resultat schon vor der Wahl festgestanden." – „Ich erklärte ihm, dass ich bei dieser Wahl in einem Wahllokal tätig war und dort die Stimmen vorschriftsgemäß und genau gezählt wurden." – „Hierauf sagte Paterno, er sei auch in einem Wahllokal gewesen, und fügte achselzuckend hinzu, er könne darüber nicht sprechen. Er habe auf die frühere Regierung den Eid geleistet und auf die heutige, und könne daher nicht gegen den Staat arbeiten, und wer das früher getan habe, der sei auch heute nichts wert." Hugo redet sich in dem von G. verschleierten Schmierenstück um Kopf und Kragen. Der Wahnwitz nimmt als Verhörtext Gestalt an. Um halb 11 wird die Befragung am 14. Juni 1940 geschlossen.

Hässliche Geschichte

Die Vernehmungsniederschrift wird von Bregenz nach Tirol verschickt; ein Beamter der Geheimen Staatspolizei Innsbruck mit unleserlicher Unterschrift fordert den Oberfinanzpräsidenten Max H. in einem Schreiben vom 19. Juni 1940 auf: „Ich bitte, die Anschuldigungen zum Anlass eines Dienststrafverfahrens zu nehmen."[1] Die Bitte der Gestapo ist reinster Euphemismus.[2] Bitten heißt Befehlen. Ein halbes Jahr später wird Hugos oberster Innsbrucker Dienstherr Max H. in der Verfügung vom 27. Jänner 1941 das förmliche Dienststrafverfahren gegen Hugo einleiten.[3]

Die hässliche Geschichte, die Rudolf G. mit seiner Aussage vom Juni 1940 in die Welt setzt, macht die Runde. Sie wird sich über Monate ziehen, mit zahllosen Vernehmungen und Vorladungen, und sie wird Stöße an Akten hervorbringen. Die Geschichte wird 1944 in Stadelheim unter dem Fallbeil enden. Sie beginnt in einer Zeit, in der die Illusion von Rechtsstaat und öffentlicher Ordnung herrscht, auch am 3. Juli 1940, als Hugo zum ersten Mal zu den von G. erhobenen Vorwürfen persönlich befragt wird.[4] „Ich entsinne mich [...] des Hilfsgrenzangestellten G., der mir als illegaler Kämpfer bekannt war", beginnt Hugo seine Verteidigung. Hugo zeichnet am 3. Juli seine aufgenommenen Aussagen eigenhändig: „vorgelesen, genehmigt, unterschrieben". Was aber stammt von Hugo selbst? Was von seinem Vernehmer?

Punkt für Punkt lese ich Großvaters Befragung zu G.s Aussagen nach: Er habe sich, sagt Hugo, nicht in dem Sinne geäußert, dass die Schweiz angegriffen werden könnte, er habe lediglich gesagt, dass sich das Nachbarland einem deutschen Einmarsch nicht kampflos unterwerfen würde, dass er das Nationalbewusstsein der Schweizer kenne; er habe nicht gesagt, dass man Schlachten gewinnen und Kriege verlieren könne; er fühle sich als Deutscher, im Widerspruch zu G.s Unterstellungen. „Sofort nach dem Anschluss habe ich mich zur Partei gemeldet", sagt Hugo. „Meine Kameraden in Gaißau werden bestätigen können, dass ich z. B. bei angeordneten Schmückungen des Zollamts Grün im Handwagen stundenweit hergeholt habe (in Lustenau). Ich fühle mich durch und durch als Deutscher, und ich bin froh, dass der Führer das Großdeutsche Reich geschaffen hat."

Meint Hugo wirklich, was er sagt? Redet er seinen Vernehmern nach dem Mund? Weiter sagt Hugo, er habe G. von seinem Neffen erzählt, der bei der Einnahme Narviks dabei gewesen sei, über die Darstellung der deutschen Armee in Norwegen habe er, Hugo, nicht gesprochen. Wer ist dieser Neffe? Ich weiß es nicht. Über Hitler, sagt Hugo, hätten er und G. durchaus gesprochen. „Wenn G. sich so genau auf den Wortlaut unseres Gesprächs besinnt, dann hätte er auch sagen müssen, dass ich mich in folgender Weise über den Führer geäußert habe: Wir könnten dem Schicksal nur dankbar sein, dass es uns diesen Führer geschenkt hat, der so große Fähigkeiten als Staatsmann besitzt." Erwehrt sich Hugo seiner Haut? Hinter vielen von Hugos Sätzen lässt sich das Echo der Angst vernehmen. Hugo sagt: „Wir als Laien können oft gar nicht verstehen, wie sich innerhalb eines halben Jahres die Politik so vollständig wandeln kann wie z.B. mit Polen. Dem hat der Führer noch vor einem halben Jahr Freundschaft angeboten und einen Freundschaftsvertrag mit ihm abschließen wollen, und ein halbes Jahr später musste gegen Polen in den Krieg gezogen werden. Ich habe auch jetzt nichts gegen den Führer, weil er den Krieg nicht vermeiden konnte. [...] Ich habe auch wohl gesagt, dass es schade wäre, dass nicht alle den Idealen des Führers nachleben. Ich habe dabei an Lustenau gedacht. Von den Männern in der näheren Umgebung des Führers haben wir nicht gesprochen. Eine Äußerung, dass die Männer aus der Umgebung des Führers ihn beseitigen wollten, lehne ich unbedingt ab. Ebenso lehne ich es ab, gesagt zu haben, dass es eine Lüge wäre, dass uns der Krieg aufgezwungen wäre."

Hugo rechtfertigt sich für seine Bemerkung, dass er heute, „mit 43 Jahren und als Vater von vier Kindern", nicht mehr mit Begeisterung in den Krieg ziehen würde wie im Jahr 1916 mit 19. Vieles von dem, was G. bei ihrer Unterhaltung vernommen haben will, sei so nie gesprochen worden: nicht von den Sudetendeutschen, nicht von Besitzenteignungen, nicht von Hitlers „Mein Kampf", man habe nicht darüber geredet, dass man den Österreichern das Vaterland genommen habe, und auch nicht über jene Menschen, die so dächten, nicht über Dokumente aus Polen und Norwegen, nicht über den „Bettelstaat Österreich", nicht von der

Wahl im April 1938. „Vom blinden Gehorsam war allerdings die Rede", gibt die Mitschrift Hugos Wortlaut wieder: „Ich habe G. in diesem Zusammenhang nicht ausgelacht, sondern ihm vorgehalten, dass blinder Gehorsam eine soldatische Tugend wäre, die ich vor 20 Jahren schon als Soldat gehabt und geübt habe." Hugos Lachen wäre mir lieber. Vielleicht hat er ja doch gelacht. G. ausgelacht.

„Ich bin mir nicht bewusst, aus welchen Gründen G. solche schweren Anschuldigungen gegen mich erhebt", schließt die Befragung: „Ich erkläre nochmals, dass ein Teil der Angaben G.s überhaupt nicht erwähnt wurde und dass G. mich in dem andern Teil unbedingt missverstanden haben muss, weil er mir Meinungen und Überzeugungen unterschiebt, die ich weit zurückweisen muss. Ich wusste, dass G. illegaler Kämpfer ist. Selbst wenn ich so eingestellt wäre, wie G. behauptet, dann würde ich mich nicht in diesem Sinne geäußert haben, eben weil ich wusste, dass ich einen alten Kämpfer vor mir hatte. Ich behaupte, dass die Angaben G.s nicht der Wahrheit entsprechen, dass ich die Anschuldigungen unbedingt zurückweisen muss." Am Ende der Befragung durch den Hauptzollamtsvorsteher sagt Hugo: „Ich habe mir überlegt, dass es sich vielleicht um einen Racheakt handelt, weil ich die Hilfsgrenzangestellten des Öfteren darauf hinweisen musste, dass sie ihren Dienst im Gelände und nicht in der Wachstube zu leisten hätten."

Mörderbrut

Es bedarf keiner großen Fantasie sich vorzustellen, wie tief G. und Hugo verfeindet sein müssen: Auf der einen Seite Hugo, der von Vorgesetzten und Kollegen als diensteifrig, ruhig und von ernster Wesensart beschrieben wird. Auf der anderen Seite G., geboren 1907, über zehn Jahre jünger als

Hugo – G., der in einem Schreiben vom Juli 1940 an den Vorsteher des Hauptzollamts Dornbirn als ein ruhiger, bescheidener Mann dargestellt wird: „G. macht nach seinem ganzen bisherigen Verhalten und seinem Wesen nicht den Eindruck, dass er zu Übertreibungen neigt oder darauf ausgeht, einen Beamten zu schädigen. Er hat als alter überzeugter Nationalsozialist nach eingehenden Überlegungen die Ortsgruppe von dem Vorfall in Kenntnis gesetzt."[1] – G., von dem es in einem Bericht des Gendarmeriepostens Lustenau von Oktober 1946 heißen wird, der ehemalige Hilfsarbeiter beim Elektrizitätswerk sei 1933 der NSDAP und 1938 der SA beigetreten.[2] – G., über dessen Familie ein Arbeitskollege beim Lustenauer Zoll Anfang Jänner 1941 folgende Aussagen trifft, die ich in Hugos Kisten finde: „Die Familie G. ist als strebsam und anständig bekannt."[3] Die Brüder G., fährt der Kollege fort, seien vor der Machtübernahme in der Ostmark „politisch gesehen materialistisch veranlagt" gewesen; es sei eine Tatsache, dass sie sich immer dort bewegt hätte, „wo ein Vorteil zu suchen war". Eduard, einer von G.s Brüdern, sei um 1936 als illegaler Kämpfer zur NSDAP gekommen und heute ein „intimer Freund des jetzigen Bürgermeisters"; Rudolf dagegen, der Jüngste der Brüder, sei kurz vor 1938 zur NSDAP gestoßen – was nachweislich falsch ist: Rudolf G. trat der Partei bereits 1933 bei. G.s und Hugos Dienstvorgesetzter in Lustenau ist der Bezirkszollkommissar B., der mit Großvaters Geschichte nur am Rande zu tun hat und in G. einen willkommenen Mitstreiter findet: Bezirkszollkommissar B. ist seit dem 1. Jänner 1932 NSDAP-Mitglied.[4] – G., den auch der Vorsteher des Dornbirner Hauptzollamts in einem Schreiben von Februar 1941 reinwäscht: „Dabei bleiben Erscheinungen, die aus der Zeit, die mehrere Jahre vor der Machtübernahme liegt, außer Betracht."[5] – G. schließlich, der im Zusammenhang mit Hugo selbst Opfer einer Verleumdung wird.

Anfang September 1940 geht im Innsbrucker Zollamt ein anonym verfasstes Schreiben ein: „Sehr geehrter Herr Zollrat! Wie wir auf Umwegen aus wohlinformierten Quellen erfahren, hat ein Rudolf G., Hilfsgrenzangestellter von hier, den Zollbeamten Hugo Paterno [...] wegen verschiedener Äußerungen bei der Partei bzw. Gestapo angeklagt."[6] Die anonymen Schreiber stellen die Frage in den Raum, mit welchem Ergebnis zu rechnen sei, wenn beide Personen, G. und Hugo, „objektiv wertmäßig beschrieben" würden.

Über G. zeichnet der Brief ein verheerendes Bild. G. habe vier Brüder, Hermann, Franz, Eduard und Hilar: „Hemmungsloses Strebertum und krankhaftes Geltungsbedürfnis" seien die „Leitsterne" der Familie, denen alles geopfert werde. „Einige Punkte, die hier jedes Kind kennt": Die Brüder seien anfangs im christlich-sozialen – also wie Hugo im „schwarzen" – Lager zu finden gewesen, wobei große „Hausschlachtungsgastmähler" für die Gesinnungsfreunde veranstaltet worden seien. „Dann wanderte die ganze Familie mit fliegenden Fahnen, schimpfend über das Rückliegende, in das Hauptlager der roten Richtung." Wieder dasselbe Spiel. Dann seien die Brüder im „Kreise der ehemals großdeutschen Volkspartei" gelandet, bis schließlich der Nationalsozialismus gekommen sei; da „ergriff man wieder bei Zeiten dieses Panier und schwingt es bis heute wie eine Fuchtel über jeden Menschen, der nicht gerade wie sie von Fanatismus trieft". Rudolf G. sei von jeher „unselbständig gewesen. Diese Hörigkeit wird er nie ablegen können. Wie er im Verein mit seinen Brüdern seine politischen Ideale nach jedem günstigen Winde drehte, so wendete er auch sein Blättchen in der Religion." Offenbar hatte G. gesagt, er würde sich vor seinen Kameraden von der SA schämen, sich kirchlich trauen zu lassen.

Danach berichtet der Brief über Hugo: „Sein Leben verlief in anständiger, ruhiger Weise. Er ist heute vierfacher

Familienvater, hat seit Jahrzehnten in Treue und Aufrichtigkeit seinem jeweiligen Auftraggeber gedient, und dieser Auftraggeber ist der Staat und dieser Staat ist das Volk, das Vaterland und die Lenker seines Geschickes." Es gebe solche, die in „Deutschtümelei" schwelgten, und solche, die schweigend ihre Pflicht erfüllten, andere dabei in Ruhe ließen: „Hoffentlich wird es Ihnen nicht schwer zu wählen zwischen einem tüchtigen, ehrlichen Beamten, der eine kinderreiche Familie zu versorgen hat, und einem wertmäßig bis heute auf null stehenden Renegaten." Keine Unterschrift, nur die Schlusszeilen: „Mit einem kräftigen ‚Heil Hitler' seien Sie gegrüßt. Von Bekannten des Rudolf G.!!!" Die Verfasser werden nie ausgeforscht. Wahrscheinlich sind längst alle tot, so wie der Zollrat, an den das Schreiben adressiert war, so wie G. und Hugo.

Hermann R., den ich an einem warmen Junitag 2011 treffe, kann sich an Rudolf G. erinnern. Er hat mit ihm eine Zeit lang in einer Stickerei gearbeitet, er weiß nichts Gutes über ihn zu sagen. Hermann R., ein alter Herr mit elegantem Auftreten und bauschigem Haar, sitzt in einem kleinen, mit dunklem Holz vertäfelten Zimmer, viele Bilder an den Wänden, Bücherreihen im Regal. R.s Onkel fiel der Nazieuthanasie zum Opfer. Ein paar Takte sind erst gesprochen, da steigt R. Wasser in die Augen. Hermann R. weint viel an diesem Mittwochnachmittag Jahrzehnte später, als er von diesem Onkel erzählt. „Mörderbrut" nennt R. die Nazis. Kurz vor Kriegsende wurde R. mit nicht einmal 16 Jahren zur Musterung einberufen. Man habe in Lustenau schnell gewusst, dass Hugo als Vater von vier Kindern im Juli 1944 umgebracht worden sei, wie ein Lauffeuer sei die Nachricht durch die Gemeinde gegangen, selbst Nazis hätten das nicht verstanden, selbst bei solchen Menschen habe sich das Herz gerührt, erinnert sich R. an diesem Mittwochnachmittag.[7]

Im Jahr 1940 setzt sich für Hugo das qualvolle Wechsel-
spiel zwischen Anschuldigung und Verteidigung, Hoffen
und Verzweifeln fort.[1] Am 25. Juli 1940 wird Rudolf G.
abermals vorgeladen. Er bekräftigt seine Aussagen von
Mitte Juni des Jahres und weitet die Vorwürfe zusätzlich
aus: Hugo, dies sei ihm bei dem Gespräch zwischen Holz-
brücke und Schlagbaum aufgefallen, fühle sich als „Angehöriger eines vergewaltigten Volkes, als ‚Österreicher'". G.
bleibt bei seiner Aussage, dass Hugo ihn ausgelacht habe:
„Ja, er fügte, wie ich mich entsinne, noch etwa Folgendes
an, es sei ein leichtes Machen mit uns, weil alles als Recht
angesehen würde, wenn es auch verkehrt ist." G. sagt, er
habe Hugo früher nicht gekannt und ihn erst mit der Ein-
berufung zum Zollgrenzschutz kennengelernt: „Seine Fa-
milienverhältnisse sind mir auch heute noch unbekannt.
Mit Paterno bin ich dienstlich und außerdienstlich nie
zusammengekommen und habe lediglich dieses eine Gespräch mit ihm gehabt." Nach diesem sei er, G., allerdings
„nicht zur Ruhe gekommen" und habe den Inhalt der NS-
DAP-Ortsgruppe Lustenau gemeldet: „Ich habe in diesem
Falle lediglich als Parteigenosse gehandelt und bin deshalb
auch mit meinem Bericht zur Ortsgruppe gegangen."

Im Mahlstrom von Rudolf G.s Gehässigkeit hätte ich die
eigentliche Bedeutung des letzten Satzes beinahe überle-
sen: Rudolf G. hat Hugo demnach gleich zweimal denunziert. Zuerst, wie er in der Vernehmung vom 25. Juli 1940
überraschend aussagt, Anfang Mai 1940 bei der NSDAP-
Ortsgruppe Lustenau – und erst später auf dem Bregenzer
Grenzpolizeikommissariat, dem Gestapohauptquartier in
der Römerstraße. Er habe, sagt G. am 25. Juli aus, keinerlei
persönliche Gründe, die ihn zu einer Anzeige gegen Pater-

no hätten verleiten können: „Ich muss vielmehr angeben, dass Paterno immer sehr freundlich zu den Kameraden war und uns freundlich grüßte." Als Parteigenosse, gibt G. noch an, habe er es für seine Pflicht gehalten, politisch aufmerksam zu sein.

Ich lese die Aufzeichnung von Rudolf G.s erster Denunziation, aufgenommen am 6. Mai 1940 in den Kanzleiräumen der Ortsgruppe Lustenau, die sich in den Unterlagen erhalten hat.[2] Sie markiert den Beginn der 1938 in Gaißau noch subtilen, später immer zügelloseren Hetze gegen Hugo unter dem Vorwand der Parteiräson. Hugo, schutzlos. Es passiert immer wieder, dass ich mich beim Schreiben vertippe. „Hugos Enkel" will ich schreiben. „Hugos Engel" leuchtet auf dem Monitor des Laptops.

Hugo, sagt G. in der Ortsgruppenkanzlei, habe an der Rheinbrücke geäußert, Deutschland könne wohl Schlachten gewinnen, den Krieg aber nicht und man dürfe den Erfolgsmeldungen keinen Glauben schenken. Hitler wollte Krieg, seine nächsten Mitarbeiter ihn beseitigen. Er, Hugo, habe kein Vaterland mehr, deshalb ziehe man auch ohne Begeisterung in den Krieg. Hugo nennt den Krieg „Lumperei". Die „besetzten Gebiete" habe man nicht befreit, sondern „vergewaltigt"; viele Leute würden ohne „gesetzliches Urteil erschossen", Besitzenteignungen und Peitschenstrafen ohne gesetzliche Begründung ausgesprochen. In den Anhaltelagern, sagt Hugo laut G., seien früher Verbrecher gesessen, während jetzt Unschuldige eingesperrt und misshandelt würden. Dollfuß und Schuschnigg seien schuldlos gewesen. Österreich habe ohne Deutschland und dessen Darlehen die besseren Aussichten gehabt; Hugo habe der Regierung Schuschnigg wie der jetzigen Regierung den Diensteid geleistet, er unternehme daher nichts gegen die Staatsmacht. G. vergisst nicht zu erwähnen, dass Hugo bei dem letzten Satz mit den Schultern gezuckt habe. Keine Rede von Hugos Lachen in den Lustenauer Kanzleiräumen. Das fällt G. erst 39 Tage später ein, bei seiner zweiten Vernehmung in Bregenz. G. setzt mit seinen Verleumdungen vom 6. Mai und 19. Juni 1940 die Attacke auf Hugo in Gang, die in den nationalsozialistischen Schreibstuben diensteifrig in Abschriften und Anklagen gegossen wird.

Bald kursiert im Innsbrucker Zollamt ein mit 24. Mai 1940 datierter Vermerk, die „politische Überprüfung des Zollsekretärs Paterno Hugo beschleunigt durchzuführen". Irgendwann in dieser Zeit erhalten die Vorgänge gegen Hugo ein Geschäftszeichen. 7a P2 – PI 4d. Hugo ist jetzt eine Nummer. Betreff 7a P2 – PI 4d: „Nach zuverlässigen Aussagen soll Paterno politische Äußerungen getan haben, die keineswegs mit seinen Pflichten als Reichsbeamter in Einklang zu bringen sind."[3] Die Lustenauer Ortsgruppe meldet Rudolf G.s Aussagen von Anfang Mai an Hugos Innsbrucker Dienststelle, worauf diese umgehend beginnt, Vermerke und Verweise, Berichte und Notizen in die Welt zu setzen. Max H., der mächtige Mann auf dem Sessel des Innsbrucker Oberfinanzpräsidenten, verschickt am 30. Mai 1940 ein Schreiben, in dem auf „beschleunigte Prüfung" gedrängt wird, im „Interesse der Sicherheit des Reichs"[4].

Von Juli 1940 datiert eine Notiz, die für Hugo schwerwiegende Folgen haben wird: „Die Ortsgruppe Lustenau, der der Hilfsgrenzangestellte Rudolf G. den Vorfall meldete, hat den Inhalt dieses Gesprächs an die Kreisleitung nur deshalb weitergegeben, um eine Versetzung des Zollsekretärs Paterno aus dem Grenzgebiet zu erreichen. Die Ortsgruppe hatte schon seit langem großes Misstrauen gegen Zollsekretär Paterno und strebte danach, seine Versetzung an einen anderen Dienstposten zu erreichen. Hier in Lustenau war Paterno zu sehr bekannt und durch seine verwandtschaftlichen Beziehungen stark an Kreise gebunden, die sich noch immer nicht mit dem nationalsozialistischen Gedankengut vertraut machen können. Dass Paterno aktiv gegen die Partei oder den Staat arbeitet, ist der Ortsgruppenleitung nicht bekannt."[5] Hugo muss weg.

Strafversetzt

Hugo wird nach Innsbruck strafversetzt, von seiner Familie getrennt und seines Führungspostens an der Oberfahrbrücke enthoben. Das Verschwinden-Lassen Hugos per Verfügung des Oberfinanzpräsidenten ist alles andere als ein behördlicher Routinevorgang. „Ich versetze Sie aus dienstlichen Gründen ab 1. April 1940 vom Zollamt Lustenau an die ZASt St Innsbruck"[1], schreibt Max H. in seiner Weisung, bereits unter dem Geschäftszeichen 7a P2 – PI 4d. Hugo solle sich um die Beschaffung einer Wohnung bemühen, unverzüglich den Umzug veranlassen und von seiner Vorarlberger Dienststelle an die Zollaufsichtsstelle am Standort Innsbruck wechseln. Datiert ist die Verfügung 7a P2 – PI 4d, kraft derer Hugo ab 1. April 1940 von Lustenau nach Innsbruck versetzt wird, allerdings mit 25. April 1940. Man entledigt sich Hugos mit Hilfe eines rückdatierten Verweises. Ein Grund muss her, um Hugos Abberufung nach Innsbruck zu bemänteln: Ende April treffen Rudolf G. und Hugo bei der Oberfahrbrücke aufeinander.

Die Infamie enthüllt sich, wenn man die Abfolge von Verleumdung, Verfügung und Versetzung in einzelne Schritte auflöst: Das Gespräch zwischen Hugo und Rudolf G. findet am 28. April 1940 statt. Acht Tage nach dem Aufeinandertreffen, am 6. Mai, denunziert G. Hugo bei der Lustenauer NSDAP-Ortsgruppe. Am 14. Mai, eine gute

Woche später, tritt Hugo gemäß Verfügung 7a P2 – PI 4d seinen Dienst an der Innsbrucker Zollaufsichtsstelle an.[2] Wiederum einen Monat darauf, am 14. Juni 1940, meldet Rudolf G. dem Bregenzer Grenzpolizeikommissariat das Gespräch vom 28. April bei der Oberfahrbrücke, sechs Wochen nach Hugos erstem Zusammentreffen mit G. Mit 25. April 1940 ist schließlich die Strafversetzung des Oberfinanzpräsidenten datiert, mit der er Hugo per 1. April des Jahres nachträglich nach Innsbruck versetzt.[3]

Der Wunsch der Ortsgruppe ist Max H. willkommener Befehl: „Es sei ihr lediglich darauf angekommen, dass Paterno aus dem Grenzabfertigungsdienst verschwinde."[4] Noch im Urteil des Dienststrafverfahrens vom 25. September 1941 gegen Hugo, an dessen Beginn Rudolf G.s Denunziationen stehen, findet sich der verräterische Satz: „Seit 1. Jänner 1938 war Paterno Zollsekretär in Lustenau und wurde am 1. April 1940 anlässlich dieses Dienststrafverfahrens nach Innsbruck versetzt."[5] Konsequenter ist der Akt der Denunziation wohl kaum auf die Spitze zu treiben: Entweder wurde die Verfügung, welche Hugos Vertreibung aus Lustenau besiegelte, vordatiert, oder das Gespräch mit G. wurde gleichsam eigens dafür erfunden. Hugo ist kein Opfer von Zufällen. Er hat sein Schicksal nun nicht mehr in der Hand. Mitte Mai nimmt er seine Arbeit am Verbannungsort Innsbruck auf. Er verschwindet nach Plan aus Lustenau. Man macht ihm zuerst das Leben schwer, das man ihm später rauben wird.

Zerrieben, zerbrochen

Ab Ende Juli 1940, mit G.s zweiter Befragung, beginnen die Mühlen der NS-Justiz zu mahlen, unerträglich für den, der dabei zerrieben und zerbrochen wird. Durch immer mehr

Vernehmungstermine, Gegenüberstellungen und Zeugenladungen, mit Hilfe von Rechtshilfeansuchen, Einleitungsverfügungen, Vorermittlungsakten, Untersuchungsakten, Erlässen, Zustellbescheinigungen und Anschuldigungsschriften wird Hugo juristisch förmlich eingemauert, bis zu jenem Tag, an dem die 14 Seiten des Urteils im Dienststrafverfahren gegen Hugo Paterno verlesen werden, 25. September 1941: „Im Namen des Deutschen Volkes!" In Hugos zweitem Prozess drei Jahre später, in dem er am 11. Mai 1944 zum Sterben unter dem Schafott verurteilt werden wird, stützen die Richter ihr Todesurteil unter anderem mit dem Spruch vom September 1941.

Bis dahin geht Hugos schleichende Marter im Sommer 1940 weiter. Die erste Gegenüberstellung von Rudolf G. und Hugo findet am 21. August 1940 im Dornbirner Hauptzollamt statt. Beide bleiben bei ihren Aussagen. Hugo sagt: „Ich [...] bin nach wie vor der Meinung, dass G. mich falsch verstanden hat und meinen Gedankengängen nicht gefolgt ist." G. soll sich an diesem Tag in Gegenwart zweier Zollmitarbeiter zu der Feststellung verstiegen haben: „Von mir aus können Sie Paterno freilassen, den Akt in den Papierkorb werfen, aber ich kann nicht sagen, dass meine Angaben nicht richtig wären, weil ich sonst als Lügner dastehen würde."[1]

Am 11. September 1940 notiert der Vorsteher des Dornbirner Hauptzollamts: „Der Hilfszollbetriebsassistent Rudolf G. hat auf mich einen vertrauenswürdigen Eindruck gemacht. Ich halte seine Aussagen für glaubwürdig. Es ist allerdings nicht ausgeschlossen, dass er das Gespräch mit Paterno in einigen Punkten infolge Hörfehlers nicht ganz richtig wiedergegeben hat."

Es folgt eine weitere Zeugenvernehmung des Rudolf G. am Amtsgericht Dornbirn, 16. Oktober 1940, 10 Uhr vormittags: G. sagt nun, zum ersten Mal überhaupt, er habe unmittelbar nach dem Gespräch bei der Oberfahrbrücke die wichtigsten Punkte der Unterhaltung auf einen Zettel notiert und lege diesen dem Gericht zur Einsicht vor; er habe auch seine Aussage vor der Gestapo mit Hilfe dieses Zettels gemacht. Bis dahin kein Wort von Aufzeichnungen und Notizen, die G. auch erst am 11. Februar 1941 zu Hugos Dienststrafakt legen wird. Von der ersten Erwähnung jenes Zettels, auf dem G. die Vorkommnisse des 28. April 1940 bei der Brücke notiert haben will, bis zur Einbringung vor Gericht am 11. Februar 1941 verstreichen 289 Tage. Rudolf G. hat alle Zeit der Welt, um Hugo verschwinden zu lassen.

Im Übrigen bleibt G. am 16. Oktober 1940 bei seinen Aussagen. „Schließlich kamen wir noch auf den blinden Gehorsam zu sprechen"[2], lese ich in den Unterlagen nach, Zeilen in blassgrauer Schreibmaschinenschrift: „Paterno lachte mich dabei höhnisch aus und bemerkte, dass bei uns dann leicht zu arbeiten sei, da dann alles recht sein müsse, auch wenn es verkehrt wäre." Es sei ihm, sagt G., unerklärlich, weshalb Paterno seine vor der Gestapo gemachten Angaben in Abrede stelle: „Ich habe keine Veranlassung, etwas Falsches zu behaupten, und ich weise entschieden die Unterstellung zurück, dass ich aus Rache gegen Paterno die Anzeige gemacht habe. Hierzu lag kein Grund vor."[3] Um 12 Uhr wird G. entlassen. Er erhält als Reiseentschädigung 90 Pfennig für die 14 Kilometer Eisenbahnstrecke von Lustenau, das in Flüsterwitzen „Braunau am Rhein"[4] genannt wird, nach Dornbirn und zurück. Hugo wiederum hält bei der Einvernahme am 21. November 1940 am Innsbrucker Hauptzollamt seine Angaben voll und ganz aufrecht.

Am 10. Februar 1941 wird Hugo in das Oberfinanzpräsidium Innsbruck in der Tschurtschenthalerstraße 7, vorgeladen. Etwas über zwei Wochen zuvor wurde das Dienststrafverfahren gegen ihn wegen „unwahrer und das Ansehen des Reiches und seiner Führung schädigender Äußerungen" förmlich eingeleitet.

Hugo sagt aus, dass G. und er längstens eine halbe Stunde bei der Brücke gestanden seien. G. habe das Wort geführt und versucht, auf ihn „belehrend"[5] einzuwirken, wobei über die Besetzung Narviks gesprochen worden sei und er, Hugo, gesagt habe, die Propaganda stelle stets alles günstiger dar. Er könne aufgrund seiner Weltkriegserfahrung behaupten, dass man Schlachten gewinnen, den Krieg dennoch verlieren könne, wobei er wohl geäußert habe, jeder Krieg sei ein Unglück für das Volk; das Wort „Lumperei" sei nie gefallen, genauso wie er, Hugo, nie gesagt habe, der Krieg sei dem Reich aufgezwungen worden. Über Hitler habe er, Hugo, positiv gesprochen, von dessen Mitarbeitern sei nie die Rede gewesen; er habe vielmehr angesprochen, dass dem Schicksal zu danken sei, einen solch großen Staatsmann zu haben; Hugo habe G., als man über den blinden Gehorsam sprach, angelacht, nicht ausgelacht. G.s Aussage, er habe von den Sudetendeutschen und Ostmärkern als „Vergewaltigte" gesprochen, stelle er in Abrede. Entschieden lehne er es auch ab, dass von Erschießungen ohne Gerichtsverhandlungen und von Besitzenteignung die Rede gewesen sei, ebenso von Anhaltelagern. G., sagt Hugo, habe in diesem Zusammenhang von drei Lustenauern gesprochen, die nach dem Umbruch in ein solches Lager gesperrt worden seien, und dass G. dazu geäußert habe, ihm, G., wäre es nicht leid gewesen, wenn die drei überhaupt nicht mehr zurückgekommen wären. „Dies habe ich als wenig menschlich bezeichnet", wird Hugo im Akt zitiert. Wenig menschlich. So denke ich, wird auch mit dem Großvater verfahren.

Hugo verschanzt sich in der Defensive. Er hat vor meinem inneren Auge etwas Geducktes an sich, ein Mensch, der immerzu Deckung sucht. „Rache" sei G.s Motiv, anders könne er sich dessen Handeln nicht erklären, sagt Hugo in der Tschurtschenthalerstraße: „Gerade G. gegenüber, den ich als überzeugten Kämpfer für die NSDAP kenne, halte ich es nochmals für ganz ausgeschlossen, dass ich mich dieser Ausdrücke bediente, wie sie mir in der Anzeige in den Mund gelegt wurden." Es sei richtig, dass seine Familie in Lustenau als „sogenannte Schwarze", als überzeugte Katholiken bekannt sei, er selbst sei auch unbestritten Katholik. Er habe es sich auch so zu erklären versucht, dass ihm deswegen seine Nachbarn nicht gut gesinnt seien und diese G. nachträglich zu seiner späten Stellungnahme veranlasst hätten. Er, Hugo, habe an dem Tag, als er mit G. nahe der Oberfahrbrücke sprach, übrigens bis 12 Uhr Dienst gehabt und sich danach auf den Heimweg gemacht, später habe er mit G. nicht mehr gesprochen. „Wir sind keineswegs in gereizter Stimmung voneinander geschieden, wir haben uns noch die Hand gereicht." Über zwei Monate später hört Hugo erstmals von G.s Anschuldigungen.

Am Dienstag, den 11. Februar 1941, einen Tag nach Hugo, ist auch Rudolf G. in die Tschurtschenthalerstraße 7 vorgeladen. G. erscheint um halb 9 Uhr vormittags im Oberfinanzpräsidium Innsbruck, II. Stock, Zimmer 39. Seine Aussagen folgen in ihren Grundzügen den bisherigen Vernehmungen, mit wenigen Abweichungen: Hugo sei am 25. August 1939, als G. zum Grenzschutz herangezogen worden sei, Zollamtsvorsteher in Lustenau-Oberfahr gewesen. „Am 28. April 1940 habe ich das erste Mal mit ihm gesprochen, weil wir dienstlich im Allgemeinen nicht miteinander zu tun haben, wir vom Zollgrenzschutz unterstehen nicht dem Zollamt, früher haben wir uns höchstens einen Gruß gegeben oder das eine oder das andere belanglose Wort gesprochen."[6]

G. sagt, er kenne Hugos Frau Maria vom Sehen, mit Hugos Nachbarn pflege er keinen Kontakt. G. beginnt, sein giftiges Wortgebräu über Hugos privates Leben auszuschütten. „Es ging unter den Kameraden schon vor meinem Gespräch mit ihm nämlich die Rede um, dass er als Zollamtsvorsteher dem einen oder anderen gegenüber Bemerkungen gemacht habe, die auf Meckertum schließen ließen", sagt G. in der Tschurtschenthalerstraße. „So soll er noch während oder bald nach dem Polenfeldzug zum Hilfszollbetriebsassistenten Hermann H. geäußert haben, dass man zwar Schlachten gewinnen, dass man aber den Krieg verlieren könne."

Wem hat Hugo was und wann gegenüber geäußert? Geht seine Rede von den gewonnenen Schlachten und dem verlorenen Krieg etwa reihum? Am 28. April sei man „aus Langeweile ins Gespräch gekommen, nicht vielleicht deshalb, weil ich ihn bei dem seltenen Anlass längeren Beisammenseins über die Unstichhältigkeit seiner Ansichten auf politischem Gebiet belehren wollte". Das weitere Reden bei der Oberfahrbrücke habe sich in „Form eines flüssigen Gedankenaustausches Zug um Zug ergeben": „Wir sind manches Mal recht hitzig geworden, weil jeder seine Meinung fanatisch verteidigte, allerdings sind wir zeitweise auch wieder ins ruhigere Fahrwasser gekommen." Zynisches Wortjonglieren, schepperndes Geschwätz, das nach einem billigen Vorwand zum Losschlagen gegen Hugo klingt: „Für den allgemeinen Verlauf des Gespräches mag es charakteristisch sein, dass Paterno einmal sagte, ich hätte es jetzt leicht, weil ich alles sagen und mir auch alle Ausdrücke kritischer Art über die frühere Zeit erlauben könne, während er das für die Jetztzeit nicht kann."

Dann wiederholt G. in der Tschurtschenthalerstraße die bekannten Vorwürfe. Er erinnere sich nun ganz sicher, dass Hugo das Wort „überfallen" benutzt habe, als es um

Hitlers Einmarsch in Polen ging, während G. dabei bleibe, dass der Krieg dem Reich aufgezwungen worden sei; Hugo habe auch ganz gewiss das Wort „beseitigen" verwendet – ob Hugo damit allerdings gemeint habe, Hitler aus dem Amt zu jagen oder dem „Führer" nach dem Leben zu trachten, entziehe sich seiner Kenntnis. „Vergewaltigungen", die sich hier und heute zutrügen, das habe Hugo zweifellos so gesagt. „Böllerwerfer", auch dieses Wort, das die Aktionen der illegalen Nationalsozialisten während der Verbotszeit mit verhältnismäßig schwachen, aber nicht ganz ungefährlichen Sprengladungen in Papier- oder Kartonverpackungen meine, sei gefallen:[7] „Ich muss hier einschalten, es ist möglich, dass Paterno [...] Böllerwerfer erwähnte und diese Kampfmethode als schuldhaft bezeichnete. Ich hingegen habe ihm vor Augen geführt, dass man uns die legale Äußerung unserer Meinung verboten hatte und dass man uns deshalb zu harmlosen Demonstrationen dieser und ähnlicher Art gezwungen habe." Beim Wort vom „blinden Gehorsam" – Hugos Lachen: „Er hat es so gebracht, als wollte er diesen Begriff ins Lächerliche ziehen." Sicher, sagt G., seien auch Hugos Worte vom Krieg als „Lumperei" und von „Österreichern" und „Deutschen" gefallen.

In einem Fall redet sich Rudolf G. in langen, verschachtelten Sätzen heraus. Hugo, so G., habe Narvik in Norwegen als Beispiel propagandistischer Meldungen erwähnt, in Zeitungen sei die Stadt zuerst als kriegswichtig und wenige Tage später als bedeutungslos und verloren gemeldet worden. Hugo konnte am 28. April 1940 bei der Oberfahrbrücke davon aber noch nichts wissen, da die Deutschen nach Gefechten mit britischen und französischen Soldaten Narvik erst nach dem 28. April räumen mussten.[8] „Es fällt mir allerdings auf", sagt G. in der Tschurtschenthalerstraße, „dass, wenn ich heute nachrechne, von einer teilweisen Aufgabe Narviks am 28. April 1940 noch nichts amtlich be-

kannt gewesen sein kann, weil, wie mir vorkommt, Narvik
erst kurz vor der endgültigen Wiedereinnahme zum Teil
aufgegeben worden ist." Bei seiner ersten Denunziation
Anfang Mai 1940 bei der Lustenauer Ortsgruppe hatte G.
Narvik mit keinem Wort erwähnt.

Das Beweisstück

Dann kommt die Rede in der Tschurtschenthalerstraße auf
den Zettel. Jenes Papier, das Hugos Schuld beweisen soll
und das G. in einer früheren Vernehmung bereits erwähnt
hat. G. sagt: „Mir sind die Äußerungen Paternos nach dem
Gespräch lange durch den Kopf gegangen, und ich habe
sie schließlich schlagwortartig aufgeschrieben. Als ich die
Aufzeichnungen verfasste, die ich jetzt zum Dienststrafakt
lege, habe ich noch mit niemandem über die Sache gesprochen." Erst später habe er seinen Bruder Eduard und seine
Frau Milli ins Vertrauen gezogen.

Irgendwer lügt hier. Gezählte 289 Tage nach dem Treffen bei der Oberfahrbrücke gibt G. am 11. Februar 1941 auf
Verlangen an, noch am Sonntagabend des 28. April 1940
auf einem Zettel Hugos Worte am Wasser des Rheins notiert zu haben. Mit dem Zettel als Erinnerungshilfe sei
G. dann zur Ortsgruppe, um seine Angaben zu machen.
„Diese entsprachen damals meiner unmittelbaren Erinnerung, sie sind richtiger als die späteren Textdarstellungen."
289 Tage. Ein Beweis, der keiner ist, ein Artefakt giftigen
Denunziantentums. Beim Lesen der Archivunterlagen beschleicht mich der Gedanke, dass das Ausmaß des Menschenhasses in der Zeit des Nationalsozialismus manchmal in Zahlen zu messen ist.

Gegen Ende ihres Gesprächs, sagt G. abschließend am
11. Februar 1941 in der Tschurtschenthalerstraße, hätten

Hugo und er „ganz ruhig mitsammen geredet, sogar gegenseitig etwas gelacht". Beim Auseinandergehen „haben
wir uns nicht die Hand gereicht".

Der Zettel, von dem G. spricht, sind eigentlich zwei
Zettel, gefaltet, zart liniert, Beweisstücke in den Aluminiumkisten. Mit Bleistift und in Schönschrift sind darauf
Sätze und Halbsätze notiert, keine Überschrift, kein Datum. Es wirkt, als habe jemand in aller Ruhe und Kühle
geschrieben, im Telegrammstil: „Die Deutschen gehen
nicht, wo nichts zu holen ist. [...] Man darf nicht alles glauben!! Der Führer und das Volk wollen keinen Krieg. [...]
Keine Begeisterung, besetzte Gebiete. Ostmark und Sudetenland. Vergewaltigungen. Erschießungen. Anhaltelager.
Das Vaterland genommen, die Auswirkung. Dollfuß und
Schuschnigg unschuldig [...]. Der Krieg eine Lumperei wie
früher. Über blinden Gehorsam gelacht. Wenn man keinen Krieg angefangen, hätte ich mirs so gefallen lassen?
Arbeitslose beseitigt durch Zwangsmaßnahmen und den
grauen Rock. Das Betteln im Dritten Reich. Vergewalti-
gung in der Ostmark der Systemzeit, andere Anschauung.
Wahlresultat." Das letzte Wort auf dem zweiten Zettel ist
fast verblasst. 289 Tage.

Gegenüberstellung

Hugo wird am 11. Februar 1940 neuerlich in die Tschurtschenthalerstraße für eine Gegenüberstellung mit Rudolf
G. bestellt. Ich stelle mir das Aufeinandertreffen ohne einen Funken menschlichen Mitgefühls vor, einen Termin
mit Antipathie in der Luft. Hier G., der sich im Schoß der
Partei eingerichtet hat. Da Hugo, vielleicht im Glauben,
dass er doch noch so etwas wie Gerechtigkeit erfahren
wird. Der Gewinner, der Verlierer.

Rudolf G. gibt bei der Gegenüberstellung im Oberfinanzpräsidium zu Protokoll: „Das Wort ‚überfallen' ist [...] von Paterno gebraucht worden."[1] Ein Für und Wider entspinnt sich. Schlägt G. verbal über die Stränge? Ist der Großvater zum Leisetreten verurteilt?

Hugo sagt: „Ich weiß beim besten Willen nicht, dass ich behauptet hätte, es wäre eine Lüge, dass uns der Krieg aufgezwungen wurde."

G.: „Die Behauptung Paternos ist so gefallen, wie ich sie erwähnte. Ich habe sie aus frischer Erinnerung seinerzeit zu Papier gebracht."

„Es kann vom Schlachten-Gewinnen und Krieg-Verlieren in dem Sinn gesprochen worden sein, dass damit aus der Parallele des Weltkriegs eine Prognose auf den gegenwärtigen Krieg zu entnehmen war."

„Ich habe es jedenfalls so aufgefasst, dass er mit dem Beispiel des Weltkriegs auf den Gegenwartskrieg hinweisen wollte."

„Ich lehne es ab, gesagt zu haben, dass man hier keine Begeisterung wie im Weltkrieg habe, weil man uns das Vaterland genommen hat."

„Die Behauptung ist so gefallen, wie ich sie erwähnte."

„Von Dollfuß und Schuschnigg ist nicht gesprochen worden."

G. sagt ferner: „Meine Darstellung von heute beruht auf klarer Erinnerung."

„Ich behalte meine Aussagen als meiner Erinnerung entsprechend aufrecht."

„Meine Darstellung ist auf meiner klaren Erinnerung aufgebaut."

„Ich bleibe bei meinen Aussagen."

„Meine Darstellung entspricht meiner Erinnerung, ich habe eben nach dieser Erinnerung den Zettel verfasst. Es ist bestimmt richtig."

„Ich bleibe bei meiner Darstellung, da sie meiner sicheren Erinnerung entspricht."

„Ich habe diesen Ausführungen nichts hinzuzufügen."

Der Bericht über das Treffen von G. und Hugo verzeichnet auch einen Satz Hugos, der G.s Reden einmal mehr als kaltes Geschwätz enttarnt: „Wenn G. behauptet, sich zu erinnern, dass wir uns am Schluss nicht die Hand gereicht hätten, mag das stimmen."

Hugos Ankläger wahren die Fassade eines rechtsstaatlichen Verfahrens. Vier Tage nach der Zusammenkunft von G. und Hugo in der Tschurtschenthalerstraße, am 15. Februar 1941, notiert der zuständige Untersuchungsführer in einem Schreiben an das Amtsgericht Dornbirn, die durchgeführten Vernehmungen des „einzigen unmittelbaren Zeugen Rudolf G." sowie die Gegenüberstellung hätten noch immer keine „eindeutige Rekonstruktion des Gespräches und damit klare Umrisse für die Beweiswertung"[2] erbracht: „Paterno selbst macht einen durchaus überlegenen Eindruck, so dass ihm ein unbesonnenes Hitzigwerden nicht recht zumutbar ist. G. macht aber auch einen sehr guten Eindruck. Er scheint bestimmt keine Angebernatur zu sein. Er ist auch nicht ausfällig und gehässig. Er zeigt sich bei der Vernehmung aber auffällig stark an seine Notizen über den Vorfall gebunden. Sein Gedächtnis scheint demnach auch nicht wesentlich besser zu sein als das Paternos, dem man überdies sicher zubilligen darf, dass er zuerst dem Gespräch keine Bedeutung beigemessen und daher den Wortlaut vor seiner ersten Einvernahme am 3. Juli 1940 nicht nachhaltig in sein Gedächtnis aufgenommen hatte."

Im Zweifel gegen den Angeklagten, im Zweifel Unrecht gegen Recht: Rudolf G., schreibt der Untersuchungsführer, habe behauptet, er hätte die wichtigsten Punkte schlagwortartig nach der Unterhaltung notiert und erst dann mit seinem Bruder und seiner Ehefrau darüber gesprochen.

„Ich bitte daher [...], eidlich zu vernehmen: Frau Milli G., Hilfszollbetriebsassistentengattin in Lustenau" – über das Wann, Wie und Was im Zusammenhang mit besagtem Zettel. Zu verhören sei außerdem G.s Bruder Eduard, Konsumverwalter in Lustenau. „Zur Vermeidung von Verabredungen unter den Zeugen bitte ich beide unmittelbar nacheinander zu vernehmen."

Das Podium, denke ich mir beim Lesen des Untersuchungsberichts, auf dem sich Hugos Gegner sammeln, knarzt, so voll ist es. Hugo steht, klein und verlassen, als Angeklagter vor der Bühne dieses Hetztheaters, nun gesellen sich auch noch die Ehefrau und der Bruder des Denunzianten in die Reihen der Großvaterfeinde. Sechs Tage darauf, am 21. Februar 1941, erscheinen Eduard und Milli G. auf dem Amtsgericht Dornbirn. Es kann von vorgängiger Verabredung ausgegangen werden, alles andere wäre ein Rest von Rechtsstaatlichkeit. Eduard G. sagt, sein Bruder Rudolf habe ihm vergangenes Frühjahr von Paterno erzählt, genauere Angaben zu Datum und Uhrzeit könne er aber nicht machen. 289 Tage. Eduard G. gibt in der Vernehmung an: „Er war ganz verärgert und aufgeregt und sagte, dass er gestern mit Paterno Dienst bei der Brücke gemacht habe, der sich in unverantwortlicher Weise gegen den heutigen Staat und die Staatsführung ausgesprochen habe." Rudolf habe den Zettel aus der Tasche gezogen, er sei mit Bleistift beschrieben gewesen, und habe versichert, dass er selbst die Notizen gemacht habe. Es falle auch jede persönliche Feindschaft gegen Paterno seitens seines Bruders und auch von ihm selbst weg: „Ich habe nur gleich wie mein Bruder, nachdem er mir dies mitgeteilt hatte, erklärt, so ein Mensch, der solche Äußerungen macht, gehöre nicht mehr in den öffentlichen Dienst."

G.s Ehefrau Milli gibt auf Befragen an: „Vor etwa zehn Monaten, genauer kann ich das Datum nicht angeben [...], ist mein Mann einmal vom Dienste heimgekommen und war sehr aufgeregt. [...] Er sagte mir dann Äußerungen des Paterno, die ihn empört hätten und die auch mich empörten, ich weiß aber beim besten Willen den Wortlaut dieser Äußerungen, die mir mein Mann damals mitgeteilt hat, nicht mehr. [...] Mein Mann und ich haben am selben Tage noch ziemlich viel über die Sache gesprochen, da es meinem Manne und auch mir keine Ruhe gelassen hat und wir beide empört waren." Da ist sie wieder, die Empörung der rechtschaffenen Volkgenossen. „Mein Mann hat dann tatsächlich auch aus seiner Erinnerung die Äußerungen auf einen Zettel aufgeschrieben. Wann er aber diesen genau geschrieben hat, entzieht sich [...] meiner Kenntnis. Ich weiß nur, dass er ihn bald nach dieser Unterredung geschrieben hat, ich weiß aber beim besten Willen nicht mehr, ob dies noch am selben Tag war, oder an einem der nächsten Tage. [...] Den Zettel hat mein Mann meines Erinnerns zu Hause geschrieben, ich weiß dies aber nicht mehr genau, und wenn mein Schwager Eduard G. behauptet, mein Mann hätte ihm erzählt, dass er die Aufschreibungen im Dienst gemacht habe, so wird dies schon stimmen." Auf dem Amtsgericht Dornbirn, wo Milli G. nach ihrem Schwager Eduard verhört wird, will niemandem auffallen, wie sehr G.s Ehefrau sich selbst widerspricht. Man weigert sich, den Irrsinn zu erkennen, auch wenn man dessen Zeuge wird. Milli G. fährt fort: „Mit der Familie Paterno ist weder mein Mann noch ich bekannt. [...] Es fällt daher von meiner Seite oder der Seite meines Mannes jedes persönliche Motiv weg. Ich wusste ja gar nicht, dass ein Zollamtsvorstand Paterno existiert."

Das Haus, in dem G. wohnt und in dem einer seiner Söhne bis heute lebt, ist nicht weit von Hugos Dienstwohnung entfernt. Die Distanz beträgt etwas über eineinhalb Kilometer, drei Minuten Autofahrt oder ein zügiger

Fußmarsch von 20 Minuten. Lustenau ist nicht die Welt, eher ein zu groß geratenes Dorf. Jeder kennt jeden. Das war damals, das ist heute so. Man muss sich anstrengen, um nichts vom anderen zu erfahren. Je weniger man von seinem Nachbarn weiß, desto mehr wird über ihn geredet. Über alles ist man informiert, aber man weiß nichts voneinander. Seit 1921 wird in Lustenau das *Lustenauer Adressbuch* herausgegeben, 2015 erschien die vorläufig letzte Ausgabe. Das Einwohnerverzeichnis nennen viele Lustenauer „Bibel".

Nach Vorlage der Aussagen ihres Mannes erwidert Milli G.: „Ich kann mich noch ganz dunkel entsinnen, dass mein Mann auch sagte, Beschuldigter hätte sich geäußert, dass wir heute nicht mehr mit der Begeisterung in den Krieg gezogen seien. Mir kommt auch dunkel vor, dass mein Mann sagte, Paterno habe von Vergewaltigungen gesprochen. Mein Mann sagte auch, wie ich mich dunkel erinnere, dass Paterno geäußert habe, wir hätten kein Vaterland mehr." Milli G. wird vom Amtsgericht Dornbirn für Zeitaufwand und Reisekosten mit 80 Pfennig entschädigt.

Hugos Dasein kommt unaufhaltsam ins Rutschen. Man verfährt mit ihm nach bösem Belieben. Bereits am 20. Dezember 1940 verfasst Oberfinanzpräsident Max H. ein siebenseitiges Schreiben an den Reichsminister der Finanzen am Berliner Wilhelmplatz, das tags darauf in die Ausgangspost gelangt. „Betrifft: Politisches Verhalten des Zollsekretärs Paterno"[3], schreibt H., der sich schon Monate zuvor Hugos wegen um die „Sicherheit des Reichs" sorgte. In H.s Zeilen sind Schwindel, Animosität, Verdrehung und Propaganda zu Anklage und Urteil in einem verschmolzen. Der Oberfinanzpräsident weiß die Klaviatur ungezügelter Feindseligkeit zu bedienen. Das Agitieren gegen Hugo wächst sich aus. Mit ihm wird bald verfahren, als sei er nur dazu da, um an ihm Paragrafen und Gesetze durchzuexerzieren, die sich jeder Rechtsstaatlichkeit entzogen haben. Hugos Hinrichtung im Juli 1944 ist der letzte Punkt einer Linie, vorgezeichnet von einer gnadenlosen Justiz, die ihren Anfang nahm an dem Tag, als Rudolf G. bei der Lustenauer Ortsgruppe seine Aussage machte.

H. erstellt am 20. Dezember 1940 also eine Liste von 16 Punkten als vermeintlich stichhaltiges Beweismaterial, das Extrakt der bisherigen Unterstellungen und Gemeinheiten, das boshafte Resümee der Anwürfe, Anschuldigungen, Anklagen, Angriffe. H. schreibt: „Im Verlauf der Unterhaltung hat Paterno nach der Darstellung des G. mehrfach staatsfeindliche Äußerungen getan, die sich im Wesentlichen wie folgt zusammenfassen lassen." Hugo habe geäußert, schreibt H., die Deutschen könnten Schlachten, aber keine Kriege gewinnen, man dürfe den Zeitungen und Nachrichtendiensten nicht alles glauben, trotz der gegenteiligen Äußerungen. Hitler sei über die Lage im Land nicht im Bilde; die Begeisterung für den Krieg sei nicht vorhanden. Die Ostmark und das Sudetenland seien vergewaltigt worden. Es kämen Unschuldige in Anhaltelager, wo früher nur Verbrecher hingekommen seien. Man habe den Ostmärkern das Vaterland geraubt; das Resultat der Wahl vom 10. April 1938 sei zuvor festgestanden. Der Krieg – eine Lumperei wie je. „Es sei auch die Annahme gerechtfertigt", nimmt H. in dem Schreiben an, „dass G. seine Äußerungen, nachdem er sie nun einmal gemacht habe, deshalb nicht zurücknehme, um sich nicht als Lügner hinzustellen."

H. begeht Rechtsbruch in Reinkultur. Es ist, als würde mit Hugo ein Übeltäter enttarnt, weil er die Gewohnheit hat, graue Socken zu tragen. Als machte es einen verdächtig, wenn man kurze Haare hat.

H. schreibt nach Berlin, dass durchaus Widersprüche zwischen G.s und Hugos Aussagen bestünden – und räumt diese sofort beiseite. G. könne im Zweifel als „durchaus glaubwürdig" bezeichnet werden, er mache nach „seinem ganzen Verhalten und Wesen nicht den Eindruck, dass er zu Übertreibungen neige und darauf ausgehe, einen Beamten zu schädigen".

Zusammenfassend hält H.s Bericht an das Berliner Reichsministerium fest: „Nach Lage der Sache kann nicht mehr bezweifelt werden, dass Paterno die behaupteten Äußerungen getan hat. Ob und inwieweit tatsächlich Missverständnisse vorliegen [...], lässt sich heute, da Zeugen bei dem Gespräch nicht zugegen waren, nicht mehr klären. Die Äußerungen des Paterno sind im Laufe einer Unterhaltung getan worden. Inwieweit sich Entstellungen dadurch eingeschlichen haben, da sie mehr oder minder aus dem Zusammenhang gerissen dargestellt werden, ist nicht zu übersehen. Dass die dargestellten Äußerungen unwahr und geeignet sind, das Ansehen des Reiches und seiner Führung zu schädigen, bedarf keiner Begründung. Der Beamte hat sich somit einer groben Verletzung der Dienstzucht schuldig gemacht." H.s Zeilen lesen sich wie ein Urteil ohne Anklage. Es muss sich für Hugo selten so angefühlt haben, als sei das Schlimmste schon überstanden.

Das Porträtbild

Hugos nächste Vernehmung findet am 24. März 1941 statt. Er wird mit G.s Aussagen von Mitte Februar bekannt gemacht. Hugo erwidert: „Ich halte meine bisherigen Angaben voll aufrecht, ich betone nochmals, wenn ich alles gesagt hätte, was mir der Anzeiger in den Mund legt, sähe ich vollkommen ein, dass die Anzeige ohne jeden persönlichen Nebengrund gerechtfertigt wäre."[1]

Ich versuche mir zu veranschaulichen, wie Hugo langsam jeden Rest seiner italienischen Grazie, seiner Höflichkeit, seines Witzes verliert, wie Angst und Furcht sich in seine Knochen treiben. Für einen Moment verschwimmen die Grenzen zwischen dem Mann von damals, nach dem Krieg 1918, und dem Mann von 1941, dem langsam sein Leben entgleitet. Ich lege zwei Fotos von Hugo nebeneinander.

Abb. 21: „Herzliche Grüße und Küsse" – Hugo in Uniform (um 1919)

Auf dem von 1919 blickt mir ein stolzer, fast arroganter Mann in Uniform entgegen, durchgedrücktes Kreuz, die linke Hand ruht auf einem Schwertknauf, an dem eine Kordel baumelt. Hugo lässt keinen Zweifel daran, dass ihm die Zukunft gehört. Er blickt keck in das Auge der Kamera. Zehn Jahre später wird er dieses Foto seiner zukünftigen Frau schenken. „Meiner liebsten Marie zur bleibenden Erinnerung. Dein Hugo. Rheindorf, am 13. November 1929", schreibt er mit Füllfeder in inzwischen verblichenem Tintenschwarz auf die Rückseite. „Hugo" sehr groß und mit viel Schwung. „Marie" wird er seine Frau in Augenblicken großer Nähe auch in seinen späteren Briefen nennen.

Das andere Foto ist mutmaßlich 1938 entstanden, ein Konterfei Hugos, das typische Porträtbild eines Fotostudios:

Abb. 22: Rarer Beweis einer vergessenen Existenz – Zollwachebeamter Hugo Paterno (um 1938)

Hugo vor schwarzem Hintergrund, dunkle Krawatte und dunkler Wollanzug, weißes Hemd, ein Undercut, der seine Ohren noch mehr abstehen lässt, ein Abzeichen am Revers, das nicht genau zu erkennen ist. Hugo wirkt, als habe er einen Stecken im Rücken. Zur Schau gestellter, getragener Ernst, wie man auf solchen Fotos auszusehen hat. Er wirkt so, als hätte er, auch wenn das Studiolicht wieder erlischt, nicht viel zum Lachen.

1942 taucht dieses Foto in Hugos Personalbogen auf – und noch viel später als rarer Beweis seiner vergessenen Existenz. Das Porträtbild wird nach 1945 durch Zeitungen und Bücher geistern, in seltsamer Proportion und Verzerrung: groß aufgemacht mit wenig bis gar keinem Text. Ein Bild ohne Worte. Das Foto von 1938 wird geradezu das Nicht-wissen-Wollen illustrieren, das Hugos Leben und Sterben entgegengebracht wird. In der Textwüste des verdienstvollen Buchs „Von Herren und Menschen", das 1985 erschien, wirkt Hugos sechs Jahre vor seiner Hinrichtung aufgenommenes Porträt als Blickfang. „Auch dem Lustenauer Zöllner Hugo Paterno wurde seine antinazistische Haltung, die er in Tirol an einem Kiosk unumwunden vertrat, zum Verhängnis", lautet der kurze Text in „Von Herren und Menschen": „Oppositionelle Beamte duldete der NS-Staat nicht. Paterno wurde im Mai 1944 zum Tode verurteilt und im Juli desselben Jahres in München-Stadelheim hingerichtet."[2] Man erschrickt dagegen fast, wenn man das Buch „100 Jahre Lustenau" auf Seite 229 aufschlägt.[3] Hugos Bild von 1938 prangt hier wie ein Aushängeschild, als ob er den Opfern des Nationalsozialismus ein Gesicht geben müsse. „Hugo Paterno (* 19. 12. 1896) wurde am 7. 7. 1944 in München-Stadelheim wegen ‚Zersetzung der Wehrkraft' (,Äußerungen gegen Führer und Partei') hingerichtet", lautet die Bildunterschrift. Auf Seite 250 die dürre Auskunft über jenen Lustenauer, den die Lustenauer Geschichte so gut wie vergessen hat: „Er hatte an einem Kiosk in Tirol seine antinazistische Gesinnung offen bekannt."[4]

Zur Sache

Vermutlich Ende März 1941 erstellt der Untersuchungsführer in Hugos Fall den „Zusammenfassenden Bericht", ein 15-seitiges Konvolut mit angehefteter Kostenaufstellung. Wie mag Hugos Gesicht ausgesehen haben, wäre ihm der „Zusammenfassende Bericht" vorgelegt worden? Ein Gesicht, aus dem jede Freude gewichen ist? Sehr wahrscheinlich hat Hugo die 15 Seiten mit den vielen Unterstreichungen nie gesehen.

Hugo werden darin die immergleichen Sätze in den Mund gelegt.[1] Hugos Entgegnungen aus den bisherigen Vernehmungen zitiert der Untersuchungsführer pflichtschuldig, bevor er sein „Gutachten" abgibt: „Es stehen grundsätzlich beeidete Zeugenaussage gegen Beschuldigtenaussage", schreibt der Untersuchungsführer: „Die Angaben G.s [sind] nicht vollkommen unantastbar. Er behauptet insbesondere zum Gesprächsthema Narvik, Paterno habe von den entgegengesetzten Darstellungen ein und derselben Zeitung über die Bedeutung Narviks bei der Einnahme und nach der Wiederaufgabe gesprochen. Dies kann am 28. April 1940 aber unmöglich behauptet worden sein, da Narvik erst am 28. Mai 1940 – laut deutschem Wehrmachtbericht vom 29. Mai 1940 – teilweise (nämlich Hafen und Innenstadt) aufgegeben worden war. G. verschanzt sich in allen seinen Aussagen auch in auffallender Weise stark hinter seinen Aufschreibungen und kann trotzdem nicht mehr eindeutig sagen, wann er diese tatsächlich aufgesetzt hat. Auch die dazu gehörten weiteren Zeugen, seine Frau und sein Bruder Eduard, brachten keine Klarheit über diesen Umstand. Auch die Tatsache, dass kein einziger weiterer Belastungszeuge über andere abfällige, ja auch nur nörgelnde politische Bemerkungen Paternos auf den Plan gebracht werden konnte, spricht mittelbar mehr oder weniger zu Gunsten Paternos. Ein Mensch, dessen Art es ist, vorsätzlich oder auch nur fahrlässig gehässige politische Kritik zu üben, hält sich – wie manche andere Beispiele dartun – selten mit seiner allgemeinen Meinung derart zurück, dass nicht durch Rückfrage dieses oder jenes über seine Äußerungen bekannt würde."

Über G. notiert der Untersuchungsführer: „Andererseits machte auch G. als Anzeiger charakterlich keinen schlechten Eindruck. Die Erhebungen, ob seine ihm in der namenlosen Anzeige vom 5. September 1940 vorgeworfene politische Wendigkeit auf materielle Interessen zurückgehe oder vielleicht sonstige persönliche Hintergründe habe, sind rein negativ verlaufen."[2]

Die angeheftete Kostenaufstellung vom 27. März 1941 listet zehn Punkte plus entsprechende Teilbeträge auf. Bis Ende März 1941 belaufen sich die Verfahrenskosten auf 25 Reichsmark und 73 Pfennig, darunter die 90 Pfennig für die Vernehmung von G. vor dem Amtsgericht Dornbirn von Mitte Oktober 1940, die Zeugengebühren für G.s Ehefrau Milli sowie Portospesen für diverse Schreiben und Antwortschreiben. Ende Mai 1941 drängt Oberfinanzdirektor Max H. den Untersuchungsführer, „die Angelegenheit mit größter Beschleunigung vor Ihren sonstigen Dienstgeschäften durchzuführen"[3].

Anklageschrift 1941

Der „Zusammenfassende Bericht" ist zugleich die Grundlage für die Anschuldigungsschrift im förmlichen Dienststrafverfahren gegen Zollsekretär Hugo Paterno vom 5. Juni 1941, Vorgang 7a P2 – PI 4d. Die Anschuldigungsschrift muss Hugo gelesen haben, die 15 Dünndruckseiten, in einem Kellerkasten meines Elternhauses aufgespürt, sind in den Aluminiumkisten. Hugo wird des Dienstvergehens gegen Paragraf 3 in Verbindung mit Paragraf 22 des Deutschen Beamtengesetzes vom 26. Jänner 1937 angeklagt; seitenlang werden G.s Denunziationen wiederholt, Hugo kommt selten zu Wort: „Paterno gibt die Gesprächsentwicklung im Wesentlichen zu, bestreitet aber alle Sätze oder Ausdrücke, die das Maß angeblich sachlicher Redeeinwände offensichtlich überschreiten. Er will während des ganzen Gesprächs, das hauptsächlich von G. als Wortführer bestritten worden sei, lediglich bei einzelnen Gelegenheiten sachliche, nicht kritikübende Gegenrede gebraucht haben."[1]

Die Anschuldigungsschrift gelangt zu dem Ergebnis: „Ob – vielleicht unbewusst aus dem politisch negativen Gesamtbild über Paterno, vielleicht durch ein Missverstehen oder Missdeuten einzelner Bemerkungen oder Gebärden Paternos – in [Rudolf G.s] Erinnerung schon bei der Verfassung des Zettels manche Sätze in einer schärferen Form haften geblieben sind, als sie tatsächlich gesagt wurden, konnte beweismäßig nicht weiter verfolgt werden."

Menschen werden in der Zeit des Nationalsozialismus zum Verschwinden gebracht, weil sie nicht ins Bild passen, weil man ihre Sätze missversteht oder falsch deutet, sogar aufgrund einzelner Bemerkungen oder Gebärden. Die Empörung kann jeden treffen. „Aber selbst wenn bei dieser Beweislage nur das als gesprochen angenommen werden sollte, was Paterno selbst zugibt, hat dieser seinen Pflichten als Beamter zuwider gehandelt: Er hat dann immer noch gegenüber einem Volksgenossen, der den nationalsozialistischen Staat rückhaltlos bejaht, ohne besondere Veranlassung die Rolle eines politischen Gegensprechers übernommen und damit beim früher Genannten beziehungsweise in der Öffentlichkeit empörte Zweifel hinsichtlich der rückhaltlosen Einsatzbereitschaft und Zuverlässigkeit eines Beamten des nationalsozialistischen Staates ausgelöst."

Ist Hugo am 16. Juni 1941, nachdem ihm die Anschuldigungsschrift mutmaßlich zugestellt wurde, in gelöster Stimmung unterwegs? Es geht an diesem Montag in das Salzbergwerk zu Hall in Tirol, Betriebsausflug der Zollaufsichtsstelle Nord St. Innsbruck. Zwölf Personen, elf Männer und eine Frau, posieren, die meisten in stocksteifer Haltung, auf einem Foto von der Exkursion, eine mit dichtem Grün überwucherte Mauer im Hintergrund. Einige halten Lampen in Händen, einer hat eine Pfeife im Mund, alle sind in Werkskleidung, lustige Mützen auf den Köpfen, wie im Fasching. Ein Gruppenbild vor dem Einfahren in die Grube?

Abb. 23: In gelöster Stimmung? – Betriebsausflug in das Salzbergwerk zu Hall in Tirol (Juni 1941)

Nach überstandener Höhlenfahrt? Hugo hat das Datum und die Namen einiger seiner Kollegen auf die Rückseite des Fotos notiert. Er steht ganz hinten, fast an die Mauer gelehnt. Nicht sein allerbester Tag, muss ich unwillkürlich denken.

Einer der frühesten erhaltenen Briefe Hugos aus den Aluminiumkisten stammt vom 23. Juni 1941, eine Woche nach dem Besuch des Salzbergwerks. Zwei an Kanten und Ecken eingerissene Blätter, braun verfärbt; Hugos Sätze sind wie von einem unsichtbaren Lineal gezogen, fallen leicht nach rechts ab. Adressiert ist der Brief an Reinold, einen Bekannten der Familie, der sich, Hugo nicht unähnlich, ins Dunkel der Geschichte verabschiedet hat. „Mein lieber Freund Reinold!", schreibt Hugo: „War in den letzten Tagen besonders um Dein Wohlergehen besorgt. Daher hat mich Dein Brief sehr gefreut und ich danke Dir auch für das schöne Bild meines Namenspatrons sowie für das herrliche Heft. Du bist halt immer der liebe gute Bruder und vergisst die Deinen auch mitten in den Trümmern des Lebens nicht."[2] Hugo nennt Reinold „Bruder". Ist Reinold ein guter Freund? Ein Geistlicher, wie viele seiner Bekannten? Blickt Hugo nach Zustellung der Anschuldigungsschrift auf die „Trümmer des Lebens"?

Hugo weiter: „Deinen letzten Brief mit Inhalt für Paulus habe ich auch erhalten und zugestellt. Leider war Ex. nicht zu Hause, somit gab ich das Schreiben der Haushälterin mit der Bitte um sichere Übergabe. Wie ich nachher erfahren habe, waren zur selben Zeit alle Herren außerhalb ihrer Behausungen, denn ein Engel hat sie gewarnt, dass man nach ihrem Leben trachte. Soweit ist es aber Gottlob nicht gekommen, doch die Absichten bestehen noch, weil Herodes sich seines Reiches nicht sicher fühlt. Mündlich mehr!"

Vor Jahrzehnten geschriebene Sätze, heute Rätsel: Meint Hugo mit Herodes Hitler? Hitler fühlt sich seines tausendjährigen Reiches nicht sicher? Wer ist Paulus? Der Brief an ihn? Wer versteckt sich hinter dem Kürzel „Ex."? Was hinter dem „Schreiben", das Hugo der „Haushälterin" übergibt? Was sind das für Herren? Engel? Wer trachtet wem nach dem Leben? Was hat Hugo Reinold später erzählt?

Hugo setzt seinen Brief fort: „Ich war 14 Tage auf Urlaub und hatte zu Pfingsten auch 2 Firmlinge; Anita und Imelda. Trotz Wirbel und Sturm der Zeit gingen diese Tage feierlich vor sich. Am Annafest bin ich wieder in Arbogast, wo ich mit Ausnahme des Jüngsten die ganze Familie mitnehme; Bi. Paulus predigt dort." Hugo schreibt über die Seinen, über seine Pläne. Er plant, den Annentag, an dem Katholiken am 26. Juli der heiligen Anna, der Mutter Mariens, gedenken, in der Kirche St. Arbogast, die in der Gemeinde Götzis nahe Feldkirch steht, zu feiern, der Jüngste, mein Vater Quido, bleibt zuhause. Wird Bischof Paul Rusch predigen?[3] Ist Rusch jener Paulus, dem Hugo einen Brief übergeben hat?

„Kannst nicht kommen?", so Hugo: „Das wäre eine doppelte Freude." Dann schreibt er auf der nächsten Seite: „In meiner politischen, peinlichen Sache habe ich mich demnächst vor dem Parteigericht zu rechtfertigen. Es gibt noch eine harte Nuss zum Knacken, doch habe ich mir den hl. Josef zum Anwalt erwählt und hoffe, dass der Kampf erträglich abgeht. Alles Gott befohlen! Dienstlich geht es mir hier soweit ganz gut, ich bin zufrieden, obgleich diese unnötige Trennung von der Familie auf die Dauer unerträglich wird. Man wird der Familie entfernt, also man tut grad das Gegenteil von dem, was sie sagen. Die Erziehung der Kinder leidet halt doch, wenn der Vater fehlt, weil die Mutter nicht alles übersehen und bewältigen kann." Der Brief kommt an sein Ende. „Der lb. Herrgott sieht ja unsere Not u. wird uns sicher nicht mehr prüfen, als wir ertragen können. Gern will ich viel beten, dass alles wieder gut werde und auch Du, lb. Reinold, u. so viele gute Priester wieder zurückkehren zum Weinberg des Herrn. Der Arbeit ist so viel!"

Sein schwebendes Verfahren nennt Hugo in dem Brief „meine politische, peinliche Sache", für die er sich demnächst vor dem Parteigericht zu rechtfertigen habe. Ist Hugos drohende Hauptverhandlung die „harte Nuss zum Knacken", von der er schreibt? Der klirrenden Kälte der Naziankläger stellt Hugo sein naives Gottvertrauen entgegen, zu seinem Anwalt beruft er Josef, einen vor Jahrtausenden verstorbenen Zimmermann. „Alles Gott befohlen!" Hugo flüchtet sich in Trostreden, dass mit Gottes Hilfe alles gut werde. Sein frommes Gottvertrauen läuft ins Leere.

Hauptverhandlung

Der Tag von Hugos Hauptverhandlung. Donnerstag, 25. September 1941, 9 Uhr, Gauhaus der NSDAP beim Taxishof unweit der Innsbrucker Maria-Theresien-Straße, Zimmer 423. Als Zeuge ist geladen: Rudolf G. aus Lustenau. Die Niederschrift der Hauptverhandlung umfasst sechs Seiten. Hugo wird zuerst gehört. „Der Beschuldigte gibt zur Sache vernommen an: Er kenne den Zeugen Rudolf G. seit 1927 und sei mit ihm in keinem näheren Verkehr gestanden. G. sei sein Untergebener im Zolldienst. Es bestehe zwischen ihnen kein feindseliges Verhältnis, und er habe mit ihm nie persönliche Differenzen gehabt. Es befremde ihn, dass G., wenn er an seinen Äußerungen Anstoß genommen habe, ihn nicht kameradschaftlich darauf aufmerksam gemacht habe. Er habe das, was G. behaupte, nie gesagt und das Gefühl, G. wollte ihm einen Strick drehen, um ihn fortzubringen und einem ‚Schwarzen' eine aufs Dach zu geben. Es habe sich um ein harmloses Gespräch und keineswegs um eine politische Rede und Gegenrede gehandelt. Sie seien etwa zwei Stunden beisammen gewesen, und es ist nicht immer gesprochen worden. G. sei ihm als Illegaler bekannt gewesen, und er hätte schon aus diesem Grunde nicht so gesprochen, wie dieser behauptet. Im Übrigen bleibt der Beschuldigte bei seiner bisherigen Verantwortung und gibt über Befragen an, er könne sich nicht erinnern, dass er im Laufe des Gesprächs etwas Positives für die Partei und nationalsozialistische Bewegung gesagt habe, wohl aber habe er vom Führer gesagt, es sei ewig schade, der Führer meine es gut, aber er werde nicht immer verstanden."[1]

In der Hauptverhandlung geht es dann um den 10. April 1938 (er sei an keiner Wahlkommission beteiligt gewesen, sagt Hugo); Propaganda (er verstehe diese nicht); Narvik (die Zeitungen hätten die Wichtigkeit von Narvik falsch dargestellt); Dollfuß und Schuschnigg (davon sei nicht gesprochen worden); vom Krieg als Lumperei (nie gesagt); Anhaltelager (dort seien doch keine Verbrecher gewesen).

Rudolf G. erklärt, er könne sich an die Reihenfolge der einzelnen Punkte des Gesprächs nicht mehr erinnern, er wisse auch nicht mehr, wann er den Zettel mit den Anschuldigungen gegen Hugo geschrieben habe. G. darf sich vor Gericht ungestraft alles erlauben. „Er glaube nicht, dass er die Ausdrücke Paternos schärfer zu Papier gebracht habe, als sie wirklich gefallen seien, er habe sich wohl geärgert, dass Paterno so gesprochen habe, er sei aber auch durch das Gespräch mit seiner Frau nicht veranlasst worden, die aufgezeichneten Schlagworte in schärferer Form niederzuschreiben." Hugo weicht aus, pendelt die Fragen des Gerichts aus, nur keinen offenen Kampf beginnen. G.s Antworten sind einsilbig, ruppig. Patt im Spiel von Verdrehung und Verleugnung. Die Richter beraten sich. Der Vorsitzende verkündet den Rechtsspruch und erteilt die Rechtsmittelbelehrung, die reine Farce ist.

Das schriftliche Urteil, das in Hugos Kiste ist, trägt ebenfalls das Datum vom 25. September.[2] „Dienststrafkammer

Innsbruck DK 23/5–41: Im Namen des Deutschen Volkes! Die Dienststrafkammer Innsbruck hat [...] zu Recht erkannt: Hugo Paterno [...] ist schuldig eines Dienstvergehens nach Paragraf 3, 22 DBG und wird zur Dienststrafe der Gehaltskürzung durch Verminderung seiner Dienstbezüge um ein Zehntel auf zwei Jahre verurteilt. Der Beschuldigte hat [...] die Kosten des Verfahrens zu tragen." Hugo hat die Dienstpflicht verletzt, jederzeit rückhaltlos für den nationalsozialistischen Staat einzutreten.

Die Urteilsschrift ergeht sich in juristischer Scheinfechterei, im Wahren des Scheins: „Es entsteht nun die Frage, ob der Verantwortung des Beschuldigten mehr Glauben zu schenken ist oder den Angaben des Zeugen Rudolf G., da Aussage gegen Aussage steht und Zeugen des Gespräches nicht vorhanden sind. Wenn G. seine den Beschuldigten belastenden Angaben wider besseres Wissen vorgebracht hätte, so müsste hierfür ein Grund vorliegen. Er gibt an, dass er Paterno früher nicht näher kannte, dass er mit ihm außerdienstlich keinen engeren Verkehr hatte, von ihm aber gewusst habe, dass er ein ‚Schwarzer‘ sei. Auch habe er von Kameraden gehört, dass Paterno Äußerungen gemacht habe, die auf Meckertum schließen ließen. Zu einem rachsüchtigen Vorgehen gegen Paterno habe er keinen Anlass. Paterno selbst gab zu, dass er mit G. nie persönliche Differenzen gehabt und mit ihm in keinem näheren Verkehr gestanden sei, auch habe zwischen ihnen keine Feindschaft bestanden. Es befremde ihn aber, dass G., wenn er an seinen angeblichen Äußerungen Anstoß genommen habe, ihn nicht kameradschaftlich darauf aufmerksam gemacht habe. Er habe das Gefühl, dass ihm G. als ‚Schwarzen‘ etwas antun und von seiner Dienststelle fortbringen wolle."

Es folgt die Urteilsbegründung: „Wenn nun der Beschuldigte als gewissenhafter und kameradschaftlicher Beamter geschildert wird und auch in charakterlicher

Hinsicht über ihn nichts Nachteiliges bekannt wurde [...], so kann doch nicht außer Acht gelassen werden, dass seine konfessionell gebundene politische Einstellung, die wiederholt hervorgehoben und von ihm nicht bestritten wurde [...], eher für die Richtigkeit der Angaben des Zeugen G. spricht. [...] Es ist auch mehr als auffällig und entspricht gewiss der inneren Einstellung des Beschuldigten, dass er nach eigenen Angaben im Laufe des Gesprächs gar nichts Positives für die Partei und die nationalsozialistische Bewegung vorgebracht hat bis auf die angebliche Bemerkung, der Führer meine es gut, werde aber nicht immer verstanden. Was Paterno veranlasst hat, diesmal so aus sich herauszugehen, ist allerdings nicht feststellbar. Ob er an diesem Tage gerade in einer entsprechenden Stimmung war [...] und [diese ihn] zu den Äußerungen [veranlasste] oder ob er als Vorgesetzter des G. glaubte, sich keinen Zwang antun zu müssen, bleibe dahingestellt. Denn die Unkenntnis des Grundes, warum der Beschuldigte in dieser Weise gesprochen haben könnte, ist bei Kenntnis seiner konfessionellen und politischen Einstellung nicht geeignet, begründeten Zweifel in die Richtigkeit der Angaben G.s zu erregen. Für die Richtigkeit der Angaben des Rudolf G. sprechen die beeideten Aussagen seines Bruders Eduard und seiner Frau Milli G. Beide bestätigen übereinstimmend, dass er über die Äußerungen Paternos verärgert und erregt war, wozu kein Anlass bestanden hätte, wenn sie nur so gelautet hätten, wie der Beschuldigte behauptet. Insbesondere gab Eduard G. an, dass sein Bruder [...] erklärt habe, dieser Vorfall habe ihm keine Ruhe gelassen und er habe sich die Äußerungen auf einem Zettel aufgeschrieben und dass er (Eduard) ihm geraten habe, pflichtgemäß dem Ortsgruppenleiter davon Mitteilung zu machen, was dann auch geschehen ist. Aus den Aussagen beider Zeugen ergibt sich auch, dass eine feindselige Einstellung des

Rudolf G. gegen Paterno nicht in Frage kommt und dass er die Aufzeichnungen spätestens am zweiten Tage nach dem Vorfall gemacht hat. [...] Wenn nun die Angaben des Rudolf G. nicht immer wörtlich gleich lauten, so blieben sie doch dem Sinne nach sich gleich. Da die Aufzeichnung der Äußerungen nur in Schlagworten erfolgte, ist die nicht wörtliche Übereinstimmung bei seinen verschiedenen Vernehmungen erklärlich und ohne Bedenken. Auch die Benützung der Aufzeichnungen bei seiner Vernehmung erweckt keinen begründeten Verdacht. Denn dazu werden solche ja gemacht, um das Gedächtnis zu unterstützen und mit der Wahrheit nicht in Widerspruch zu kommen."

Man erinnere sich: Rudolf G. legte 289 Tage nach dem Gespräch bei der Oberfahrbrücke den Zettel mit seinen Notizen auf Verlangen zu den Akten. G. widersprach sich. G. gab an, wegen eines Hörfehlers das Gespräch mit Hugo teils unrichtig wiedergegeben zu haben. G. behauptete, Hugo in der kleinen Lustenauer Welt zuvor nie über den Weg gelaufen zu sein. G., der fanatische Nationalsozialist, sorgte in Absprache mit seinen Ortsgruppenkameraden dafür, dass Hugo verschwindet.

Die Urteilsbegründung fährt fort: „Richtig ist allerdings, dass nicht einwandfrei festgestellt ist, wann und wo Rudolf G. die Aufzeichnungen machte und dass Paterno am 28. April 1940 nicht von der Wiederaufgabe Narviks gesprochen haben kann, da diese erst einige Monate später erfolgte. Jedoch ist der genaue Zeitpunkt und Ort der Aufschreibung kein so wesentlicher Umstand, dass Rudolf G. darauf hätte großes Gewicht legen müssen und ihn nicht hätte vergessen können, zumal feststeht, dass sie einen oder zwei Tage nach dem Gespräch mit Paterno gemacht wurden. Der Widerspruch bezüglich Narvik ist nicht aufgeklärt."

Das Urteil schließt mit den Worten: „Bei der Strafbemessung wurden als erschwerend die große Zahl und die

Schwere der abfälligen Äußerungen und der Umstand berücksichtigt, dass der Beschuldigte auch über den Führer sich abfällig geäußert hat und dass die Äußerungen zur Kriegszeit erfolgten."

Am Tag von Hugos Hauptverhandlung ergeht auch ein offenbar vor Verschriftlichung des Urteils verfasstes Schreiben des Untersuchungsführers an den Oberfinanzpräsidenten Max H. in Innsbruck: „Die heutige Hauptverhandlung brachte wie zu erwarten auch keine 100-prozentige Klärung der Beweiswidersprüche aus den Vorerhebungen und der Untersuchung. Beide Vernommene (G. und Paterno) blieben im Wesentlichen bei ihren bisherigen Aussagen."[3] Der Untersuchungsführer habe demgemäß folgenden Entschluss gefasst: „Ich habe deshalb – [...] unter Bedachtnahme auf die mir erheblich erscheinenden Milderungsgründe a) Einmaligkeit der Kritikübung, b) wesentliche Weltkriegsverdienste, c) sehr gute dienstliche Beschreibung des Beschuldigten und d) Rücksichtnahme auf seine schuldlose fünfköpfige Familie für diesmal noch vom Antrag auf die Höchststrafe abgesehen und lediglich Gehaltskürzung nicht unempfindlicher Art beantragt. Die Dienststrafkammer hat nach eingehender Beratung dementsprechend auf Gehaltskürzung um ein Zehntel auf zwei Jahre erkannt." Sollte Hugo wider Erwarten gegen das Urteil berufen, behalte sich der Untersuchungsführer eine allfällig strengere Beurteilung in zweiter Instanz vor: „Ich würde die Berufung aber zurückziehen, wenn Paterno den Anmeldetermin ungenützt verstreichen lässt und damit zum Ausdruck bringt, dass er gewillt ist, das milde Urteil als ernste Mahnung für sein zukünftiges Verhalten hinzunehmen." Gestochen scharf ist Hugos Unterschrift auf dem Schreiben vom 29. September 1941, in dem er auf Anwendung sämtlicher ihm zustehender Rechtsmittel verzichtet.[4]

Unterm Hakenkreuz

Was macht Hugo in der Zeit nach der Gerichtsverhandlung 1941 und seiner Verhaftung zwei Jahre später, zwischen September 1941 und 17. September 1943? Diese Monate in Hugos Leben liegen weitgehend im Dunkeln. Die Dokumente sind spärlich. Viele Lücken und weiße Flecken. Auf einem von Hugos Fotos ist die mit Hakenkreuzfahnen über und über verhängte Innsbrucker Innenstadt zu sehen. „Herzog-Friedrich-Straße mit Goldenem Dachl" ist auf der Rückseite zu lesen. Hugo muss in diesem Fahnenwald seltsam deplatziert gewirkt haben, ratlos unter dem Hakenkreuz.[1]

Nach seiner Versetzung führt Hugo in Innsbruck ein rastloses Dasein, mindestens fünf Mal wechselt er seine Unterkunft. Unter dem Datum des 15. April 1940 taucht sein Name zum ersten Mal im Meldegrundbuch auf.[2] Er bezieht Quartier in der Kaiser-Jäger-Straße 2, um nur einen Monat später für 16 Tage in die Claudiastraße 16 zu übersiedeln. Am 1. Juni 1940 zieht Hugo von der Claudiastraße in die Anichstraße 19. Die Zimmervermieterin in der Anichstraße ist Emma L., deren Tochter Trude ich über 70 Jahre später im Innsbrucker Nothburgaheim zu Kaffee und Marillenkuchen treffen werde.

Nach einem halben Jahr in dem kleinen Zimmer in Emmas Wohnung steht Hugo der nächste Umzug bevor. Am 1. Dezember 1940: von der Anichstraße in eine Unterkunft in der Müllerstraße 20. Von Hugos Zimmer in der Müllerstraße sind es ein paar Minuten Fußweg bis zum Gauhaus der NSDAP, in dem am 25. September 1941 seine Hauptverhandlung stattfinden wird. Am 10. April 1943 zieht Hugo schließlich von der Müllerstraße in die Innstraße 107, in ein Kabinett jener Wohnung, in der auch Serafine H. lebt, sein letzter Zimmerwechsel in Freiheit.[3]

Abb. 24: „Stürme toben und brausen" – Hakenkreuzfahnen in der Innsbrucker Innenstadt (undatiert)

Serafine, die ihre Briefe mit „Fini" unterschreibt und deren Tochter Thea oft kränklich ist, hat er offenbar während einer Amtshandlung in ihrer Trafik kennengelernt, so wie Emma L., deren Bekanntschaft Hugo in ihrem Kiosk nahe der Innsbrucker Hungerburg gemacht hat.[4] Serafine, die neben Emma Hugos zweiter helfender Engel ist.

Verbindet man Hugos Tiroler Wohnorte auf Google Maps, legt sich ein großes, zittriges, nach rechts geneigtes V über den Innsbrucker Innenstadtbezirk, eine Spur der Unruhe. Serafine H. wird später sagen: „Hugo Paterno lebte sehr zurückgezogen. Er ist alle drei Wochen zu seiner Familie nach Lustenau heimgefahren und war sehr familiär eingestellt."[5] Sein Leben in Innsbruck bleibt eine Chronologie weniger gesicherter Ereignisse.

Am 27. Jänner 1942 reicht Hugo ein „Gesuch um Gewährung einer einmaligen Unterstützung" ein. Er führt sein monatliches Diensteinkommen von 306,13 Reichsmark an und begründet sein Ansuchen um finanzielle Unterstützung: „Meine Ehefrau ist seit Jahren kränklich. Für Aufrechterhaltung meines Haushalts und Betreuung meiner mir unmündigen Kinder bin ich genötigt, zeitweise eine fremde Person zur Stütze der Frau anzustellen. Außerdem habe ich für den Unterhalt meines 85 Jahre alten, kranken Schwiegervaters beizutragen. Die Höhe meiner, durch diese Umstände bedingten Ausgaben beläuft sich durchschnittlich auf 70 Reichsmark monatlich."[6] Hugos Ansuchen wird nicht stattgegeben.[7]

Mutmaßlich am Josefstag, dem 19. März 1942, sendet Hugo seinem Sohn Josef eine Postkarte. Auf der Vorderseite ein Heiligenbildchen, ein bärtiger Mann mit Kind, rechts ragt eine Lilie empor, auf der Rückseite ein paar Sätze in Hugos schöner Handschrift: „Mein lb. Josef! Zu Deinem schönen Namensfeste wünsche ich Dir Glück und Segen. Bleib nur immer ein braver Bub, damit Dein Namenspatron an Dir Freude habe und Dich an seiner Hand leite und führe. Es grüßt Dich Dein Papa!"[8] In wackeliger Schrift hat ein Kind – Josef? – mit Bleistift „Josef" in das Adressfeld gekritzelt. Die Feier des Namenstags war Hugo offenbar wichtig. Wie die Zeit von Weihnachten und die Geburtstage seiner Familie.

Einer gewissen Toni schickt Hugo Ende Mai 1942 einen Brief in Schreibmaschinenschrift: „Liebe Toni!", tippt er, „dass ich Dir schreibe, wird Dir ein besonderes Anliegen von mir verraten. Die örtlich und zeitlich gegebenen Umstände erschweren es mir, Dir lb. Toni, angesichts der schwierigen Lage, in der Du Dich befindest, mein Anliegen persönlich vorzubringen."[9] Toni, für mich ein weiterer Name ohne Person dahinter, muss krank sein; Hugo hat sie im Krankenhaus besucht, in seinem Brief spricht er ihr mit seinem Bild von der Welt Mut zu: „Schau Toni! Geld und Gut verlassen uns sofort nach dem Tode, die besten Angehörigen begleiten uns bis zum Grabe, dann aber kehren sie um, es gibt nur einen guten Freund, der uns hinüberbegleitet zum Richterstuhl Gottes, und das ist unser lieber Heiland." Es muss für Hugo ein Frühling sein, der schmerzlich heraussticht.

Am 15. August 1942 schreibt Hugo wieder seinem Freund Reinold.[10] Zwischen den beiden herrscht Vertrauen. Hugo, der in seinem Beamtenschriftverkehr oft als bedingungsloser Pragmatiker erscheint, berichtet dem Briefpartner von seinem Zuhause, von sich, seiner Familie, seinen Sorgen und Nöten. „Deinen lb. Brief hier u. daheim erhalten. Recht vielen Dank dafür. Es freut mich, dass Du immer voll des guten Mutes und festen Vertrauens bist, trotz der vielen schweren Prüfungen, die Dich täglich umwehen. Habe Deine Zeilen und Worte schon richtig verstanden. Ich bin so ziemlich im Bild, was dort vor sich geht. Die Stürme toben und brausen, das Schifflein wankt, die Jünger verzagen, doch der Herr schläft nicht. Jeder Tag ist voll von Beweisen seiner Vatergüte. Gott ist Vater, Gott ist gut, gut ist alles, was er tut."

Hugos unerschütterliche Gottesfürchtigkeit – während die USA im Krieg sind, am Berliner Wannsee bereits der Beleg des nationalsozialistischen Rassenwahns aufgesetzt wurde, im Kessel von Stalingrad bald Hunderttausende ihr Leben lassen werden. Hugos erstarrte Frömmigkeit. Sein Beharren auf der Dreieinigkeit im Angesicht von Verbrechen und Verfolgung. „Wir waren alle in Arbogast anwesend", schreibt er an Reinold: „Hr. P. Quardian von Dornbirn hielt eine sehr ernste, zeitgemäße Predigt über das morsche Europa." Pater Quardian? „Der Besuch war sehr gut, trotz des regnerischen Wetters. Im Übrigen sind von überall die Spuren und Folgen dieses Krieges bemerkbar. In den Reihen der Priester sind große Lücken, dementsprechend entfällt auch der Segen von oben. O, dass wir Menschen dies doch erkennen möchten, ehe der Zorn Gottes über uns kommt." Hugo sorgt sich um die Geistlichkeit in Zeiten des Kriegs, er fürchtet um das Heil. Er malt ein dunkles Bild. Es mag die groteske Auslegung einer Gegenwart von Verbrechen und Verfolgung sein, aber aus Sicht derer, die daran glauben, vermutlich folgerichtig. Bei Hugo kommt immer Gott zuerst, dann erst die Menschen. Hugo schreibt Reinold auch, dass einer ihrer gemeinsamen Bekannten des Landes verwiesen worden sei, weil er etwas Bestimmtes gelesen habe. Wer ist dieser Bekannte? Was las er? „In diesem Zusammenhang musste auch Paulus 1–2 Tage Bunker mitmachen. Die Verfolgung geht regelrecht vorwärts. Wie lange noch? So fragen die Menschen." Jener Paulus, über den Hugo bereits in seinem Brief an Reinold von Ende Juni 1941 schrieb? Ein anderer gemeinsamer, namentlich nicht genannter Freund, schreibt Hugo im August 1942 an Reinold, habe sich unerwartet an ihn,

Hugo, gewandt: „Er ist in Serbien und kann auch Vieles und auch Schreckliches erzählen. Überall die gleiche Leier. Lese auf allen Linien, warum naht kein Endsieg? Ja, wir sind alle bester Hoffnung, dass unser Endsieg doch bald nahen wird. Täglich mehren sich die Beweise dafür!" Hugos bitterer Spott. Er schreibt weiter an Reinold: „In unserem Betrieb geht der Leerlauf glänzend vor sich. Es geht mir soweit auch ganz gut. Trotz des steigenden Fettmangels sind die Leute zum Staunen gesund. Kommt aber etwas an sie heran, so schlummern sie schmerzlos hinüber. Wir haben ja wieder eine Million Gefangene dafür! Schade, dass die alle nur Hunger haben und nichts mitbringen." Die Katastrophe des Krieges will Hugo wegbeten: „Gerne will ich, der ich hier genug Gelegenheit habe, allen bedrängten Katholiken und besonders den Priestern und auch Deiner gedenken."

„Liebe Anita!"

Hugo ist ein fleißiger Briefeschreiber. Dafür sprechen seine Häftlingsbriefe, von denen etliche erhalten sind, dafür spricht der Brief an seine Tochter Anita, den er einen Monat nach der Nachricht an Reinold, in der Hugo von tobenden und brausenden Stürmen schrieb, von Innsbruck nach Lustenau sendet. „Liebe Anita!", schreibt Hugo am 16. September 1942 in dem Brief: „Wir wollen unsere Aufgaben in Gottesnamen beginnen."[1] Hugo ist ohne seinen Gott nicht denkbar. Auch dann nicht, wenn er seiner neunjährigen Tochter aus der Ferne Italienisch beizubringen versucht. Sitzt Hugo in seinem Zimmer in der Müllerstraße 20, als er Anita schreibt? Ist es Abend? Ist es ruhig vor seinem Fenster? Sieht er das Hakenkreuzflaggenrot, wenn er aus dem Fenster blickt?

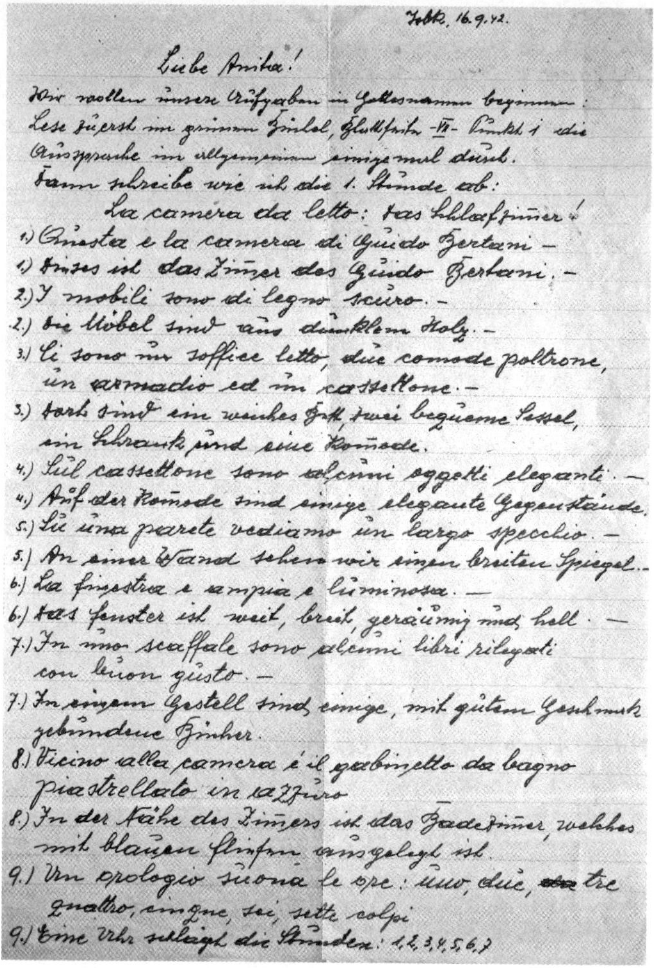

Abb. 25: „Es geht mir so, so" – Hugos Brief an Tochter Anita (September 1942)

„Lese zuerst im grünen Büchel [...] die Aussprache im Allgemeinen einige Mal durch. Dann schreibe wie ich die 1. Stunde ab: La camera da letto – das Schlafzimmer! 1.) Questa e la camera di Guido Bertani – Dieses ist das Zim-

mer des Guido Bertani. 2.) I mobili sono di legno scuro –
Die Möbel sind aus dunklem Holz. 3.) Li sono uno soffice
letto, due comode poltrone, un armadio e un cassetto-
ne. – Dort sind ein weiches Bett, zwei bequeme Sessel, ein
Schrank und eine Kommode." Das Schlafzimmer des Sig-
nor Bertani ist ein schöner Ort: auf der Kommode elegante
Gegenstände, an der Wand ein großer Spiegel, die Fenster
breit und hell, in einem Regal gebundene Bücher, ums Eck
des Zimmers das mit blauen Fliesen ausgekleidete Bade-
zimmer. Gabinetto da bagno piastrellato in azzurro. Eine
Uhr schlägt Herrn Bertani die Stunde: „Un orologio suona
le ore: uno, due, tre, quattro, cinque, sei, sette colpi." Guido
Bertani erwacht und steht auf. Guido si sveglia e si alza.

Es ist Krieg, und Hugo flaniert – an der Hand seine kleine Tochter – in Gedanken durch das Schlafzimmer von
Herrn Bertani, so unbeirrt, dass man sich fragt, ob Hugo
überhaupt bemerkt, was in diesen Tagen den Unterschied
zwischen Leben und Sterben ausmacht. Am Ende der Ita-
lienischstunde als Brief wiederholt Hugo Phrasen und Re-
densarten: Come sta? – Wie geht's? Molto bene, grazie. –
Sehr gut, danke. E Lei? – Und Ihnen? Hugo schreibt: „Es
geht mir so, so – Mi trovo così, così." Es geht wohl auch
Hugo in diesen Tagen soso. Er beendet den Brief mit einer
sanften Mahnung: „Liebe Anita! Jetzt versuche zur Übung
alles, was Italienisch ist, genau abzuschreiben. Lege den
Zettel einem Briefe der Mama bei. Nächste Woche eine
Stunde Stenografie! Mit Gott fang an, mit Gott hör' auf! Es
grüßt Dich, Dein Papa." Hugos ewiger Gott. Es mag Hugo
soso ergehen, seinen Herrgott stellt er nicht infrage.

Hugos Lernstunde mit Anita von Mitte September 1942
ist seine letzte Nachricht in Freiheit, die sich in den Aluminiumkisten findet. Bis zu seiner Verhaftung am 17. September 1943 sind keine weiteren Briefe erhalten, die er außerhalb der Gefängnismauern in seiner markanten, mir mit

der Zeit seltsam vertraut gewordenen Handschrift schreibt. Anfang 1943 stürzt Hugo im Haus in der Innstraße über eine Steinstiege.[2] Er verletzt sich am Hinterkopf und zieht sich eine leichte Gehirnerschütterung zu, die er mit kalten Umschlägen selbst behandelt. Arzt sucht er zunächst keinen auf. Er klagt über Kopfschmerzen und Gleichgewichtsstörungen, die er später untersuchen und behandeln lässt.

Fünf Tage im Frühherbst

Es kommt das Jahr 1943, das Hugos Leben in ein Vorher und ein Nachher reißt, zwei Welten, die nicht mehr zueinander finden werden. Es spuken Verlogenheit und Niedertracht, die ineinander verwoben sind. Hugo verfängt sich in den Labyrinthen einer Bürokratie, die ihm ans Leben will. Man zeigt kein Nachsehen mehr, er muss sich dem herrenmenschelnden Diktat beugen, bis ans Ende seiner Tage, geradewegs ins Unglück. Ich reime mir zusammen, wie er fest geglaubt haben muss, der Teufel wolle seine Seele. Vielleicht stimmt das sogar in seinem Fall, wenn man sich überlegt, wie er mit der Inbrunst eines Jüngers Jesu durch die Welt geht.

Hugo wird 1943 erneut denunziert. Dem Dickicht aus Hass und Hetze, Niedertracht und Menschenverachtung entkommt er dieses Mal nicht. Spätestens jetzt muss er gewusst haben, dass sich das Ungleichgewicht zwischen ihm und seinen Verleumdern nicht mehr austarieren wird. Über allem liegt die verzweifelte Schwere von Hugos baldigem Tod unter dem Fallbeil. Hugo, der Großvater ohne Kopf, über dessen Kopf die Todesdrohung schwebt.

Das Ende des Lebens. Und an dessen Anfang steht, wie schon im April 1940, ein Gespräch unter Feinden. Am 29. Juli 1943 verrichtet Hugo Außendienst im Tabakverschleißgeschäft der Eheleute R. im Tiroler S., heute eine gute Zugstunde in nördlicher Richtung vom Innsbrucker Hauptbahnhof entfernt. Es kommt zu einem Gespräch in der Küche von Rosa und Albin R., in dessen Verlauf Hugo Dinge sagt und Meinungen vertritt, die Frau R. offenbar zuwider sind. Hugo ruft wieder Empörung hervor. Er muss endgültig zum Verschwinden gebracht werden.

In einem Zeitraum von wenigen Tagen entlädt sich der Zorn. Selbst in ihrer Ungeduld sind Hugos Verderber kaltblütig. In den Einvernahmen, Verhören und Anklageschriften, die dem Gespräch in S. folgen, ist der ferne Widerhall dieser Wut spürbar. In der Küche in S. habe Hugo, den späteren Angaben R.s zufolge, gegen Hitler, Hitlers Reich und damit auch gegen sie, die Volksgenossin R., gesprochen. Über Umwege, in einer Verkettung von böser Nachrede und arglistiger Diskreditierung, erlangt die Gestapo Kenntnis von der Konversation, worauf Hugo im September 1943 verhaftet wird. Bis zur Vollstreckung der Todesstrafe am 7. Juli 1944 wird er in Haft bleiben, fast zehn Monate lang. Lange Zeit habe ich mich gefragt, wie der Großvater die Endlosigkeit dieser Monate wohl zugebracht hat. In einem seiner Häftlingsbriefe wird Hugo später schreiben, er habe die Erlaubnis erhalten, Holzschuhe zu machen. Darüber hinaus finden sich nur wenige Hinweise dafür, wie Hugos Tage in Haft waren. Er verschwindet durch die Gefängnistür, in den Halbschatten der Geschichte.

Die Heimtücke des Versuchs, Hugo zum Verschwinden zu bringen, der für den Großvater in der Todeszelle enden wird, beginnt bei der Datumsangabe. Die Denunziantin R. wird später in den Verhören behaupten, sich an den genauen Tag der Unterhaltung nicht mehr erinnern zu können. „Ende Juli oder im August 1943.“[1] Dies wird sie ständig wiederholen. Das tatsächliche Datum des Treffens zwischen Hugo und den Eheleuten R. – Donnerstag, 29. Juli 1943 – wird im Nachkriegsprozess gegen Rosa R.

im Juni 1947 anhand der Revisionsbücher der Tabakverschleißerin festgestellt werden.[2]

Noch sitzt Hugo in der Küche und redet. Hugo kennt
Albin und Rosa R. von früheren Dienstverrichtungen.
„Vorher war er schon öfters bei mir", sagt Rosa R. später:
„Die Kontrolle nahm er im Geschäft selber vor. Er zählte
nämlich die Rauchwaren und nahm Einsicht in die Ge-
schäftsbücher. Die Bücher hatte ich allerdings in der Küche aufbewahrt und so musste er auch dort hinkommen."[3]

Hugo sei bei seinen Kontrollgängen nie unfreundlich
gewesen, sagt R. später: „Obwohl Paterno öfters bei uns
war, sagte er nie etwas davon, dass er schon etwas auf dem
Kerbholz hatte, dass er schon einmal wegen einer ähnlichen Sache gemaßregelt wurde."[4] Rosa R.s bräsige Selbst-
gewissheit, die Arroganz, die aus diesen Worten spricht. Er
habe auch nie „über die Nazi geschimpft". Auch an jenem
Donnerstag Ende Juli 1943 kommen Hugo und die Eheleute nach der Überprüfung der Tabakwaren und Kontrollabschnitte ins Gespräch.

Der Angriff auf Hugo erfolgt aus dem Nichts. Mit Reinhold S. und Heinrich W. betreten zwei Innsbrucker Arbeitskollegen Hugos die Bühne, auf der es um das Leben
des Großvaters geht. Namen ohne dazugehörige Geschichte: Oberinspektor Reinhold S. wurde 1901 im kärntneri-
schen Völkermarkt geboren und verdingte sich nach dem
Krieg als Bürohilfskraft. Zollinspektor Heinrich W., Jahrgang 1894, mutmaßlich in Osttirol aufgewachsen, arbeitete 1946 als Hilfsarbeiter. Über den Innsbrucker Hauptzollamtsvorsteher Bartholomäus B., der bereits in Hugos
Dienststrafverfahren 1941 eine Rolle gespielt hatte, war nur
in Erfahrung zu bekommen, dass B. nach dem Krieg wieder
zurück nach Deutschland sei. Feige Verleumder, denke ich
mir beim Durchblättern der wenigen Aktenstücke, die sich
in die Unangreifbarkeit der Anonymität flüchteten.

Nach Aktenlage passiert nach der Unterhaltung in der Küche eineinhalb Monate lang nichts. Die Henkershelfer lassen sich Zeit. 44 Tage lang. Erst am 11. September 1943, einem Samstag, wird Paternos unmittelbarer Vorgesetzter Reinhold S., seit 1931 NSDAP-Mitglied, von einem Mitarbeiter der Behörde davon in Kenntnis gesetzt, dass Paterno bei einer gewissen Rosa R., wohnhaft in S., im Anschluss an die Dienstverrichtung staatsfeindliche Äußerungen getätigt habe. Am Montag, 13. September 1943, begibt sich Reinhold nach S., um mit Rosa R. eine Niederschrift in deren Haus aufzunehmen, die im Wortlaut erhalten ist.[5] Der Fall Paterno kommt ins Rollen.

Am Tag darauf, am 14. September 1943, setzt Hugos direkter Dienstherr Reinhold S. ein Schreiben auf:[6] „Betrifft: Staatsfeindliches Verhalten des Zollsekretärs Hugo Paterno", meldet S. dem Vorsteher des Innsbrucker Hauptzollamts; die Hierarchie der Verleumdungslust ist einzuhalten. „Am 11. September 1943 machte mir Zollinspektor Heinrich W. die Meldung, es sei ihm mitgeteilt worden, dass Zollsekretär Paterno in dem Tabakverschleißgeschäft der Rosa R. in S. anschließend an eine Dienstverrichtung staatsfeindliche Äußerungen gemacht habe. Die am 13. September 1943 von mir in S. durchgeführten Ermittlungen haben die Richtigkeit dieser Meldung ergeben. Eine mit der Tabakverschleißerin Rosa R. aufgenommene Niederschrift füge ich bei." Unter diesen Umständen, hetzt Reinhold S., sei Hugos weiterer Verbleib „im Aufsichtsdienst nicht tragbar".

Jagdrausch

Die Zeit drängt. Reinhold S. findet keine Minute, um die Niederschrift mit Rosa R. vom 13. September 1943 in die Schreibmaschine zu tippen. Drei Seiten in geschmeidiger, säuberlicher Handschrift umfasst die durchgeschriebene Aufzeichnung. Ein Beweisstück, das zu Hugos sicherer Verurteilung führen soll. Die im Jagdrausch abgefasste Farce einer Befragung, deren Ergebnis von vornherein feststeht, die ihr Vorhaben, Hugo zum Verschwinden zu bringen, nur dürftig verdeckt. Ich lese, wie sich Hugo immer mehr in dem Netz aus Menschenabscheu verheddert.

Rosa R. erklärt in ihrem Haus auf Befragen durch Reinhold S.: „Ende Juli oder im August 1943 (an den Tag kann ich mich nicht erinnern), kam Zollsekretär Paterno dienstlich in mein Tabakverschleißgeschäft. Nach Erledigung seiner Dienstgeschäfte kamen wir in einem Privatgespräch auch auf die derzeitige Lage zu sprechen. Dabei äußerte sich Paterno in abfälliger Weise über den nationalsozialistischen Staat. Ich kann mich auf den genauen Wortlaut seiner Äußerungen nicht erinnern, doch ich kann sinngemäß genaue Teile des von ihm Geäußerten wiedergeben, da er sich in ganz unmissverständlicher Weise ausdrückte"[1], notiert S. in regelrecht über das Blatt jagender Handschrift. Es gilt, die Dinge festzuzurren. Hugo zum Volksfeind zu stempeln.[2]

Hugo, lese ich R.s Worte nach, habe in der Küche gesagt: „So ein Staat wie dieser kann sich nicht halten. Wo früher 120 Beamte arbeiteten, sitzen jetzt 300. Früher hatten sie zu tun, aber jetzt sitzen sie herum." – „Es kommt bestimmt eine Revolution. Wann, weiß ich nicht, aber kommen tut sie. Das wird eine Säuberung geben! Aber nach dieser Säuberung wird Österreich erst erblühen." – „Es wird die größte Aufgabe sein, diese SS-Horden wieder richtig zu erziehen. Man braucht ja nur zu sehen, wie sie sich in Innsbruck aufführen, wie die Barbaren." – „Hitler wird man einmal dankbar sein, er wird der Retter Österreichs sein, denn Gott kann auch einmal einen schlechten Führer senden." – „Da schreiben sie immer von Katyn, sie sollen einmal ihre Massengräber öffnen. Heute wird ja alles so abgeurteilt, in den Konzentrationslagern sitzen Doktoren und Professoren, und wissen nicht, warum." – „Wie kann denn so ein Staat bestehen, der beim Aufbau gegen die Geistlichkeit und die Klöster vorgeht."

Hat Hugo tatsächlich über die Konzentrationslager gesprochen, in denen Unschuldige sitzen? Über Katyn, die Chiffre für den Massenmord 1940 an tausenden polnischen Offizieren im Westen Russlands durch Stalins Geheimpolizei?[3] Held Hugo.

Bei seinem Fortgehen habe Hugo noch geäußert: „Ich will nichts gesagt haben, ich habe überhaupt nichts gesprochen, denn ich möchte mich nicht kurz vor dem Zusammenbruch einsperren lassen." Reinhold S.' schneidende Schrift. Die Rage von Rosa R., Belastungszeugin und Richterin in Personalunion; Reinhold S. als Schriftführer und Scharfrichter, dazu Ehemann Albin als stiller Aufgehetzter, der beim Gespräch mit Hugo in der Küche ebenfalls dabei war. Rosa R. wird von Reinhold S. zitiert: „Wir beide sprachen Paterno nicht dagegen. Wir waren über seine Äußerungen sehr empört und nahmen an, dass er aus propagandistischen Gründen seine Äußerungen machte. Ich hatte auch vor, bei meiner nächsten Fahrt nach Innsbruck der Gestapo die Anzeige über diesen Vorfall zu machen. Ich halte dies nun nicht mehr für nötig, da die Angelegenheit vom Dienstvorgesetzten des Paterno aufgegriffen wurde." Die Empörung der selbstgerechten Hetzer, wie schon drei Jahre zuvor, als Hugo in Lustenau offene Feindschaft entgegenschlug.

Hugo, erinnert sich Rosa R. gegen Ende der Niederschrift, habe noch erklärt: „Es brauchen keine Kommunisten zu kommen, wir haben solche schon genug. Bedenken Sie nur die vielen ausländischen Arbeiter. Wenn die frei werden! Das wird eine Revolution." Sie könne, sagt R., nicht verstehen, dass ein vom nationalsozialistischen Staat besoldeter Beamter in einer Zeit, in der das Volk im schwersten Ringen um seine Existenz stehe, die Widerstandskraft desselben auf solche Weise zu schwächen versuche wie schon 1940, als Hugo die „Sicherheit des Reichs"[4] gefährdete. Woher weiß Rosa R. von Hugos damaliger Verurteilung? Hugos Geschichte ist auch die Geschichte einer Jagd der vielen auf einen Einzelnen.

In seinem Bericht vom 14. September 1943 an den Vorsteher des Innsbrucker Hauptzollamts, dem Reinhold S. die vorweggenommene dreiseitige Anklageschrift mit Rosa R. beifügt, schreibt Hugos Kollege: „Ich bitte Zollsekretär Paterno, der gegenwärtig bei der Stelle A4 des Hauptzollamtes Dienst leistet, vom Außendienst sofort zu entfernen und gegen ihn die Einleitung des förmlichen Dienststrafverfahrens durchzuführen."[5] Die Bitte ist, wie Jahre zuvor, vielen bald Befehl.

Noch am selben Tag drängt der Vorsteher des Hauptzollamtes, Bartholomäus B., den Oberfinanzpräsidenten Max H. in einer kurzen Mitteilung, Hugo seines Dienstes zu entheben und ein Strafverfahren einzuleiten: „Die Äußerungen des Paterno stellen eine außerordentlich schwere Verfehlung gegen die Pflichten jedes Volksgenossen, insbesondere aber gegen die Pflichten eines Beamten (§ 3 DBG) dar."[6] Es geht jetzt Schlag auf Schlag. Sowohl Bartholomäus B. wie auch Reinhold S. werden nach Kriegsende beteuern, alles Mögliche unternommen zu haben, um Rosa R.s Rufmord an Hugo zu vereiteln.

Der Oberfinanzpräsident reagiert umgehend. Zwei Tage später, am 16. September 1943, einem Donnerstag, verschickt er einen Erlass: „Hugo Paterno [...] wird beschuldigt, an einem nicht mehr feststellbaren Tage des Monats Juli oder August 1943 in der Tabaktrafik der Rosa R. in S. Nr. 8 staatsfeindliche Äußerungen getan zu haben, die geeignet sind, die Widerstandskraft des deutschen Volkes in seinem Existenzkampf zu schwächen."[7]

Die Verfügung trägt die Laufnummer 7a P2 – PI 4b. Ein einzelner Buchstabe gibt einen kleinen Einblick in den großen Kreislauf der NS-Justiz. 1941 führte das Gericht Hugos Verfahren unter der nahezu identen Nummer 7a P2 – PI 4d. Im September 1943 lautet die Ordnungszahl 7a P2 – PI 4b. Niedertracht mit geringstem Aufwand. An sieben Ämter und Behörden ergeht 1943 der Erlass 7a P2 – PI 4b, unter anderem an die Münchner Parteikanzlei, den Vorsteher des Innsbrucker Hauptzollamts und die Gestapo, Herrengasse 1, Innsbruck – mit besonderer Anordnung des Oberfinanzpräsidenten: „Noch heute durch Boten zu bestellen!"

7a P2 – PI 4b, die Weisung vom September 1943, besagt, dass gegen Hugo auf Grundlage des Paragrafen 22 Deutsches Beamtengesetz in Verbindung mit Paragraf 28 Reichsdienststrafordnung das förmliche Dienststrafverfahren eingeleitet wird. Hugo ist mit sofortiger Wirkung des Dienstes enthoben, und der dritte Teil seiner Bezüge wird einbehalten. Die Demütigungen nehmen kein Ende. Am Tag nach Verlautbarung von 7a P2 – PI 4b wird Hugo ein Schriftstück – die Kenntnisnahme der Einleitung des förmlichen Dienststrafverfahrens und seine Dienstfreistellung betreffend – ausgehändigt, das er bald retourniert. In Kinderschönschrift unterschreibt Hugo am 17. September 1943 die Empfangsbestätigung: „Paterno Hugo".[8] An diesem Tag, einem Freitag, wird Hugo verhaftet. Quittiert er die Bestätigung vormittags? Wird er am Nachmittag eingesperrt? Legt man ihm das Dokument zum Unterschreiben bereits in Haft vor? Schlag auf Schlag.

Offenbar im Auftrag der Gestapo erstellt am 22. September 1943 Romed K., ein Hauptwachtmann des Gendarmeriepostens in S., Vernehmungsniederschriften mit Rosa und Albin R. „Ende Juli oder Anfangs August 1943, genau kann ich mich auf das Datum nicht mehr erinnern, kam ein Finanzbeamter aus Innsbruck in mein Geschäft und nahm hinsichtlich meiner Tabakwaren eine Kontrolle vor. In der Küche meiner Wohnung nahm er in den Büchern Einsicht. Nach Beendigung der Kontrolle kam er in meiner Küche in ein Gespräch, dessen Inhalt mir aber infolge der langen Zeit nicht mehr genau erinnerlich ist"[9], wird Rosa R. in der Niederschrift zitiert, die den Stempel JS 469/43 trägt. Rosa R. vergisst schnell. Noch wenige Tage zuvor, am 11. September, hat sie ihr Gedächtnis nicht im Stich gelassen.

Das Vorgehen ist aus dem Jahr 1940 vertraut: Hugo schlittert in die Falle der Denunziation, diesmal ausgelegt von Rosa R., die Romed K. in der Nachkriegszeit als „überzeugte ortsbekannte Nationalsozialistin"[10] beschreiben wird, als Scharfmacherin, die „auf diesem Gebiete auch rachsüchtig"[11] gewesen sei. In der Vernehmungsschrift mit dem Gendarmen legt Rosa R. Hugo wie bereits zuvor in der Befragung durch Reinhold S. Sätze in verleumderischer Absicht in den Mund, die R.s Ehemann Albin, Revierjäger von Beruf, vor dem Hauptwachtmann in nahezu identischem Wortlaut bestätigt.[12]

Gendarm Romed K. leitet die Berichte – wie Oberfinanzpräsident Max H. mutmaßlich bereits zuvor – an die Gestapo weiter.[13] Hugos vorgezogenes Todesurteil: „Hierzu wird angezeigt", lese ich in einem Nachkriegsdossier, „dass der vernehmende Beamte, Revierinspektor Romed K. des hiesigen Gendarmeriepostens, die R. bei ihrer Vernehmung auf die schwerwiegenden Folgen ihrer Angaben für Paterno hinwies, die R. jedoch antwortete, dass sei ihr gleich, wenn Paterno auch um den Kopf komme oder so ähnlich."[14] Der Großvater ohne Kopf. Ich erinnere mich, wie mein Vater und sein Bruder wieder und wieder ankündigten, Rosa R. irgendwann aufzusuchen. Sie an das Dunkel, das durch die Ermordung des Großvaters über uns zusammengeschlagen war, zu erinnern, sie regelrecht zu stellen. Dazu kam es nie. Der Name Rosa war mir bereits als Kind geläufig. Rosa und Hugo. Die rollenden Rs im Namen der Denunziantin, das gehauchte H des Großvaternamens. Viel mehr war da nicht. Meine verschwiegene Familie mit ihrem Hang zur Selbstamnesie.

Hugo bekommt im Herbst 1943 mit, dass man ihm Übles, ihn wieder weghaben will. Er muss gewusst haben, dass es diesmal um sein Leben geht. Er versucht das Aussichtslose. Die Seinen, von maßloser Angst ergriffen, tun das Menschenmögliche. „[Er] kam nach Hause und erzählte mir, dass ihn der Zollbeamte Johann T. darauf aufmerksam gemacht hat, dass eine Anzeige gegen ihn vorliege", erinnert sich Hugos Zimmerwirtin Serafine H. später an jene Tage. Oberzollsekretär Johann T., einer der vielen Dienstherren des Großvaters, verschwindet bald aus Hugos Geschichte; T. findet vermutlich Ende 1943 während einer Bombardierung von Innsbruck den Tod.[15] Serafine H. sagt später: „Am nächsten Tage sagte er, dass jene Anzeige auf S. [das Dorf, in dem das Ehepaar R. lebt] zurückzuführen sei und dass Johann T. ihm nahe legte, dass er zur Frau R. hinausfahren und die Sache privatim beilege."[16]

Hugo fährt nochmals nach S., um Rosa R. zu bitten, die Anzeige fallen zu lassen. Er spricht mit ihr spätabends und übernachtet am Bahnhof. Mit dem Frühzug kehrt er nach Innsbruck zurück.[17] „Rosa R. habe aber erwidert, dass sie von der Anzeige nicht mehr abstehen könne, weil bereits ein Finanzbeamter bei ihr draußen war, der ein Protokoll mit ihr aufgenommen hat", sagt Serafine später: „Er erzählte mir dann noch, dass er keine Hoffnung mehr habe, die Sache könne noch eingerenkt werden."[18]

Auch Serafine fährt nach S. zu Rosa R. Sie erzählt Hugos Denunziantin von Anita, Josef, Imelda und Quido. „Diese fuhr mich zornig an und meinte, dass er sich das hätte früher überlegen sollen, dass er Kinder habe"[19], soll R. gesagt haben: „Das hätte er früher wissen müssen, bevor er solche Äußerungen macht. [...] Die Rosa R. hat mich mit diesen Worten vor ihrem Geschäft abgefertigt und ich bin wieder unverrichteter Dinge nach Innsbruck gefahren."[20]

Hugos Frau Maria schreibt nach der Verhaftung des Großvaters Rosa R. einen Brief. „In ihrer Antwort schrieb sie mir, dass mein Mann selbst die Schuld trage, er hätte als Beamter wissen müssen, was er sagen darf", lese ich Marias Aussage auf einem Blatt aus den Kisten mit Hugos Hinterlassenschaft nach: „Auch schrieb sie in ihrer Antwort, wie ich dazu käme, ihr zu schreiben, sie habe die Anzeige nicht gemacht. Als Zeugin müsse sie freilich die Wahrheit sagen, daran ließe sich nichts ändern."[21] Einen zweiten Brief Marias lässt R. unbeantwortet.[22] Fast sieben Jahrzehnte später werde ich von R.s Sohn Adolf am Telefon abgefertigt werden. Aus und vorbei.

Gewaltstreich

Hugo ist 1943 neben Rosa R. unversehens mit einem erweiterten Täterkreis konfrontiert. Um zu verstehen, wie der Großvater unrettbar in die Fänge des nationalsozialistischen Unrechtsstaats gerät, muss man sich vor Augen führen, wie ab diesem Zeitpunkt neben Rosa R. all die anderen Verleumder aus der Kulisse treten. Hugo muss sich gefühlt haben, als sei er auf eine Bühne der Grausamkeit gestoßen worden, umgeben von Unmenschen, die ihre scharf akzentuierten Verdammungsurteile über ihn sprechen. Wie viele Momente tiefen Verlorenseins, bodenloser Verlassenheit hat Hugo verspürt? Wie ertrug er die Gehässigkeit? Dieses Theater zum Fürchten?

Täuschungsmanöver und Verwirrstrategien, wechselseitiges Anschwärzen und das Verschleiern von Zusammenhängen prägen das Phänomen der Denunziation. Die staatlich sanktionierte Verleumdung tarnt sich, indem sie eine Flut von Vernehmungen, Vermerken und Urteilsbegründungen produziert.

Der schleichende Vorgang der Verhetzung gegen Hugo lässt sich mit den Akten aus den Aluminiumkisten rekonstruieren. Offen bleibt, ob Hugos Denunzianten einen Popanz aufbauen, um von ihrem Mittun abzulenken, um ihr Verbrechen kleinzureden. Ob sie falsche Fährten legen. Ob sie über ihre Verstrickungen lügen. Sich Kapuzen über die Köpfe stülpen, um ihre wahren Gesichter zu verbergen. Glaubt man den Verleumdern des Großvaters, stolpert jeder von ihnen absichtslos und ohne eigenes Zutun in Hugos Fall. Von dem Gespräch in der Küche in S. gehen gleichsam ungezählte Linien aus, die ein verworrenes, dichtes Gespinst bilden, in dem sich alle Beteiligten an Hugos Beseitigung zu verbergen versuchen.[1]

Mindestens sieben Personen mischen bei Hugos Denunziation im Jahr 1943 mit, so oder so, Hintermänner und Komplizinnen eines Komplotts: Tabakverschleißerin Rosa R. und ihr Ehemann Albin; Rosa R.s Schwester Marianne S., geboren 1908 in der Nähe von Imst und Kellnerin auf der Hallerangeralm auf rund 1800 Meter Seehöhe, einem Nebenschauplatz in Hugos Geschichte inmitten des Karwendels; Zollinspektor Heinrich W., Oberinspektor Reinhold S., Hauptzollamtsvorsteher Bartholomäus B., Oberfinanzpräsident Max H., Hugos Arbeitskollegen und Vorgesetzte. Hugo ist der Letzte in der Befehlskette.[2]

Zollinspektor Heinrich W. ist illegaler, verdienter Kämpfer der NSDAP, vorgeschlagen für die Medaille zur Erinnerung an den 13. März 1938 für Verdienste um den „Anschluss" Österreichs an das Deutsche Reich. Oberinspektor Reinhold S. ist seit 1931 Parteimitglied, Oberfinanzpräsident Max H. seit 1931 verdienter Kämpfer für die Partei und gleichfalls vorgeschlagen für die Erinnerungsmedaille. Rosa R. tritt der NSDAP in der Verbotszeit im Mai 1937 bei und bewirbt sich nach dem 13. März 1938, dem Tag des „Anschlusses", neuerlich um Aufnahme in die Partei. Albin R. gehört seit dem 17. Mai 1938 der NSDAP als Mitglied an und bekleidet die Funktion eines Zellenleiters der NSDAP-Ortsgruppe S.[3]

Sieben Personen, die nach dem Krieg jede Schuld von sich weisen, die in Nachkriegsprozessen vor ihren Vernehmungsrichtern erklären werden, sie hätten nichts unversucht gelassen, Hugos Leben zu retten. In Wahrheit bringen sie Hugo in einem Gewaltstreich zum Verschwinden.

Die Geschichte, wie Hugo 1943 in einer Stafette kalter Feindseligkeit denunziert wird, kommt früh in die Welt. Verantwortlich dafür ist Anton O., ein geschwätziger Oberzollinspektor im Oberfinanzpräsidium, der in Hugos Geschichte eine kleine Aufgabe übernimmt. O. ist einer der wenigen Mittäter in Hugos Fall, von dem sich mehr als nur ein Name erhalten hat. Anton O. wurde 1893 in Innsbruck, sein Sohn Erich 1929 geboren; Anton O. trat 1931 der NSDAP bei, Mitgliedsnummer 610464; ab 1. Juni 1938 war er förderndes Mitglied der SS, von 1938 bis Oktober 1940 Vertreter der Gaustellenleiter. Auf einem Foto von 1938 trägt er Anzug und Hitlerbärtchen.[4]

Anton O. erläutert am 7. Dezember 1945 in einem so erschöpfenden wie redseligen Schreiben die Vorgänge, deretwegen Hugo verhaftet und am Ende hingerichtet wurde. Was davon wahr und was beschönigende Erfindung oder schlicht erlogen ist, lässt sich Jahrzehnte später nicht mehr restlos klären. Jedenfalls lässt sich das, was in jener Zeit vor sich geht, als abgefeimter denunziatorischer Akt bezeichnen. Anton O. schreibt: „Hauptanklägerin war Frau R., damals Inhaberin einer Trafik in S. Im Herbst 1943 machte der Zollinspektor Heinrich W. einen Dienstgang auf die Hallerangeralm im Bettelwurfgebiet. Dort machte W. Einkehr und kam ins Gespräch mit der Geschäftsführerin bzw. mit der Kellnerin. Die Kellnerin war eine Verwandte zur Frau R., der Hauptanklägerin. Im Zuge des Gesprächs kamen sie auf Paterno zu sprechen, wobei dann W. erwähnte, er sei ein Vorgesetzter von ihm. Sodann erzählte die Kellnerin, wie sich Paterno gegenüber der Hauptanklägerin politisch geäußert hätte, und führte auch an, dass Frau R. sich diese politisch gemachten Äußerungen als Nationalsozialistin nicht gefallen lassen könne und dass sie in den nächsten Tagen bei der Gestapo in Innsbruck vorstellig werden wird, um gegen Paterno die Anzeige zu erstatten."[5]

Mit befremdlicher Pedanterie schildert O. die Vorgänge, zitiert die knappen Dialoge, durchmisst die Bühne, auf die Hugo als Opfer gezerrt wurde, in einem arglistigen Dreischritt: O. schreibt als Erstes, niemand außer Rosa R. trage Schuld an Hugos Tod, bietet als Zweites den Zufall – Heinrich W. auf Dienstgang, der nichtsahnend auf Hugos Geschichte stößt – als Erklärung an und betont drittens die Unabwendbarkeit von Hugos Unglück. Der Kampf der Empörten gegen den Einzelnen geht für die Empörten aus.

Bei Anton O. bekommt die Geschichte von Hugos Denunziation einen hinterfotzigen Zug. Heinrich W., schreibt O., habe anschließend seinem Vorgesetzten, Oberinspektor Reinhold S., von dem Vorfall auf der Hallerangeralm erzählt, worauf wiederum S. seinem unmittelbaren Chef,

Hauptzollamtsvorsteher Bartholomäus B., Bericht erstattet habe. Die Befehlskette läuft von unten nach oben, wobei die beteiligten Arbeitskollegen Hugos, beteuert O., den Großvater hätten retten wollen. „Reinhold S. hatte [...] gegen Paterno eine gute Einstellung. [...] Auch B. war ein sehr humaner Mensch." Man kann sich über O.s Diktion nur wundern. Hugos vermeintliche Fürsprecher verfolgen einen Plan, der wie ein Akt der Fürsorge klingt, aber böse Absichten durchschimmern lässt: „B. beauftragte Reinhold S. zur Frau R. zu fahren und täuschte eine dienstliche Angelegenheit vor, damit S. der Frau R. auf den Zahn fühlen könne, wie ihre Einstellung gegen Paterno sei und ob sie eventuell die Absicht der Anzeige gegen die Gestapo aufrechterhalten wolle." Es ist die bewusste Vorspiegelung falscher Tatsachen, Sinnbild der Menschenverachtung. „Reinhold S. hatte mit seinem Auftrag keinen Erfolg, weil er im Zuge des Gesprächs sah, dass die Frau R. eine verbissene Nationalsozialistin war und auf die Anzeige bestand. S. war somit verpflichtet, ein Protokoll aufzunehmen, datiert mit 15. September 1943 [recte 13. September], unterschrieben von der Hauptanklägerin Rosa R." Hugos Behörde, schließt Anton O. seinen Bericht, sei am Ende verpflichtet gewesen, die Anzeige zu melden. „Wer die Weitergabe an die Gestapo unterschrieben hat, ist mir nicht bekannt."[6]

Hugos Kollegen und Vorgesetzte, angefangen von Heinrich W. über Reinhold S. bis zu Bartholomäus B. und Oberfinanzpräsident Max H., wären allein darauf aus gewesen, den Großvater zu schützen, schreibt Anton O. in seinem Lügenmärchen.

Hugo Paterno sei „verschuftet"[7] worden, ist in einer Vernehmungsniederschrift von 1947 zu lesen. Verschuften und Verschwindenlassen: das Programm der Nazis in zwei Worten. In den Nachkriegsprotokollen erzählen die Denunzianten ihre Version eines Verbrechens, indem sie sich selbst von jeder Verstrickung freisprechen, sich wiederholt gegenseitig widersprechen. Um zu verstehen, wie Denunziation in das Leben von Menschen hineinwirkt, ist es notwendig, die einzelnen Verleumder ausgiebig zu Wort kommen zu lassen. Es entspinnt sich dabei ein Schauspiel der Grausamkeit. Ein Tableau der Qual. Hugo als Totlast.

Die Tabakverschleißerin Rosa R.: „Ich war über seine Äußerungen sehr empört und nehme an, dass er aus propagandistischen Gründen seine Äußerungen machte."[8]

Ihr Ehemann Albin: „Paterno begann gleich nach der Begrüßung von den schlechten Zeiten und über die politischen Verhältnisse abfällig zu sprechen. [...] Wir waren nur stille Zuhörer."[9]

Rosa R.: „Ich war dem Paterno nie feindlich gesinnt gewesen und hatte daher auch keinerlei Ursache, mich an ihm irgendwie zu ,rächen'."[10] Rosa R. gibt vor, Angst zu haben. Sie sagt, Hugo könnte ihr als Beamter Schaden zufügen, wenn sie sich gegen ihn äußerte. R. will uns glauben machen, Hugo habe nach der „Dienstvorschrift für Vollstrecker" gehandelt. Nach Quellenlage ist dies definitiv falsch. Nach allem, was ich von Hugo weiß, ebenfalls.[11]

Nicht allein die Täter kommen nach 1945 zu Wort. Das Gericht hört auch Hugos Zimmerwirtin. Serafine H. erinnert sich, dass ihr Hugo nach dem Kontrollgang in S. gesagt habe, dass R. „stark nationalsozialistisch eingestellt"[12] sei: „Er meinte schließlich, dass er damals schon das Gefühl gehabt habe, mit R. zu viel geredet zu haben."[13]

Serafine H. ist eine der wenigen Zeuginnen, die nicht Selbstüberhebung durch die Herabwürdigung anderer betreibt. In den Nachkriegsprotokollen ist allenthalben die elende Wichtigtuerei von Leuten aufzuspüren, die Hugo zum zufälligen Bauernopfer degradieren. Rosa R. versichert, Hugo bei der Gestapo nicht angezeigt zu haben, ihre Schwester Marianne beteuert, willkürlich

Zeugin der Vorfälle auf der Hallerangeralm gewesen und daher unschuldig zu sein, und R.s Ehemann Albin erklärt, niemandem von der „Angelegenheit Paterno Mitteilung gemacht" zu haben: „Ich hatte kein Interesse, Paterno zu schädigen, da er mir völlig fremd war."[14] Ich lese die Nachkriegsausreden der Beteiligten, ihre Rekonstruktion der Ereignisse. Wie leicht ist es ihnen allen gefallen, diese Sätze zu sagen?

Hugos Kollege, Zollinspektor Heinrich W., will im Hallerangergasthaus, in dem Marianne S. kellnert, ebenfalls unerwartet von den Vorgängen in der Küche des Tabakverschleißgeschäfts der Rosa R. erfahren haben. Heinrich W.s böser Wink steht am Beginn von Hugos Denunziation im Jahr 1943. Nach dem Krieg gibt W. eine wirre, eine verwirrende Schilderung der Geschehnisse. Er widerspricht sich, er erzählt von den Jahren als Nationalsozialist wie jemand, der sich noch immer in Sicherheit wiegt. Er sei, sagt W., im August oder September 1943 das erste Mal zu einer Überprüfung auf die Hallerangeralm geschickt worden. Nach Beendigung der Dienstpflicht folgte der gemütliche Teil des Tages: „Ich setzte mich an einen Tisch. An dem Tisch waren vier Leute: Ein reichsdeutsches Fräulein saß neben mir, uns gegenüber ein Herr und eine Dame, diese beiden sprachen Wiener Dialekt."[15] Das Gespräch der Ausflügler am Tisch drehte sich bald um die Beobachtung, dass man nicht mehr mit „Heil Hitler!" grüße. Von Marianna S. will W. schließlich von Hugos Äußerungen in der Küche ihrer Schwester erfahren haben; W. kommt Hugo schnell auf die Spur: „Im Ganzen gab es nur drei solche Kontrollore, davon sprach nur der Paterno einen Vorarlberger Dialekt."[16] Der Großvater verliert langsam die Deutungshoheit über sein eigenes Leben. Der Punkt absoluter Ausweglosigkeit rückt näher, während seine Häscher stoisch über Formulierungen streiten.

Marianne S.: „Ich habe nur erzählt, dass nach den Worten des Finanzers im Geschäfte meiner Schwester wir fünf Minuten vor dem Zusammenbruch stehen.“[17]

Heinrich W.: „Ich habe mir sofort gedacht, dass diese Äußerungen nur Paterno gemacht haben könnte, denn es waren nur drei Beamte in diesem Abschnitt tätig und von diesen Beamten war nur Paterno als ausgesprochener Gegner bekannt.“[18]

Erinnerlich sei Marianne S. zudem, dass Hugos Name mit Sicherheit gefallen sei. W. habe ihr gegenüber erwähnt, Hugo sei bereits zweimal vorbestraft und „hierauf begnadigt“[19] worden: „Er meinte auch, dass er und die anderen dieselben seien, die uns immer das Grab schaufeln, er wisse ganz genau, was er in der Verbotszeit mitgemacht hat.“[20] Über Hugo schwirren nach 1945 Gerüchte und Mutmaßungen herum. Hugo wurde nicht zweimal vorbestraft – und schon gar nicht begnadigt. Für Heinrich W. ist Hugos Fall ein schwarzes Loch in der Erinnerung. Er habe, bekennt W. im Jahr 1947, den Ausspruch vom „Grab graben“ nicht getan, er habe der Kellnerin den Namen Paterno nicht genannt. Das Ganze ist ein steter Strom von Lügen und Halbwahrheiten. W. gibt in seiner Nachkriegsaussage an: „Nächsten Tages ließ ich dann Paterno zu mir rufen und sagte ihm, dass er den Schnabel wahrscheinlich wieder zu weit offen gehabt habe, ich riet ihm sofort nach S. zu fahren, um diese Angelegenheit zu bereinigen, er werde schon wissen, wo.“[21]

Heinrich W. steht Hugo bei? Auf Nachfrage erklärt er 1947, er habe mit Hugo nicht selber gesprochen, da „Paterno am selben Tag nicht anwesend war“[22], als er die Causa Reinhold S. berichtete. „Ich machte eine mündliche Meldung, dass gegen den Paterno scheinbar bei der Gestapo eine Anzeige wegen hochverräterischen Äußerungen gemacht wird, er soll ihn versetzen von der Zollaufsichtsstelle Nord auf die Zollaufsichtsstelle Süd. [...] Ich war [...] verwundert, dass ich nach dieser Meldung an Reinhold S. nichts mehr weiter gehört habe."[23] Um zu vermeiden, dass Paterno etwas geschehe, habe sich W. selbst zu Bezirkszollkommissar Reinhold S. begeben: „Ich habe ihn auch ersucht, Paterno zu versetzen, damit die Sache in Vergessenheit gerate."[24]

Reinhold S. tritt auf den Plan. Jener Vorgesetzte von Heinrich W. und Hugo, der nach 1945 aussagen wird, er habe nach Meldung durch W. ein Protokoll mit Rosa R. angefertigt, um Hugo zu schützen. Reinhold S. sagt: „Über die Sache wurde im Canisianum wohl viel gesprochen, aber wir waren entschlossen, diese Gespräche nicht weiter zu verbreiten."[25] Das sogenannte Canisianum, ein Haus im Besitz des Jesuitenordens, wurde Ende November 1938 dem Innsbrucker Oberfinanzpräsidium zugewiesen.

Reinhold S. erstattet seinem unmittelbaren Vorgesetzten, Hauptzollamtsvorsteher Bartholomäus B., nach Heinrich W.s Meldung unverzüglich Bericht. Reinhold S.: „Ich habe zuerst mit [Bartholomäus] B. darüber gesprochen, ob es nicht möglich sei, die Sache auf diese Weise ins Reine zu bringen, dass man Paterno nach einer anderen Stelle versetze, sodass Gras über die Sache wachsen werde. [...] B. hat mir darauf den Auftrag gegeben, mich zu Rosa R. zu begeben und dort formell eine Kontrolle der Trafik vorzunehmen."[26]

Max H.s Stunde kommt. Der Oberfinanzpräsident verkörpert die höchste Instanz der Innsbrucker Zollbehörde, sein Wort zählt. Es war H., der Hugo 1940 von Lustenau nach Innsbruck strafversetzte; 1943 bietet sich H. die Gelegenheit, den Großvater endgültig verschwinden zu lassen. Max H.: „[Bartholomäus] B. hat lediglich mündlich, ohne welche Unterlagen mir mitgeteilt, dass neuerlich defätistische Äußerungen des Paterno gegenüber dem Trafikantenehepaar R. geradezu das Ortsgespräch an seinem Dienstorte bilden."[27] Man erinnere sich – noch am selben Tag, am 14. September 1943, an dem Bartholomäus B. über nämliche Umwege von Hugos Rede in der Küche der Trafikantin erfahren hatte, richtete er eine schriftliche Notiz an den Oberfinanzpräsidenten: „Die Äußerungen des Paterno stellen eine außerordentlich schwere Verfehlung gegen die Pflichten jedes Volksgenossen, insbesondere aber gegen die Pflichten eines Beamten (§ 3 DBG) dar."[28]

Das Unrecht nimmt seinen Lauf. Die Beteiligten schieben sich später gegenseitig die Schuld daran zu. Sie machen aus der Tatgeschichte ein dunkles Rätsel, das sich jeder einfachen Beschreibung entzieht, einen Dialog auf Stelzen.

Rosa R.: „Als Reinhold S. zu uns kam, war ich anfangs der Meinung, er käme von der Gestapo."[29]

Reinhold S.: „Der R. habe ich meinen Ausweis vom Hauptzollamt vorgezeigt und habe mich der R. sofort zu erkennen gegeben."[30]

Rosa R.: „Ich hätte über die Äußerungen des Paterno geschwiegen, wenn ich nicht vom Finanzbeamten Reinhold S. aufgefordert worden wäre, die staatsfeindlichen Äußerungen des Paterno ihm zu Protokoll zu geben."[31]

Reinhold S.: „Ich hatte schon damals den Eindruck, dass die Anzeigerin [Rosa R.] Paterno mit dieser Anzeige etwas auswischen wolle."[32]

Nachspiel.

Purer Zynismus ist, wenn sich Denunzianten, die den roten Faden eines Lebenslaufs durchschnitten haben, nach ihrer Tat unschuldig bekennen. Das ist die eine Dimension von Hugos Geschichte, die gehässige. Die andere betrifft die Verleumder selbst, die Antworten parat haben, die am Ende nur das Rauschen liefern, mit denen man das Schweigen über die Gewalttat und die infam vorgetäuschte Ahnungslosigkeit überdecken kann.

Rosa R.: „Ich fühle mich völlig unschuldig und habe vor allem Paterno nicht denunziert und auch sonst nichts Strafbares gegen ihn unternommen."[33]

Heinrich W.: „Ich fühle auf jeden Fall nicht mich an dem Schicksal Paternos mitschuldig."[34]

Reinhold S.: „[Paterno] hat mir charakterlich zugesagt wegen seines ruhigen Wesens. Auch seine Kameraden haben ihn gern gehabt."[35]

Ende dieses Theaters der Grausamkeit.

Die Verhaftung

Die Gestapo erfasst den Wildwuchs des Unrechts, das Hugo erleiden muss, auf einer Karteikarte.[1] Darauf sind Hugos Personalien vermerkt: Zollbeamter, geboren am 19. Dezember 1896 in Bludenz, wohnhaft Innstraße 107, Innsbruck, Deutsches Reich. Mit handschriftlichen Vermerken ist die tabellarische Liste ergänzt. „Aufnahme", „Zahl", „Jahr, Tag", „Stunde", „Haftgrund", „Eingebracht von", „Endverfügung", „Schub". Hugo, Zahl 2330, wird am 17. September 1943 um 19 Uhr arretiert; Haftgrund Gestapo, eingebracht von Sebastian M., Kriminalsekretär. Gut zwei Wochen später, am 30. September, 16.30 Uhr, wird Hugo, Gefangenenbuchnummer 839/43, Unterbringung 49, keine Vorstrafen, in das Polizeigefängnis Innsbruck überstellt.[2]

Ich erinnere mich, auf einem Zettel aus den Aluminiumkisten gelesen zu haben, Hugo sei an seinem Arbeitsplatz verhaftet worden. Ich stelle mir Hugo in seiner graugrünen Uniform an einem Schreibtisch vor, in seiner Bürokammer in ein Schriftstück vertieft. Das jähe Rumoren und Schritte im Vorzimmer. Das Auftreten der Häscher. Wie er gerügt wird, sich zu beeilen. Wie er ruppig hinausbegleitet wird. Diesen Beleg seiner Gefangennahme muss ich verlegt haben. Wochenlang tat ich nichts anderes, als hunderte Seiten zu lesen, um die betreffende Passage nochmals zu finden. Ich biss mich fest, las Dokument um Dokument, um vielleicht doch noch einen Splitter an Wissen aufzuspüren. Ohne Erfolg. Hugo, ein Geist aus der Zeit des spurlosen Verschwindens.

Hugos Zimmerwirtin Emma kümmert sich im September 1943 um einen Anwalt. Der Bruder eines ihrer ehemaligen Pensionsgäste ist Fachanwalt für Steuerrecht mit adeligem Namen – Dr. Paul an der L. v. H., der am Bismarckplatz 1 in Innsbruck eine Kanzlei führt und über den nicht viel in Erfahrung zu bringen war: Im Februar 1933 legte er die Rechtsanwaltsprüfung ab; in die Liste der Rechtsanwälte wurde er am 8. März 1933 eingetragen.[3]

Drei Tage nach Hugos Verhaftung am 17. September 1943 spricht der Jurist bei der Gestapo vor. Hugo wird für die Einvernahme vorgeführt, Paul an der L. v. H. kann ihn aber nicht sprechen: „Ein Gestapobeamter hat mir dann über Befragen mitgeteilt, dass die Anschuldigungen gegen Paterno sehr schwer seien und dass er wahrscheinlich sehr bald dem Gericht überstellt werde."[4] Am 7. Oktober 1943 unterschreibt Hugo die anwaltliche Vollmacht, einen in kleiner Schrift vollbedruckten Papierbogen. An diesem Tag kann der Anwalt in der Innsbrucker Haftanstalt auch zum ersten Mal mit dem Großvater sprechen.[5]

Serafine H. sorgt sich ebenfalls um Hugo. Sie erinnert sich später: „Vor der Verhaftung hat mich Paterno noch gebeten, falls es zu einer Verhaftung käme und er nach drei Tagen nicht zurück sei, ich möge seine Frau in Lustenau aufsuchen und sie von seiner Inhaftierung in Kenntnis setzen."[6] Sie steigt deshalb bald am Innsbrucker Hauptbahnhof in den Zug, fährt nach Lustenau und berichtet Maria, dass Hugo wegen politischer Äußerungen verhaftet worden sei.[7] Zurück in Innsbruck, besucht sie Hugo. „Die

Woche ungefähr nach seiner Verhaftung habe ich dann bei der Gestapo in Innsbruck vorgesprochen und um eine Besuchserlaubnis des Paterno gebeten. Diese wurde mir bewilligt, und zwar für zehn Minuten. Bei diesem Besuch hat mir Paterno erzählt, dass er von einem Gestapobeamten ein oder zwei Mal einvernommen worden sei. Da aber drei oder vier Gestapobeamte um uns herum waren, konnten wir uns in der Sache selbst nicht näher unterhalten."[8]

Der Kontakt zu Serafine bricht bald ab. Hugo wird in das Innsbrucker Polizeigefängnis gegenüber dem Hauptbahnhof verbracht, landläufig „Sonne" genannt, bevor er in das Gefangenenhaus in der Schmerlingstraße überstellt wird. „Als Paterno noch in der ‚Sonne' in Haft war, konnte ich ihm noch etwas Essen hineinschmuggeln", sagt Serafine: „Er ist aber dann bald in die landesgerichtliche Haftanstalt eingeliefert worden. In der Haftanstalt konnte ich aber Paterno nicht mehr sprechen, weil ich hierzu keine Erlaubnis bekam."[9]

Die Ordnung auf der Karteikarte der Gestapo ist eine Scheinordnung. Hugos Verhaftung verläuft in Wahrheit in aller Unübersichtlichkeit, als Folge sublimen Terrors und staatlich gelenkter Angst. Maria erfährt erst durch Serafine H., die im Auftrag des Großvaters nach Lustenau fährt, von dessen Gefangennahme. Maria wird keine Gelegenheit mehr bekommen, mit ihrem Mann von Angesicht zu Angesicht zu sprechen, neun Monate und 21 Tage lang. Die Briefe aus der Haft sind ihre letzte Verbindung.[10]

Das Verhör

Noch am Tag von Hugos Verhaftung, am 17. September 1943, erstellt Kriminalsekretär Sebastian M., Dienststelle II C, gegen 17 Uhr die Einlieferungsanzeige. Der 17. September

1943 ist ein Freitag. Haben sie Hugo also doch vor Dienstende an seinem Arbeitsplatz abgeholt? Das „Verzeichnis der abgenommenen Gegenstände"[1] bleibt darauf leer, als „Vorführungsbegründung" ist vermerkt: „Die festgenommene Person wird in Haft behalten und dem Oberstaatsanwalt beim Land- als Sondergericht Innsbruck vorgeführt, weil sie sich eines Vergehens nach dem Heimtückegesetz schuldig gemacht hat."

Aus Hugos Einlieferungsanzeige: „Einkommensverhältnisse: 330 Reichsmark monatlich" – „Beruf: Zollbeamter beim Hauptzollamt Innsbruck" – „Kinder: 4" – „Sonstige Ausweise? Einheimischer Ausweis" – „Mitgliedschaft bei der NSDAP: seit Mai 1938 Anwärter, letzte Ortsgruppe Lustenau" – „Vorbestraft? Im Jahre 1941 von der Dienststrafkammer Innsbruck wegen eines Dienstvergehens zu einer Gehaltskürzung durch Verminderung der Dienstbezüge um ein Zehntel auf zwei Jahre."

Dann notiert Kriminalsekretär M. auf den vier eng mit Schreibmaschine getippten Seiten der Einlieferungsanzeige Hugos vorgebliche Worte: „Mir ist bekannt, dass gegen mich wegen staatsabträglichen Äußerungen eine Anzeige aus S. vorliegt. [...] Mir sind nun die Aussagen der Tabakverschleißerin Rosa R. in S. Nr. 8 Punkt für Punkt vorgehalten worden. Bevor ich mich nun zu den einzelnen Punkten rechtfertige, möchte ich Folgendes angeführt haben: An dem betreffenden Tage, wo ich diese Äußerungen gemacht haben soll, fuhr ich mit dem Fünf-Uhr-Frühzug von Innsbruck nach S. Ich hatte keine Gelegenheit vor meiner Abreise ein Frühstück einzunehmen und war daher gezwungen, mich nüchtern bzw. mit einem Stück Brot auf die Reise zu begeben. Ich stieg am Hauptbahnhof ein, und am Westbahnhof Innsbruck stiegen zwei mir unbekannte Soldaten in voller Ausrüstung zu, die neben mir Platz nahmen. Sie jammerten mir vor, dass sie keine Zigaretten hätten, und da ich eine

Packung von 20 Stück *Sport* bei mir hatte, reichte ich ihnen Zigaretten hin, die sie freudig angenommen haben."

Hugo hat *Sport* geraucht. Im Internet suche ich nach der Marke. Auf dem Bildschirm leuchtet eine ins Orangene gehende Packung auf. Vielleicht raucht Hugo eine *Sport* auch auf dem Foto mit dem Kirchenportal im Hintergrund, lange Zeit vor dem Arrest entstanden. In seiner rechten Hand hält er einen zusammengerollten Regenschirm am Knauf, in der linken die Zigarette. Hugo ist in hellgrauen Stoff gekleidet, es wirkt, als schreite er über einen italienischen Dorfplatz mit Dom. Ich weiß jetzt, welche Marke Hugo raucht. Sonst weiß ich fast nichts über ihn. Klang durch seinen Vorarlberger Dialekt sein Italienisch hervor? Was machte er in den fast zehn Monaten seiner Haft? Wie groß war Hugo? Die Dokumente in den Alukisten, die von seinem Leben und Sterben erzählen, schweigen sich selbst über seine Körpergröße aus. Maria, Hugos Frau, war 160 Zentimeter groß.[2] Von Hugo weiß ich nicht einmal das.

Was geschieht nach dem Verteilen der Zigaretten im Zugsabteil? Weiter in der Niederschrift des Kriminalsekretärs: „Als Gegenleistung gaben sie mir mehrmals aus einer etwa siebenzehntel Literflasche vermutlich Kornschnaps zu trinken. Der Schnaps war hochgradig und ich dürfte bis S. etwa 4–5 Mal kräftig getrunken haben. Auf jeden Fall war die Flasche bis wir in S. angekommen waren von uns dreien leer getrunken. Als ich in S. ausstieg, hatte ich furchtbares Kopfweh, das nur von diesem Schnapstrinken entstanden sein dürfte. Auch in S. konnte ich ein Frühstück nicht einnehmen, da man dort nirgends etwas bekam. Ich bin um halb sieben in S. angekommen, und da ich um diese Zeit meine Tätigkeit noch nicht beginnen konnte, wartete ich vor und in der Kirche die Zeit ab." Hugo sucht wieder Schutz und Nähe bei seinem Gott. Er verschwindet durch die Kirchentür aus der Welt. „Um etwa 7.15 Uhr ging ich in das Tabakgeschäft der Rosa R. in S. Nr. 8 und übte dort bis etwa acht Uhr meine Tätigkeit als Zollbeamter aus. Anwesend waren Frau R. und später auch ihr Mann. Was ich mit Frau und Herrn R. außerdienstlich gesprochen haben, erinnere ich mich heute mit bestem Willen nicht mehr. Ich erinnere mich dunkel, dass mich Frau R. gefragt hat, ob wir viel Arbeit hätten, und ich ihr darauf erwidert habe, wir hätten mit den Trafiken viel zu tun, hätten jetzt aber auch mehr Leute zum Arbeiten."

Konfrontiert von Kriminalsekretär M. mit Rosa R.s Aussagen, erwidert Hugo: „Nicht erinnere ich mich, dass ich gesagt habe: ‚So ein Staat wie dieser kann sich nicht halten; wo früher 120 arbeiteten, sitzen jetzt 300, früher hatten sie zu tun, aber jetzt sitzen sie herum.'" Hugo kontert nicht nur diese Denunziation, er stellt auch alle anderen Anprangerungen und Anschuldigungen der Rosa R. infrage. Er wehrt sich gegen eine Übermacht, die ihn erdrücken will. „Ich kann es nicht glauben, dass ich eine solche Bemerkung gemacht habe." – „Ich kann ebenfalls nicht glauben, dass ich mich [so] geäußert habe." – „Solche unüberlegten Äußerungen habe ich wohl unmöglich gemacht." – „Ich kann weiter nicht glauben, dass ich wörtlich die Äußerung machte." – „Ich führe an, dass ich mich auf eine solche Bemerkung ebenfalls nicht mehr erinnere." – „Auch die Äußerung [...] habe ich meines Wissens nicht gemacht." Er, Hugo, habe sich auch keineswegs so verabschiedet, wie ihm R. vorwerfe, dass er nämlich gegangen sei und dabei gesagt habe, er wolle nichts und wieder nichts geäußert haben: „Mein Abschiedsgruß ist in der Regel, die Hand bieten und ‚Auf Wiedersehen' und ‚Gesund bleiben!' sagen."

Hugo raucht *Sport*, mit „Gesund bleiben!" verabschiedet er sich. Beim Lesen der Einlieferungsanzeige erfahre ich mehr über Hugo als die Jahrzehnte zuvor, als mein Vater und mein Onkel, seine beiden Söhne, und meine beiden

Tanten, Hugos Töchter, noch am Leben waren. Hugo wurde totgeschwiegen. Man machte sich kein Bild von ihm.

Hugo wird 1943 in der Einlieferungsanzeige mit den Worten zitiert: „Wohl dürfte ich gesagt haben, dass es nicht gut sei, dass man gegen die Kirche kämpft. Ich habe auch einmal, ob es jetzt nun bei R. oder irgendwo anders war, den Ausspruch getan, jeder Staat, der gegen die Kirche den Kampf führe, sei jener, der als Besiegter aus dem Kampf hervorgehe. Diesen Ausspruch hat seinerzeit Mussolini selbst getan. Ich habe ihn selbst aus dem Munde des Mussolini gehört und später nachgesagt."

Hugo erinnere sich auch, tippt sein Vernehmer in die Schreibmaschine, dass er einst, vielleicht sei es bei der Tabakverschleißerin R. gewesen, den Ausspruch tat: „Auch Hitler ist eine von Gott gesetzte Autorität, denn sonst wäre er nicht so lange Führer des deutschen Volkes gewesen." Dann kommt Hugo offenbar ins Reden – oder seine Sätze werden ihm von Kriminalsekretär M. in den Mund gelegt: „Auf die Frage ob es mir leidtue, dass Österreich seine Selbstständigkeit verloren habe, führe ich an, dass ich diese Frage nicht ganz verneinen möchte. Mir ist es vor dem Anschluss der Ostmark an das Reich dienststellenmäßig besser ergangen, denn ich war selbstständiger Leiter eines Zollamtes."

Die Einlieferungsanzeige liest sich wie das Minutenprotokoll von Hugos Verzweiflung und Hoffnungslosigkeit. Sitzt er im Verhörraum, mit einem Gesicht wie aus Granit gemeißelt? Kriecht die Angst in ihm hoch? „Wenn mir nun gesagt wird, dass den Angaben der Eheleute R. voller Glauben zu schenken ist, sie wohl keine Ursache haben dürften über mich Aussagen, die sehr belastend sind, zu machen, gebe ich an, dass mir nicht erinnerlich ist, der Frau R. oder ihrem Ehegatten auch nur einmal irgendein Leid angetan zu haben. Es wäre denn, dass sie meine Amtshandlungen bei der Kontrolle der Rauchwaren und Kontrollabschnitte als zu gewissenhaft und genau angesehen hätten. Ich habe bei Frau R. Anstände nie erhoben. Umso mehr kann ich es nicht verstehen, dass Frau R. solche belastenden Aussagen über mich machte. Ich will nicht behaupten, dass Frau R. und ihr Ehemann Unwahrheiten angegeben haben. Mir selbst ist jedoch trotz anstrengendem Nachdenken nicht erinnerlich, das, was mir vorgehalten wurde, gesprochen zu haben. Es ist möglich, dass ich in meiner Geistesverwirrung, die ich auf meine enormen Kopfschmerzen zuschreibe, doch in dem Sinne gesprochen habe, wie mir vorgehalten wurde. Ich war von dem Schnapstrinken weder betrunken noch angeheitert, sondern ich hatte lediglich, wie ich schon eingangs angeführt habe, enormes Kopfweh."

Nach Erledigung seiner Arbeit bei der Tabakverschleißerin R. habe er dienstlich noch die Trafiken Neuner und Schlick aufgesucht und sei anschließend mit dem Personenzug um 8.41 Uhr wieder nach Innsbruck gefahren. „Am Hauptbahnhof in Innsbruck musste mich die Schaffnerin von meinem Schlafe aufwecken. Mein Kopfweh hatte sich etwas gelegt, sodass ich meinen Dienst weiter verrichten konnte."

Hugos Einlieferungsanzeige schließt mit den Worten: „Es lag bestimmt nicht in meiner Absicht, etwas zu sagen, was gegen den Staat gerichtet wäre. Ich bitte daher die Geheime Staatspolizei, mich nicht die ganze Härte der Strafe verspüren zu lassen. Schon mit Rücksicht auf meine Frau und auf meine vier Kinder bitte ich, Milde walten zu lassen." Spricht hier wirklich Hugo? Oder liegt es in der Absicht des Gestapohäschers, Hugo als Schwächling erscheinen zu lassen, der um Gnade bittet?

In seinem Schlussbericht, verfasst am 27. September 1943, resümiert Kriminalsekretär Sebastian M. das zehn Tage zuvor stattgefundene Verhör mit dem Großvater: „Hugo Paterno war zu einem Geständnis nicht zu bewegen."[3] Drei Tage später fordert SS-Hauptsturmführer Franz T., der Leiter der Innsbrucker Exekutivabteilung der Gestapo, für Hugo die „strengste Bestrafung"[4]. Über eine baldige Mitteilung den Ausgang des Verfahrens betreffend wäre er dankbar. Damit schließt T. die kurze Notiz an Oberfinanzpräsident Max H.

Strenge Bestrafung

In den letzten Septembertagen 1943 bekommt Maria Post in die Lustenauer Reichsstraße 22. In dem Schreiben wird sie vom Vorsteher des Innsbrucker Hauptzollamtes von Hugos Inhaftnahme unterrichtet, technisch, bürokratisch, kalt, von jenem Bartholomäus B., dem es vorgeblich um Hugos Schutz und Weiterleben ging: „Auf Grund der Verfügung des Herrn Oberfinanzpräsidenten Innsbruck vom 16. September 1943 – 7a P2 – PI 4b – wurde Ihr Ehemann vorläufig des Dienstes enthoben und am 17. September 1943 von der Geheimen Staatspolizei Innsbruck in Haft genommen."[1] Es beschleicht einen unweigerlich das Gefühl, dass die Empörten, denen der Großvater nicht in ihr Weltbild passt, ihres Triumphes über Hugo endlich sicher sind. Maria muss den unverhohlenen Zynismus aus dem Schreiben herausgelesen haben.

Der Großvater wird am 1. Oktober 1943 um 8.30 Uhr dem Oberstaatsanwalt beim Land- als Sondergericht Innsbruck vorgeführt.[2] Hugos erster Häftlingsbrief, in dem er Maria anvertraut, das „Opfer hasserfüllter Menschen" geworden zu sein, und, wie später noch oft, über seine Zimmerwirtin Serafine H. schreibt, trägt ebenfalls das Datum dieses Tages. „Meine liebste Marie!", schreibt er mit schwarzer Tinte auf den Vordruck des Gefängnisses: „Bin ab 1. 10. in der Haftanstalt Innsbruck. Deinen

Brief v. 25. 9. durch die Gestapo erhalten. Recht herzl. Dank! Meine Lieben! Seid unbesorgt, es wird gewiss alles wieder gut. Bin leider das Opfer hasserfüllter Menschen geworden, obwohl ich stets bemüht war, überall friedlich durchzukommen. Darüber dann mündlich mehr! Bitte Marie, sei Du stark und bleibe den lb. Kindern gesund und erhalten. Gott Schütze Euch! Ich will mein Los geduldig ertragen! Wer weiß, wofür auch das gut ist? Verständige bitte den Mesner. Ansonsten schweige! So gut es geht! Gestern erhielt Frau H. von der Gestapo die Erlaubnis, mich zu besuchen. Diese gute Frau tut alles, um mir mein Leid erträglich zu machen. Brauchst mir also nicht mitkommen. Bete vielmehr mit den Kindern, dass alles gut abgehe, dann warte, bis ich komm. Soviel Frau H. vom Rechtsanwalt hörte, dürfte ich noch 4–6 Wochen auf meine Freiheit warten. Näheres unbekannt. Was später dann kommt, werden wir sehen. Hoffentlich findet Ihr mit dem gekürzten Gehalt das Auskommen. Also lb. Marie! Hab' Geduld, ich komme, so Gott will, bald wieder. Betet für mich! Ich vertraue fest auf die Rosenkranzkönigin in diesem Monat. Lass Dir v. Fr. H. schreiben. Auf Wiederhören in 14 Tagen. Herzl. Grüße und Küsse! Euer Vater! Bitte mich nicht zu besuchen!"[3]

Als Hugo diese Zeilen schreibt, kann er nichts von den Notizen des SS-Hauptsturmführers Franz T. wissen, die einen Tag zuvor, 30. September 1943, im Büro des Oberfinanzpräsidenten Max H. eingelangt sind: Franz T., der als Kommandant im Polenfeldzug Erschießungen unter der Zivilbevölkerung anordnete und nach dem Krieg eine mehrjährige Haftstrafe verbüßen wird, ließ Max H. gleich zwei Schreiben zukommen, in denen er Hugos Verdammnis befiehlt.[4] „Strengste Bestrafung"[5] forderte er in dem einen, in dem er Max H. um baldige Mitteilung von Hugos Verfahrensausgang gebeten hatte, „strenge Bestrafung" im anderen: „Der Obengenannte wurde am 17. September 1943 festgenommen und dem Sondergericht Innsbruck zugeführt. Mit einer strengen Bestrafung ist zu rechnen."[6] Menschen wie Nachrichten werden verschoben, zugeführt, übersandt. Es ist für mich manchmal einfacher, den nationalsozialistischen Schriftverkehr zu zitieren, als ihn in all seiner Schonungslosigkeit und Brutalität zu verstehen.

Und Hugo? Er macht sich in seinem ersten Brief aus der Haft Hoffnungen. Er glaubt, die Seinen in Lustenau bald wieder zu sehen. Nur vier bis sechs Wochen. Er will dem Schlechten Gutes abtrotzen. Er bittet Maria in dem Brief, den Mesner zu verständigen: den Kirchenkustos in Lustenau? In Höchst? Der Mesner hat keinen Namen, kein Gesicht.

Sein Jahr teilt Hugo nach den katholischen Festtagen ein: Den Oktober weiht er der Rosenkranzkönigin. Warum nicht dem hl. Leonhard, dem Patron der Gefangenen? Serafine H., Hugos Zimmerwirtin aus der Innstraße, berichtet Hugo in dem Brief, habe um Besuchserlaubnis angesucht. Maria schreibt er: „Bitte mich nicht zu besuchen!" Weiß er, dass er Marias Anblick nicht ertragen könnte? Würde ihn ihr Besuch zu sehr schmerzen? Ließen ihn dann all seine Heiligen und himmlischen Fürsprecherinnen im Stich?

Rede der Rohheit

Am 8. Oktober 1943 wird Rosa R. von Kriminalsekretär Sebastian M. verhört. M. ist ein wichtiger Mann in der Innsbrucker Gestapozentrale; nach dem Krieg wird er einen Polizeiposten leiten.[1] In einer der Aluminiumkisten finde ich die Erhebungsniederschrift von Oktober 1943: R. wirkt so forsch wie eine Gerichtsvorsitzende, die in einer Rede der Rohheit die Liste mit Tagesordnungspunkten abarbeitet. Aus ihren Worten spricht sicher giftige Empörung. Es ist unumgänglich, Rosa R.s unterschiedliche Aussagen anzuführen; nur so lässt sich das Ausmaß der Niedertracht und Gemeinheit ermessen, die dem Großvater entgegengebracht wurden.

„Vorgeladen erscheint die Trafikantin Rosa R. [...] und gibt nach Wahrheitserinnerung Folgendes an: Hugo Paterno kam am fraglichen Tag – das genaue Datum kann ich nicht mehr angeben –, nachmittags in mein Geschäft, um eine Kontrolle durchzuführen. Dass Paterno nachmittags, nicht in der Früh zu mir kam, weiß ich ganz bestimmt, denn ich wollte damals Einkäufe besorgen. [...] Weitere Angaben habe ich nicht zu machen."[2] Sie habe, sagt Rosa R. am Ende der Einvernahme, die volle und reine Wahrheit gesprochen. Sofort übermittelt SS-Hauptsturmführer Franz T. die Vernehmungsniederschrift an den Innsbrucker Oberstaatsanwalt.[3]

Vor dem Ermittlungsrichter

Hugo wird am 11. Oktober 1943 dem Ermittlungsrichter vorgeführt. Seit 24 Tagen sitzt der Großvater in Haft. Er erklärt sich, antwortet auf Anschuldigungen, versucht, Entlastendes für sich vorzubringen. Vielleicht ist es für ihn, als löse sich alle Hoffnung in wenigen Stunden auf. Wie groß ist sein Entsetzen? Seine Ratlosigkeit? Seine Verzweiflung? Spricht er im alemannischen Dialekt? Versucht er, Hochdeutsch zu reden? Hochdeutsch mit italienischem Einschlag?

Hugo spricht in der Niederschrift des Ermittlungsrichters über Religion: „Ich bin von meinen Eltern streng religiös erzogen worden. Meine Einstellung ist auch heute noch streng katholisch. Um die Politik habe ich mich seit jeher wenig gekümmert. Meine religiöse Bindung war für mich kein Anlass, der heutigen Führung ablehnend gegenüber zu stehen. Ich stehe auf dem Standpunkt, dass die Kirche sich mit Religion befassen soll, aber nicht mit Politik. Meine Kinder, von denen die beiden älteren in der Hitlerjugend sind, werden bezeugen können, dass wir daheim täglich auch für das Vaterland beteten, womit wir seit 1938 Deutschland meinten. Mein Standpunkt ist der, dass es keine Autorität gibt, die nicht von Gott gegeben wäre, und diese Autorität ist mir heilig. Ich erkenne also den Führer absolut an."[1] Ich lese Hugos Aussage über Hitler. Glauben kann ich sie nicht.

Der Großvater fährt im Zimmer des Ermittlungsrichters fort: „Wenn die Rede auf die SS gekommen ist, woran ich mich aber nicht erinnern kann, so ist es möglich, dass ich gesagt habe, dass die SS beim Einmarsch in Italien rücksichtslos und ohne in den engen Gassen die notwendige Vorsicht gegenüber den Passanten walten zu lassen durch Innsbruck gefahren ist. Dazu gebe ich an, dass ich Augenzeuge des furchtbaren Unfalls gewesen bin, als ein SS-Panzer bei der Hofburg beim Durchfahren des engen, zur Museumstraße führenden Torbogens auf den Bürgersteig geriet und eine Person tötete und zwei weitere schwer verletzte. Dieser Vorfall hat mich stark erschüttert." Eine Redewendung, wie sie ihm in den Mund gelegt werde, dass nämlich die „SS-Horden" rücksichtslos alles niedergefahren hätten, glaube er auf keinen Fall gebraucht zu haben.

Die Rede kommt dann auf Hugos Bauch. Der Nationalsozialismus beherrscht Verunglimpfung auf allen Ebenen. Man hält Hugo Rosa R.s Aussage von September 1943 vor, in der sie dem Großvater die Worte in den Mund gelegt hatte, man sehe es seinem Bauch an, dass es ihm gut gehe. Aus der Luft wird argumentiert, der Abweichler von der Einheitsparteilinie sei wohl zu dick. Hugo verteidigt sich: „Ich selbst habe in den letzten Jahren sehr viel zu tun gehabt. Wir hatten in meiner Dienststelle früher zwölf Beamte, jetzt nur noch fünf. Die angebliche Bemerkung über meinen Bauch ist lächerlich, da ich keinen habe."

Der Ermittlungsrichter zeigt ein erschütterndes Maß an Schmerzfreiheit. Man ist, wenn man über dessen Untersuchungsmethode nachdenkt, mittendrin im Denken und Handeln des Nationalsozialismus – einer Welt, die alles, was abweicht und anders ist, verurteilen und verdammen will. Setzt man die Fragen des Ermittlungsrichters zusammen, entsteht das Bild eines halsstarrigen Beamten, der wie eine Statue im Sessel sitzt, der Hugos Antworten am liebsten mit einer Handbewegung aus dem Verhörzimmer scheuchen will. Je länger Hugo spricht, desto besser versteht man im Detail, dass er nicht den Schatten einer Chance hatte.

Hugo verwahrt sich dagegen, die Bemerkung gemacht zu haben, der Herrgott könne einem Volk auch einen „schlechten Führer" schicken, dessen prinzipielle Richtigkeit jedoch durch die „russische Führung" bewiesen werde.

Dann sagt Hugo: „Die Schuld am Kriege tragen meiner Ansicht nach allein die Juden." Die Juden? Die Juden sind schuld? Folgt Hugo den Dressurbefehlen der Nazis? Die Juden! Weshalb stimmt er in das Geschrei der Weltverfinsterer ein? Will er sich herausreden? Meint er, was er sagt? In den hunderten Seiten Vernehmungsakten, Niederschriften und Berichten, die in den Tiefen der beiden Aluminiumkisten lagern, kommt zweimal das Wort „Jude" vor. Auf dem „Übergabevertrag", abgeschlossen zwischen Marias Vater Valentin, Bauer in Lustenau, und seiner Tochter Maria, Hugos Ehefrau, der im Juli 1940 die Schenkung einer Liegenschaft regelt, findet sich am Rand in Stempelfaktur der Hinweis: „Gemäß Ges. Bl. 103 v. 26. 4. 1938 befragt, wurde erklärt, dass an diesem Rechtsgeschäft kein Jude beteiligt ist."[2] „Jude" in gesperrter Schrift. Nicht ganz drei Jahre später blitzt das Wort in Hugos Vernehmung auf. Jesus war Jude, hat jüdische Feste gefeiert, in Synagogen gepredigt. Die ersten Christen waren Juden. Christen und Juden sind durch eine gemeinsame Geschichte miteinander verbunden. Wie weit reicht Hugos Bigotterie? Sein Reden vor dem Ermittlungsrichter lässt einen im Trüben zurück.

Hugos Gott

Hugo führt ein Leben als Beamter und ein Dasein in Gottes Gnaden. Was geschieht, ist Gottes Wille, auch wenn Gott nicht daran gelegen ist, Hugo vor dem Verhängnis zu bewahren. In den Aluminiumkisten ist ein Buch, das Hugo oft gelesen haben muss, der dunkelblaue Einband geknickt und an den Kanten bestoßen, viele Seiten fleckig. In „Modernes ABC für das katholische Volk", erschienen 1921, hat er viele Sätze unterstrichen: „Ob die Auferstehung des Fleisches wirklich einmal stattfinden wird, weiß nur Gott allein." – „Nur die Kirche darf für den Menschen als die Führerin zum Himmel gelten, nicht der Staat."[1] Zwischen den Seiten von „Modernes ABC" ein loses Zettelchen, das Tagesblatt vom 27. Juli 1923 eines Abreißkalenders mit zwei Sinnsprüchen auf der Rückseite: „Herb ist des Lebens innerster Kern" – „Die Zeiten ändern sich, und wir ändern uns mit ihnen".

„Bei meiner Begegnung mit Paterno hatte ich den Eindruck gewonnen, dass es sich um einen streng katholischen Mann ohne politische Leidenschaften handelte", erinnert sich Hugos Anwalt Paul an der L. v. H. später: „Ich habe ihm jedenfalls diese ihn so schwer belastenden Äußerungen nicht zugemutet. Er war ein sehr ruhiger und zurückhaltender Charakter."[2]

Hugo pflegt seine Religion im Stillen. Er besucht Kirchen und macht Exerzitien, er sitzt zuverlässig in den Messen wie eine aufgezogene Uhr. Man muss kein Eiferer sein, um von Hugos Religiosität vor den Kopf gestoßen zu werden. Oft wirkt das Gottvertrauen des Großvaters wie ein verstörender Tagtraum in einer gottlosen Zeit. Religion war Hugos letzter Halt.

Ebenfalls in Hugos Nachlass das Büchlein „Maria, Österreichs Schutzfrau. Geschichte des Gnadenbildes Unserer Lieben Frau mit dem geneigten Haupte in der Kirche der Karmeliten zu Wien-Döbling", Wien 1914; der Zettel mit dem langen Aufopferungsgebet von 1903, das so endet: „Ohne Dich, mein Jesus, will ich nicht sterben; an Deinem hl. Herzen aber bin ich bereit zu sterben, wie, wo und wann es Dir gefällt"; der Zeitungsausriss mit dem Reim: „Was die Welt braucht! Hände, die die Schwachen freundlich tragen, / Herzen, die für alle Armen schlagen, / Augen, die die Not der andern sehn, / Füße, die bei den Verlass'nen stehn. Lippen, die von ewigen Dingen sprechen, / Arme, die die Sklavenketten brechen."

Werner K. ist Geistlicher, ein lieber Bekannter der Familie, dafür sprechen seine Briefe an Hugo, der Ton, in dem er sich über die Distanz an ihn wendet. Werner K. ist im Juli 1944 in Paris als Sanitätsgefreiter stationiert, als er von Hugos Hinrichtung erfährt. In einem Feldpostbrief berichtet er den Kindern über ihren Vater: „Wie ging er immer eifrig in die Kirche, wenn er Zeit hatte. Wie suchte er zu allen Menschen gut zu sein, wie hat er Christus treu gedient. Sehr viele Männer schämen sich am Werktag in die Kirche zu gehen. Sie denken sich, was sagen andere, wenn ich als Mann so oft zur Kirche gehe, oder so oft zur hl. Kommunion. So hat Euer Vater nie gedacht. Das war ihm gleich, was andere Leute sich gedacht haben. Er wollte einfach dem Heiland Freude machen."[3]

Auf dem Foto aus Hugos Hinterlassenschaft blicken acht Frauen und Männer mit ernsten Gesichtern in die Kamera, auch Maria und Hugo. Maria ist jung, gut gekleidet, einen Fuchspelz um den Hals; Hugo mit hochgeschlossenem weißem Kragen, Weste, dunkles Sakko. Die Wallfahrer haben kleine Anstecker am Revers, ein weißes Kreuz auf dunklem Grund. Im Hintergrund eine lebensgroße Marmorfigur Mariens mit Rosenkranzschleife in Händen, es wirkt, als stünde das Grüpplein im Seitenschiff einer Kathedrale. Als töne Kirchenmusik durch den Raum. Das Foto muss vor Februar 1940 entstanden sein, dem Sterbemonat von Marias Mutter; Karolina sitzt hochbetagt neben ihrer Tochter in der ersten Reihe.[4] Hugo trägt bürstenkurzes Haar, er wirkt wie ein Soldat vor der Schlacht. Der Generalissimus seines Gottes.

Hugos Gott ist ein strenger Gott. Der Priester Werner K., der Hugos Kindern von den Kirchenbesuchen ihres Vaters erzählt, schreibt in dem Brief aus Paris – unerbittlich im Ton und in der Sache –, dass man sich vor dem Gott des Großvaters fürchten müsse. Es sind selten strenge Sätze: „Vom Himmel aus sieht er immer auf seine lieben Kinder und bittet beim lieben Heiland für sie. Er freut sich, wenn Ihr gut und brav seid, wenn Ihr Eurer Mutter viel Freude macht, wenn Ihr gern folgt, wenn Ihr in der Schule brav und aufmerksam seid, wenn Ihr oft in die hl. Messe und zur hl. Kommunion geht und für Euren lieben Vater betet. Wenn Ihr aber nicht gut seid, nicht folgen wollt, dann mag er nicht mehr auf Euch herabschauen."[5]

Abb. 26: Generalissimus seines Gottes – Hugo mit Wallfahrtsgruppe (um 1940)

Schwarze Tage

Das Landgericht Innsbruck stellt am 11. Oktober 1943, am selben Tag, an dem der Großvater dem Ermittlungsrichter vorgeführt wird, einen Haftbefehl wegen Flucht- und

Verdunkelungsgefahr gegen Hugo aus. Hugo, schreibt der Ermittlungsrichter, habe „den Willen des deutschen Volkes zur wehrhaften Selbstbehauptung zu zersetzen"[1] versucht. Am 12. Oktober 1943 schreibt der Großvater seinen zweiten Brief aus der Innsbrucker Haftanstalt. Der Ton ist düster und tragisch, Hugo ist ohne Hoffnung und Zukunft. „Vier Wochen Untersuchungshaft sind vorbei. [...] Ob ich Weihnachten bei Euch Lieben feiern kann, ist fraglich. Statt der üblichen Geschenke müssen wir unsere Ersparnisse dem Rechtsanwalt geben. [...] Du, liebe Marie, mach, was Du kannst. Kartoffeln und etwas Obst wirst wohl in den Keller bringen. Mosten [Most machen] lassen wir heuer sein, außer es besorgt Dir jemand diese Arbeit. [...] Bitte, liebe Marie! Komm mich nicht besuchen, es würde bestimmt mir und Dir das Herz abdrücken. [...] Vielleicht kommt auch der ersehnte Endsieg bald, dann hoffe ich Nachlass der harten Strafen, die mir nur hasserfüllte Menschen antun konnten. [...] Lass Dir sonst bitte nicht viel anmerken, denn zum Leid hättest ja nur noch den Spott."[2]

Die Zeilen aus der Haft, die Hugo zwei Wochen später schreibt, werden Maria nie erreichen. „Der Brief des Hugo Paterno an seine Ehefrau wird [...] von der Beförderung ausgeschlossen, weil das Schreiben in unzulässiger Form auf das Verfahren eingeht", urteilen die Zensoren in Berlin über Hugos Zeilen vom 26. Oktober 1943. Drei Sätze sind in dem Brief mit Farbstift unterstrichen und sichtlich die Gründe, weshalb die Nachricht nicht an Maria weitergeleitet wird und Jahrzehnte unbesehen zwischen Hugos Akten lagert:[3] Hugo bedankt sich in dem Brief für Marias Nachrichten, die ihm ein Lichtstrahl in „diesen trüben Tagen" seien, und er zeigt sich erschüttert über die Nachricht von Hertas Ableben. Herta, die Tochter von Hugos Schwager Anton, stirbt bei einem Luftangriff auf Feldkirch am

1. Oktober 1943 mit 17 Jahren. Ihr Tod war für die Familie eine weitere Katastrophe.

In seinem Haftbrief vom 26. Oktober 1943 fährt Hugo fort: „Ich bin jetzt glücklich, weil ich warme Strümpfe bekommen habe und nicht mehr frieren muss. Drum bin ich jetzt Schuster geworden und mache jeden Tag fleißig Holzschuhe und bekomme dafür jeden Abend 5–6 Kartoffeln, was mir eine willkommene Zubuße bedeutet. Dass Ihr nun auch ohne mich mosten und arbeiten konntet, freut mich, denn, wenn ich komme, und das wird hoffentlich auch einmal sein, so will ich wenigstens Most trinken zur Wiedersehensfeier. In meiner Sache weiß ich gar nichts, nur, dass ich gefangen bin."[4]

Dann folgen in dem Brief die ersten beiden Sätze, deretwegen die Zensur eingreift: „Selbstredend kommt es zu einem Urteil, welches, wissen die Götter! Jedenfalls verspreche ich mir nicht viel, denn meinen Worten glaubt man ja nicht, weil ich religiös erzogen bin!" Der sich daran anschließende Absatz überlebt die Kontrolle unbeanstandet: „Ich tröste mich in dem Gedanken, selig wer Verfolgung leidet, um der Gerechtigkeit willen. Ich will meinen Feinden gewiss nichts nachtragen und für sie beten." Wieder greift der Zensor ein und streicht folgenden Satz: „Vor 21 Jahren, als ich am Pasubio 12 Monate lang kämpfte, blutete und freudig dem Vaterland alles opferte, da hätte ich mir nicht träumen lassen, dass ich für dieses Vaterland wegen einer Meinungsverschiedenheit jetzt im Zuchthaus schmachten müsste. ‚Schicksal!'" Hugo setzt „Schicksal" in Anführungszeichen. Es ist, als löse sich alle seine Hoffnung in wenigen Tagen auf.

Serafine ist seine Helferin in der Not. In vielen seiner Briefe schreibt er über sie. Serafine taucht in Hugos Zeilen aus der Haft stets als „Frau H." auf, es muss eine Freundschaft gewesen sein, in der das Sie-Wort galt. Auch in dem nicht beförderten Schreiben vom 26. Oktober 1943 widmet ihr Hugo Platz: „Gewiss habe ich den Mut und den Wunschtraum nicht verloren, aber es müsste ein kleines Wunder geschehen, wenn ich vor Weihnachten freikäme. [...] Du musst, liebe Marie, um mich weiters keine Sorgen haben. Schick der Frau H. meine kurzen Uniformhosen, die grauen. 2–3 Paar warme Hemden u. Unterhosen u. Socken, dann habe ich so ziemlich alles, was ich brauche. Frau H. schickt es schon her."

Berlin-Plötzensee

Hugos Anwalt Paul an der L. v. H. beantragt die Einvernahme folgender Personen, um die Äußerungen, die dem Großvater zur Last gelegt werden, zu entkräften: Hugos Bruder Josef, der als Kaufmann in Bludenz arbeitet, innerhalb der Familie „Pepi" gerufen wird und dem gegenüber sich der Großvater gelegentlich geäußert habe, was Hitler tue, sei richtig. Maria benennt der Anwalt ebenfalls als Zeugin. Sie soll das tägliche Abendgebet der Kinder beglaubigen: „Schütze, Herr, mit starker Hand / Unser Volk und Vaterland / Gib unserem Führer Kraft und Mut / Dass er es leite treu und gut"[1]. Bitten Anita, Imelda, Josef und Quido tatsächlich jeden Abend für Volk und Vaterland? Beten sie für Hitler? In all dem Dunkel von Hugos Geschichte ist deutlich zu erkennen, dass er seine Kinder zweifelsohne nie zum Hitlergebet nötigte. Die Welt, wie Hugo sie sah, bestand aus Familie und Gott. Hitler hatte darin keinen Platz.

Der Anwalt fordert, dass noch weitere Entlastungszeugen gehört werden: die Arbeitskollegen Reinhold S. und Anton O., die an Hugos Denunziation mitgewirkt haben, dazu eine Krankenschwester und ein Feldwebel, offenbar Bekannte des Großvaters, sowie Serafine H.

Alle werden vom Gericht abgelehnt.[2]

Paul an der L. v. H. reicht im Einvernehmen mit Hugo und Serafine H. beim Berliner Oberreichsanwalt zudem das Gesuch ein, den Großvater auf dessen „Geisteszustand"[3] untersuchen zu lassen. Dieser, so lautet die Begründung, sei vor neun Monaten über eine Stiege gestürzt und klage seitdem über starke Kopfschmerzen und Gleichgewichtsstörungen, womöglich, argumentiert der Anwalt, habe der Unfall Hugos geistige Verfassung beeinflusst. Maria und Pepi fahren Anfang November 1943 nach Innsbruck, ohne Hugo besuchen zu dürfen.

Am Dienstag, den 9. November 1943, erreicht Hugos vierter Brief aus der Innsbrucker Haftanstalt Maria in Lustenau. Hugo erkundigt sich nach dem Befinden seines Schwiegervaters Valentin und fordert seinen Sohn Josef scherzhaft auf, etwas zum Trinken zu holen: „Seppl! Gang hol mir an Most!"[4] Er werde bald, schreibt Hugo, Geschichten erzählen, die er selbst erlitten hat. Geschichten von der Verbitterung des Daseins, vom Stumpfsein. Weihnachten steht außerdem vor der Tür, ein Fest im Zeichen der Trauer, notiert er. Kinder, lasst Euch die Weihnachtsfreude nicht verderben! Hugo berichtet: „Meine vielen Kopfschmerzen und Rheumatismus tragen auch bei zur Verbitterung des Daseins. [...] Ansonsten geht's mir ja nicht so schlecht. Das Essen ist ganz gut, obwohl es nur 48 Pfg. kosten darf am Tag. Natürlich nicht für Vielfraße bestimmt."[5] Hugo darf über seinen Fall nichts schreiben, über sein Dahinsiechen berichtet er unverblümt. Im Gefängnis bündeln sich die Auswüchse und Schikanen der nationalsozialistischen Despotie: „Wir machen jetzt zwar Holzschuhe, aber die Kartoffelzubußen sind nicht mehr. [...] Wir gehen täglich um 4 Uhr schlafen bis halb sieben Uhr früh. An Samstagen und Sonntagen sogar um 1 Uhr mittags bis halb sieben Uhr früh. In langen, schlaflosen Nächten gedenke ich Euer und eben auch der tragischen Zukunft, die unser wartet."[6]

Serafine schickt in dieser Zeit eine Postkarte nach Lustenau. Auf der Vorderseite Kinder im Schnee, Schlitten, „Frohe Weihnachten". Sie schreibt: „Den Nikolaus Ihres Mannes werde ich ihm aufheben. Senden kann ich denselben nicht mehr."[7] Hugo sei demnächst unter neuer Adresse erreichbar: „Psychiatrische Klinik, Berlin-Plötzensee". Er werde bald überstellt.

Im November 1943 kursiert im Oberfinanzpräsidium der Laufzettel eines unbekannten Verfassers, auf dem das Datum nur mehr schwer zu lesen ist, es könnte der 12. November 1943 sein. „Herrn Rechtsanwalt Paul an der L. v. H. vorgelegt"[8], ist darauf zu lesen: „Ich schlage vor, Anklage vor dem Volksgerichtshof zu erheben. Die Äußerungen des Beschuldigten sind zwar nicht außerordentlich schwerwiegend. Er war aber durch die frühere Verurteilung [...] gewarnt. Für den Fall Ihres Einverständnisses beabsichtige ich, den Beschuldigten nach Berlin überführen und auf seine Zurechnungsfähigkeit [...] untersuchen zu lassen." In anderer Handschrift die beigefügte Anmerkung: „Einverstand. 12. XI." Gemeinheiten und Schrecklichkeiten, die Hugo schon so gut kennt.

Die mit „Streng vertraulich!" klassifizierte „politische Beurteilung" durch die Gauleitung Tirol-Vorarlberg hält am 13. November 1943 fest: „Betrifft: Hugo Paterno, geb. 19. Dezember 1896 in Bludenz, Zollsekretär, wohnhaft gewesen in Innsbruck, Innstraße 107" – Hugo ist von nun an „wohnhaft gewesen", ein Vorverurteilter muss nicht mehr wohnen. „Der Obengenannte war in der Systemzeit Anhänger der Systemregierung. Er ist äußerst stark konfessionell gebunden und steht vollkommen unter dem Einfluss der Geistlichkeit. Aus weltanschaulichen Gründen ist er ein überzeugter Gegner des Nationalsozialismus, der in den Jahren seit dem Umbruch schon mehrfach durch abfällige Äußerungen aufgefallen ist."[9]

Hugos Brief vom 23. November 1943 aus dem Innsbrucker Gefängnis ist eine kurze Botschaft ansatzloser Ernsthaftigkeit: „Morgen komm ich nach Berlin in eine Anstalt zur Beobachtung meiner Kopfschmerzen. [...] Wem Gott will rechte Gunst erweisen, den schickt er in die weite Welt!"[10]

Mit einem am 24. November 1943 um 7 Uhr früh von Innsbruck abgehenden Sammeltransport wird Hugo, Zahl 2895, nach Berlin in die psychiatrische Abteilung des Strafgefängnisses in Berlin-Plötzensee überführt.[11] Nach zehntägiger Fahrt – in einem Zug? in einem Lkw? auf Umwegen? – wird er laut Haftkartei am 4. Dezember 1943, 23 Uhr, im Strafgefängnis Plötzensee eingeliefert, Gefangenenbuchnummer 2475/43. Auf der Karteikarte des Strafgefängnisses Plötzensee ist mit blauem Stift auch der später hinzugefügte „Austrittstag" vermerkt: 2. Mai 1944 nach München-Stadelheim.[12]

Geisteszustand

In Lustenau trudelt Anfang Dezember 1943 Post in einem Kuvert ein, das auf der Längsseite geschlitzt und mit Stoffschriftband „Geöffnet OKW" wieder verklebt wurde. Das Oberkommando der Wehrmacht liest Serafines Nachrichten an Maria mit, drei Zensurstempel sind auf dem Briefumschlag verteilt, die Nummern 3517, 413241, 5696. Sie schreibt: „Du bist seit einigen Jahren mit Deinen lb. Kindern allein und ich weiß, wie schwer es ist – denn auch ich habe seit vier Jahren Mut und Kraft aufbringen müssen, um durchzuhalten. Auf Hugos Geburtstag (19. Dezember) wünsche ich ihm den Segen Gottes und seinen Beistand, bitte, Du kannst diesen Wunsch vielleicht übermitteln. [...] Alle Menschen, welche unter dem schrecklichen Krieg zu leiden haben, tun mir leid – bin sehr empfänglich für die Schmerzen, welche die Mitmenschen durchmachen müssen. Die Bombardierungen sind kaum zum auszuhalten, und dann noch bei dieser Kälte."[1]

Bald schon verfasst Hugo seinen ersten Brief aus dem Strafgefängnis Berlin-Plötzensee. Seine Schrift ist schwer zu lesen, den Mahnungen auf dem Briefpapier – „Nur die Linien benutzen! Ränder nicht beschreiben!" – ist er gefolgt. Er schreibt: „Die Reise war ganz schön u. erträglich. Leider sind wir erst spät am Abend hier angekommen, sodass ich von Berlin nichts gesehen habe."[2] Immer wieder schreibt Hugo über Weihnachten, es wirkt manchmal, als schrumpfe ein Jahr für ihn auf die Tage an Christfest zusammen. Im Keller meines Elternhauses steht Hugos Krippe, ein Wurzelstock auf einer Insel von fahlgrünem Moos, der Geruch nach altem Holz und Staub, die absplitternde Rauheit der dunkelgrünen Holzleisten, die das Ensemble einfassen. Dazu die Figuren, alt, ausgebleichte Farben, unregelmäßig abgeschlagene Kanten. Ein braunes Kamel, die drei Weisen aus dem Morgenland, ein Hirte mit Holzstab wacht über seine wollschweren Tiere, das Kind mit lockigem Haar. Ein Hort der Heiterkeit. Ich erinnere mich, wie mein Vater Quido jedes Weihnachtfest auf Knien die Figuren in der Krippe aufgestellt hat. Vielleicht war Weihnachten eines der wenigen Dinge, die er von Hugo mitbekommen hat.

Man kann Hugo 1943 förmlich beim sturen Weiterstapfen durch alle Zumutungen des Lebens mit dem Ziel Weihnachten zusehen, und über die täglichen Abgründe in Haft verliert er kaum ein Wort: „Gestern am Nikolotag gedachte ich der lb. Kinder. Hast ihnen auch etwas zukommen lassen? Zu Weihnachten gibt es dann mehr. Zur Verschönerung meiner Weihnachten könntest Du mir etwa 5 Kilo Äpfel schicken. [...] Meine Kopfschmerzen sind zwar noch nicht weg, doch hoffe ich, hier gesund zu werden und dann doch wieder bei Euch, meine Lieben, bleiben zu können."[3]

Hugos zweiter Berliner Brief erreicht Maria und die Familie erst nach dem Heiligen Abend. Er schreibt am 23. Dezember 1943, die Absenderanschrift auf dem Gefängnisbriefpapier lautet „Berlin-Plötzensee, Königsdamm 7, Haus 5" – als sei er auf Berlinurlaub. Der Großvater zweifelt bereits am baldigen Wiedersehen. Er weiß, dass sein Schwiegervater Valentin krank ist, und er bittet Maria, sich bei Geldsorgen an Pepi zu wenden. Hugo lässt sogar seinen Gott einen Moment lang einen guten Mann sein und notiert einen Tag vor Heiligabend in seiner Berliner Zelle Sätze seltener Schönheit: „Das große Glück über den kurzen Weg ist leider nur Zeitvertreib." Verbitterung klingt aus seinen Zeilen: „Schick mir ja kein Geld! Dafür aber etwas Zahnpulver und 1 Seife. Sonst nichts! Es darf nicht sein. Seit 17. 9. 43, dem Tag meiner Festnahme, konnte ich keinen Gottesdienst besuchen. Dafür freut mich Euer Gedenken! Kann es gut brauchen. Baldiges Wiedersehen ist fraglich! Am Kriegsende vielleicht?"[4]

Das Jahr 1944 hält für Hugo neue Qualen bereit, von Anfang an. Er wird in die Psychiatrische Abteilung des Strafgefängnisses Plötzensee überstellt. Ein gewisser Obermedizinalrat Dr. Schmidt verfertigt am 1. Jänner 1944 ein Gutachten, das diesen Namen nicht verdient: „Der Untersuchungshäftling Hugo Paterno [...] wurde von mir auf seinen Geisteszustand untersucht und beobachtet. Es handelt sich bei ihm um einen nervösen, leicht erregbaren, weichlichen Psychopathen."[5]

Ich lese die zwei Zeilen in Maschinenschrift. Die Sprache der „Herrenmenschen" klingt kalt, mechanisch, nach zynischem Geschwätz. Ich male mir aus, wie Obermedizinalrat Schmidt im Arztzimmer, das nach klinischer Sauberkeit riecht, seine Diagnose stellt, das Urteil fällt.

Der Herrenmenschenmediziner und sein Versuchsobjekt. Muss Hugo vor ihm strammstehen? Verharrt er verloren im Raum, als sprächen die Menschen um ihn herum eine andere Sprache? Ganz abwegig ist die Vorstellung nicht. Ich darf mir Hugo in aller Verwundbarkeit im Arztzimmer imaginieren, Bilder bedeuten einen Einspruch gegen das Vergessen. Sagt der Arzt – kein schusseliger Professor, eher ein Mann von einigem Größenwahn, eine durch und durch verabscheuungswürdige Figur – dem Großvater direkt ins Gesicht, wie wenig er von ihm hält? Monologisiert Schmidt in einem Ton, als rede er zu einem Idioten?

Und weiter im Befund: „Die Voraussetzungen des § 51 Abs. I oder OO Str. G. B. liegen im Allgemeinen bei ihm nicht vor, jedoch wird man z. Zt. der Tat die Voraussetzungen des § 51 Abs. II möglicherweise für gegeben halten dürfen, sie jedenfalls nicht mit genügender Sicherheit ausschließen können, falls der Beschuldigte tatsächlich, wie er angibt, unter Alkoholeinfluss gestanden hat."[6] Der Schnaps, den Hugo gemeinsam mit den Soldaten im Zug getrunken haben will, könnte ihm helfen, aus seinem schweren einen minder schweren Fall werden zu lassen. Solange die Untersuchung über seinen „Geisteszustand" nicht abgeschlossen ist, ruht das Verfahren.

Hugo schreibt am 6. Jänner 1944 aus seiner Zelle: „In den langen, oft schlaflosen Nächten fällt es mir hin und wieder sehr schwer. Mangels einer Gegenwart vergisst man die Vergangenheit u. bangt einem vor der Zukunft. Die Feiertage vergingen an sich gut. Ich war an diesen Tagen immer satt u. daher auch selig. Am Heiligen Abend und Silvester legte ich mich mit sehr gemischten Gefühlen nieder. Diese werde ich mein Leben nicht vergessen. Ein katholischer Pfarrer hatte vor unseren Gittern am hl. Tag eine kleine musikalische Feier u. Ansprache, als Ersatz für den Gottesdienst [gehalten]. Es war traurig-schön!"[7]

Betschwester

Die Abstände zwischen den Briefen werden länger. Hugos nächstes Lebenszeichen aus Berlin wird in Lustenau erst einen guten Monat später eintreffen. Es müssen für Hugo und Maria endlose Tage und Wochen des Wartens und Bangens, der Ungewissheit und Sorge gewesen sein.

Anwalt Paul an der L. v. H. macht sich um diese Zeit auf die Suche nach Kollegen von Hugo, die Großvaters politische Unbedarftheit, die niemandem Böses will, bestätigen können. In Anton O., jenem Oberzollinspektor mit Hitlerbärtchen, der nach 1945 die verfälschte Chronik von Hugos Denunziation in die Welt setzen wird, findet er einen großsprecherischen Kronzeugen. In einem Brief vom 29. Jänner 1944 äußert Anton O. seine „Privatmeinung" über Hugo, den er politisch als Kreisfachschaftsleiter betreut habe.

Anton O. ist ein Nazi, der an die gute Sache des Herrenmenschentums und die böse des Volksverrats glaubt: „Ich hatte auch einmal eine persönliche Aussprache mit ihm, von Mensch zu Mensch und frug ihn geradewegs, wie er sich als Beamter bei dem Ruf, der ihm anhinge, sein Verhältnis zum nationalsozialistischen Staat vorstelle. Er antwortete mir darauf, dass er sich als religiöser Mensch zur Haltung seines geschworenen Eides sittlich verpflichtet fühle. Diese Antwort befriedigte mich, weil man von Menschen, die so geartet sind wie Paterno, nicht viel mehr erwarten kann."[1] Hugo, schreibt O., sei ein so ehrgeiziger wie äußerst tüchtiger, strebsamer und fleißiger Beamter. „Rein äußerlich besehen, ist er der ausgesprochene Typ des sturen, religiösen Fanatikers, und dieses Äußere entspricht vollkommen seinem Innern. So hat man mir erzählt, dass er bei Dienstgängen am Lande kaum bei einer Kapelle vorbeikommt, ohne dieselbe zu betreten, um längere Zeit inbrünstig zu beten. Wenn man ein solches Verhalten bei einer alten Betschwester noch mitleidig belächeln könnte, so muss es doch bei einem reifen Manne schwere Bedenken an der Intaktheit seines Geisteszustandes erwecken." Für „politisch gefährlich" halte er Hugo nicht, schreibt Anton O.: „Er hängt, so weit ich beobachten konnte, allein seinen religiösen Phantastereien nach und ist kein Konventikler." Im Duden schlage ich das Wort nach: „Substantiv, maskulin – Angehöriger einer außerkirchlichen religiösen Gemeinschaft". Hugo ist eine treue katholische Betschwester.

„Ich halte Paterno nicht einmal für einen wahrhaft religiösen Menschen", endet O.s Brief an Hugos Anwalt, „sondern nur für einen solchen, der von ganz verworrenen, phantastischen, religiösen Wahnvorstellungen besessen ist und der in dem Moment, wo er von denselben beherrscht wird, als geistig unzurechnungsfähig anzusehen ist. Aus seiner sonstigen Tüchtigkeit und Brauchbarkeit auf seine vollständige geistige Intaktheit zu schließen, wäre irrtümlich, denn die Beobachtung lehrt, dass es zahlreiche, teilweise geistig defekte Menschen gibt, wo dies ebenfalls zutrifft."[2]

Selbst wer im Nationalsozialismus helfen will, greift auf das Mittel der Niedertracht zurück.

Anklageschrift 1944

Anwalt Paul an der L. v. H. besucht Hugo am 1. Februar 1944, einem Dienstag, in Berlin und berichtet Maria wenige Tage später in einem Brief: „Ich durfte ihm auch etwas zum Essen mitbringen und Rauchmaterial geben. Das Wachpersonal ist voll des Lobes über Ihren Gatten, da er sich sehr gut hält. Er darf tagsüber arbeiten. Dies ist eine

Vergünstigung, welche nur selten Untersuchungsgefangenen gewährt wird."[1] Hugo gehe es gut, er habe sich über Marias und die Grüße der Kinder außerordentlich gefreut.

Hugo sitzt in Plötzensee in Untersuchungshaft, wo Gewohnheiten keine Geltung, die Tage keine Stunden mehr haben, als am Samstag dieser Woche einige Kilometer Luftlinie entfernt am Berliner Volksgerichtshof die Anklageschrift eingebracht wird. Hugo wird beschuldigt, „ein hochverräterisches Unternehmen verbreitet und zugleich öffentlich die Wehrkraft des deutschen Volkes zu zersetzen gesucht zu haben"[2]. Der Untersuchungshäftling habe im Tabakwarengeschäft der Eheleute R. „die nationalsozialistische Staatsführung verächtlich" gemacht, „die SS in niederträchtiger Weise beschimpft", den „baldigen Zusammenbruch des Großdeutschen Reiches und Ausbruch einer Revolution" verkündet, in „deren Verlauf nach seiner Ansicht Österreich gesäubert und wieder erblühen" werde. Hugo werden auf den Aktenschriften in den Aluminiumkisten Verschiedenes und doch, in paralysierender Gleichförmigkeit, der immer gleiche Gegenstand vorgeworfen: „Vorbereitung zum Hochverrat"; „staatsabträgliche Äußerungen"; „Vergehen nach dem Heimtückegesetz"; „Verbrechen nach § 5 Abs. 1 Nr. 1 KSStVO"; „Verbrechen gegen §§ 80, 83 Abs. 2 RStGB, § 5 Abs. 1 Nr. 1 der Kriegssonderstrafverordnung, § 73 RStGB".[3]

Die Anklageschrift vom 5. Februar hält fest: „Trotz seiner Mitgliedschaft zur NSDAP und ihren Verbänden konnte sich der Angeschuldigte innerlich nicht zur nationalsozialistischen Weltanschauung bekennen. Er blieb weiter stark konfessionell gebunden und stand vollkommen unter dem Einfluss des politischen Katholizismus." Die Bürokratie der NS-Diktatur, in der Verwaltungsapparat und Verbrechen ineinander übergehen, irrt an dieser Stelle: Hugo war nie Mitglied der NSDAP. Ein Nazi, der kein Nazi sein will – wiegt diese Widersetzlichkeit vor Gericht schwerer? Das Treffen mit dem Ehepaar R. wird in der Anklageschrift angeführt, das Gespräch in der Küche, Hugos Rede von Österreichs Rettung durch eine Revolution. Hugo wird die Gelegenheit zur Gegenrede eingeräumt, ein letztes Täuschungsmanöver: „Der Angeschuldigte hat behauptet, die ihm zur Last gelegten Äußerungen entweder nicht gemacht zu haben oder sich an sie nicht mehr erinnern zu können."[4]

Rosa und Albin R. hätten es zu diesem Zeitpunkt vielleicht noch in der Hand, Hugo halbwegs glimpflich davonkommen zu lassen. Der Berliner Psychiater, der den Großvater als einen „leicht erregbaren Psychopathen" verunglimpfte, ließ eine Tür offen: War bei Hugo Alkohol im Spiel, wäre dies ein Milderungsgrund. Die Anklageschrift vermerkt: „Paterno hat schließlich noch angegeben, an dem Morgen, an dem er das ihm zur Last gelegte Gespräch geführt habe, habe er infolge Alkoholgenusses unter schweren Kopfschmerzen gelitten. Die Ehefrau Rosa R. hat nicht wahrgenommen, dass Paterno unter der Wirkung von Alkohol gestanden oder an Kopfschmerzen gelitten hat." Rosa R. schlägt die Tür zu. „Die Eheleute R. werden [...] die Äußerungen als Zeugen in der Hauptverhandlung bestätigen." Hugos vorverlegtes Todesurteil.

Freislers Unterschrift

Hugos Schwiegervater Valentin stirbt Mitte Dezember 1943 nach längerer Krankheit. Nach Herta, der Tochter von Hugos Schwager, die Anfang Oktober im Bombenhagel umgekommen war, der zweite Tote in der Familie während der Haft. Hugo muss von Valentins Sterben erst spät erfahren haben.[1] Anfang Februar 1944 klingt sein Häftlingsbrief, in dem er über den Schwiegervater schreibt, vielleicht auch deshalb verbittert: „Ich beginne langsam mich ins Unvermeidliche zu fügen."[2]

In einer der Alukisten finde ich die Mitteilung mit Kennzahl 6J9/44 und Datumsstempel vom 29. Februar 1944, ein Vordruckblatt, von Hand wurden die freigelassenen Zeilen ausgefüllt: „In der Strafsache gegen Paterno ist nach der Geschäftsverteilung der 3. Senat zuständig. Berlin, den 1. März 1944. Der Präsident des Volksgerichtshofs."[3] Darunter eine regelrecht in das Papier gekratzte Unterschrift, die mit einem zackig geschwungenen „F" beginnt. Die Suche im Internet ergibt, dass Roland Freisler, Hitlers berüchtigter Jurist, die Mitteilung gezeichnet hat. Volksgerichtshofpräsident Freisler, der Blutrichter. Ich stelle mir vor, wie er die Angelegenheit 6J9/44 mit einem einzigen Federstrich beendete. Im Internet sind auch Filmaufnahmen abrufbar, die ihn im Gerichtssaal zeigen. Freisler, der Todesurteilsschreier, der in München-Stadelheim im Februar 1943 Mitglieder der „Weißen Rose" zum Tod verurteilt hat. Freisler war für mich immer die Inkarnation des fanatischen Menschenhassers. Ich freue mich fast für Hugo, dass er mit ihm nur eine Unterschrift lang zu tun hatte.

Der Großvater meldet sich am 12. März 1944 aus der Haft. Hugo schreibt offenbar, was die Zensoren lesen wollen. Etliche Sätze in dem Brief stechen hervor, nirgendwo sonst degradiert sich Hugo derart zu Hitlers Hanswurst. Ich lese eng beschriebene Zeilen: „Meine liebe Marie! Am 17. 3. sind es sechs Monate seit meiner Verhaftung. Es ist dies wahrlich Strafe genug für ein blödes Geschwätz. [...] Zweifellos werden demnächst alle Bezüge an Euch eingestellt, sodass finanzielle Not unausbleiblich wird. Sei stark, auch in diesem Kampf! Eine Mutter mit dem Mutterkreuz muss opferbereit sein. Wenn uns nur der Glaube an Deutschland und seine Führung bewahrt bleibt!"[4]

Abb. 27: „Strafe genug für ein blödes Geschwätz" – Von Hugo beschrifteter Briefumschlag an Maria (März 1944)

Gut zwei Wochen später, am 29. März 1944, schreibt Hugo erneut einen Brief aus Berlin. Er beklagt die vielen Sonntage ohne Messfeier, macht so etwas wie Ferienpläne und blickt seinem nächsten Gefangenenort und seiner Hauptverhandlung entgegen. Das Postskriptum ist rätselhaft: „Jetzt langsam mit Briefschreiben!"[5] Spielt er auf die Kassiber an, auf die heimlich aus dem Gefängnis beförderten Nachrichten an Maria?

Drum, Mut!

Hugo schmuggelt Briefe aus dem Gefängnis. Serafine H. erzählt von vielen, die sie erhalten habe. Sie sagt später: „Aus herausgeschmuggelten Briefen hat Paterno mich immer wieder [gebeten], ich möge mich nach Kräften stets mit seinem Verteidiger ins Einvernehmen setzen und mich seiner Familie annehmen."[1] Drei Kassiber haben sich erhalten, zwei davon entstehen mutmaßlich um Ostern 1944, der eine auf einem Papierbogen, der andere hastig auf die Rückseite eines Formulars notiert. Man kann aus diesen Zeilen Hugos Verzweiflung, seine fortschreitende Mutlosigkeit und Traurigkeit förmlich herausspüren.

Den ersten Kassiber schreibt Hugo auf einen braunen Bogen grobfasrigen Papiers. Er nähert sich in seinen Worten der Hoffnungslosigkeit seines baldigen Endes an. Es ist eine Nachricht, in der Hugo beginnt, Abschied zu nehmen, und in der er Bekenntnis ablegt. Er habe, schreibt Hugo, all die Dinge, die er in seinen späteren Vernehmungen abstreiten wird, in Rosa R.s Küche genau so gesagt. Ich erlaube mir einen gänzlich unvertrauten Gedanken: Hugo war vielleicht mehr Widerständler gegen das nationalsozialistische Regime, als man ihm in Lustenau und innerhalb meiner Familie zugestanden hat. Er hat seinen Mund nicht gehalten. Hugo schreibt im Kassiber von Ostern 1944:

„Schwer hat das Schicksal uns mitgenommen. Du weißt, Marie, dass ich im August letzten Jahres in S. bei R. war, welche ich bestimmt für 100 Prozent unsrige Leute hielt, so gesprochen, wie mir war. Leider bin ich das Opfer geworden und habe an dessen Folgen samt Euch schwer zu tragen. Es ist eben Krieg, und da wird in allem streng verfahren. [...] Von einem baldigen Wiedersehen ist daher keine Rede. Es müsste ein Wunder geschehen, und dessen bin ich unwürdig. Mir graut vor allem!

Ich bin natürlich jeden Tag und jede schlaflose Nacht bei Euch und kann nur tränenerfüllten Auges an Euch denken, denen ich Esel so viel Leid getan. Jetzt kann ich büßen genug dafür.

Das Zuchthausleben habe ich natürlich bis über die Ohren satt. Man ist hier kein Mensch! Habe schon so viel gesehen und mitgemacht, dass mir graut vor Preußen. Mündlich mehr. Das Essen ist hier nicht schlecht, aber 4 Mal zu wenig. Am Morgen gibt es 1 ½ Liter schwarzen Kaffee ohne Zucker und 100 Gramm Brot. Mittags 1 Liter Suppe ohne Brot, und meistens Steckrübensuppe, abends ½ Liter Suppe mit 100 Gramm Brot und damit Schluss. Fürs Arbeiten ‚Mädchen für alles' gibt's mittags um ½ Liter Suppe mehr. Ich wäre herzlich froh um die Abfälle von Eurem Tisch. Jetzt wiege ich noch 68 kg; früher 86 kg. Aber das alles macht nichts, wenn nur ein Ende zu sehen wäre. Hart wird es werden, wenn wir [ein] neues Leben beginnen müssen. Aber es muss gehen!

Leider bemerkte ich dieser Tage, dass ich einen rechtsseitigen Leistenbruch habe. Der Dr. sagt, ich hätte diesen schon lange und sehe ihn nur jetzt infolge des großen Fettschwundes. Ferner habe ich ein hässliches Ohrenleiden gehabt, und dafür höre ich jetzt am rechten Ohr nichts. Arm, ja sehr arm ist ein Gefangener, der krank wird, man lässt einen buchstäblich zugrunde gehen. So nichts wert ist hier ein Mensch. Von den Fliegerangriffen ganz abgesehen. Mündlich mehr! Gekleidet sind wir hier im Narrenhaus wie die Armenhäusler. Rasiert wird man selten, daher ein Aussehen wie Baraber. [...] Der Arzt findet an mir nichts ‚Verrücktes'! Gottlob!"[2]

Unklar ist, wann Hugo den zweiten Kassiber, der sich über die Zeit rettete, niederschreibt. Einiges deutet darauf hin, dass beide kurz nacheinander um Ostern 1944 entstanden sind. Hugos Feder fliegt förmlich über die leere Rückseite eines Formulars, seine Schrift ist schwer lesbar, bis an die Ränder des ausgefransten Zettels Wörter und Sätze. „Quittungsliste für Reichs..." ist auf der Rückseite zu lesen; der Rest des Blattes ist abgerissen. Hugo lässt seine Verwandten grüßen, er meldet Marias Schwester Fanny, dass er ihren Brief erhalten habe: „Ich grüße Euch alle und küsse Euch im Geiste! Gott sei mit Euch!" Hugo schreibt: „Am Ostermontag hier in der Zelle evang. Gottesdienst. Meine 2 Kameraden (1 alter Mann, 62 Jahre, Fabrikdirektor in Bremen, u. 1 Schneider aus Berlin, beide Leidensgenossen) haben den Pastor darum gebeten. Der kath. Pfarrer war 1 Mal hier, vielleicht kommt er noch? Er hat sehr viele Todeskandidaten zu betreuen. Es läuten die Glocken so schön hier, aber wo wir hinschauen – alles Ruinen."[3] An den Rändern der Botschaft an Maria drängen sich kreuz und quer die Sätze, Hugos Hilfeschreie: „Meine lb. Kinder! Gott schütze Euch! Betet für mich!" – „Also, auf Gott vertrauend in die Zukunft schauend / Größer als der Helfer ist die Not ja nicht!" – „Schau, dass Du für den Herbst Kartoffeln u. Brennmaterial hast. Der Winter wird böse."

Hugo schreibt ein zweites Blatt der „Quittungsliste" voll. Auf dem zweiten ist das Wort „Reichsbezugskarten" zu lesen: „Quittungsliste für Reichsbezugskarte" also, für Brot, Fett, Fleisch, Milch, „Nährmittel", „Raucherkarte". Hugo schreibt auf das zweite Blatt: „Wir sollen, heißt es in meiner Anklageschrift, die heutige Zeit nicht anerkennen, sondern stark vom politischen Katholizismus gebunden sein! O, diese Hornochsen haben keine Ahnung von unserem hl. Glauben. Wir leiden auch deshalb, darum wird Gott helfen."[4] Hugo nennt seine Peiniger „Hornochsen". Mehr schimpft er sie nicht.

Am Tag nach Ostern erlässt der von Roland Freisler eingesetzte Vertreter des Oberreichsanwalts, Staatsanwalt Karl F., die handschriftliche Anordnung, Hugo bald nach München überführen zu lassen, „da die Sache am 11. oder 12. Mai in München verhandelt werden soll". Karl F. hinterlässt auf der Order seine Unterschrift, die aussieht, als wüchsen Stacheln aus dem Weiß.[5]

Aus Innsbruck treffen kurze Zeit später zwei Briefe in Lustenau ein. Es ist, als ob Serafine H. und Emma L., die beiden ehemaligen Innsbrucker Zimmerwirtinnen Hugos, ahnten, dass es um den Großvater ernst steht. Mit „Fini" und „Emmy" unterschreiben sie ihre jeweiligen Briefe. Serafine spendet Trost: „Anwalt Paul an der L. v. H. erwartet täglich die Aussetzung der Verhandlung. Für Ihren Mann ist die Verzögerung nur von Vorteil, denn in der Untersuchungshaft wird er doch immer besser behandelt als nach seiner Aburteilung. Wie die Lage jetzt ist, ist ‚Zeit lassen' immer noch das Beste. Ja, liebe Frau Paterno [...], Gott wird Ihren Mann auch in Berlin beschützen, seien Sie dessen gewiss! Auch diese böse Zeit wird vorbeigehen und Sie werden wieder glücklich mit Ihrem Mann vereint sein."[6]

Emma spricht Maria ebenfalls Mut zu, wohl ebenso vergeblich wie Serafine in ihrem Brief. Hugo ist seit über sieben Monaten in Haft. Wer glaubt noch ernstlich daran, dass Gott helfen wird? Dass es Worte tun? Emma schreibt: „Herr Paterno ist immer noch in Berlin, der Arme muss viel mitmachen, und es zieht sich schon sehr in die Länge. [...] Die Zeit vergeht und es kommt wieder eine bessere."[7] Ich ertappe mich beim Wiederlesen von Emmas letztem Satz dabei, wie ich das Gesicht verziehe, als würde mir der Satz von der Zukunft, die besser werden wird, einen Stich versetzen.

Auch Hugos Gott hilft nicht. Nur Hugo glaubt noch daran, dass durch Gottes Wille alles gut werde. Am 23. April 1944 schreibt er nach Lustenau einen Haftbrief, in dem er vor lauter Gott die Welt und sich selbst vergisst: „Dass Du, liebe Marie, trotz der misslichen Lage, in der Du Dich zurzeit mit den vier Kindern befindest, immer guten Mutes und gottergeben bist, richtet auch mich in meinen Sorgen auf. So Gott will, gibt es doch einmal ein Wiedersehen? Wann, wollen wir gerne der Vorsehung anheimstellen?

Wenn es nur einmal wird. [...] Bitte, halte unsere lieben Kinder nur immer an, für ihren bedrängten Vater viel zu beten, denn das Gebet unschuldiger Kinder dringt durch die Wolken und findet Erhörung. Ich selbst bestürme den Himmel auch täglich, und so hoffe ich, dass uns das größte Leid doch erspart bleibe; wir haben wirklich sonst schon Kreuz genug."[8]

An diesem Tag, dem 23. April 1944, schreibt Hugo einen zweiten Brief, in dem ebenfalls viel von Gott die Rede ist. Wenn man bedenkt, wie oft er darüber klagt, dass er seinen Lieben zu wenige Botschaften schicken dürfe, muss ihm die Nachricht an Josef, seinen älteren Sohn, sehr wichtig gewesen sein. „Mein lieber Josef", schreibt er: „Wie ich gehört, hast Du am Karfreitag zur hl. Beichte können und hast am 2. Maisonntag den schönsten Tag Deines Lebens, wo der lb. Heiland zu Dir kommt. Lieber Seppl! Diesen Tag musst Du auch im Besonderen Deines Vaters gedenken, der so gern an Deiner Seite zum Tisch des Herrn mitginge. Bitte Du den hl. Heiland, dass er Euch den Vater zurückgebe. Mein Kind! Alle Tage Deines Lebens bewahre Gott in Deinem Herzen. [...] Wie geht es Dir in der Schule? Wie geht es den anderen Geschwistern? Liebe Anita, Imelda und Quido! Auch an Euch richte ich meine herzlichen Grüße. Seid Ihr immer brav? Betet Ihr auch für Euern Papa? Anita, Du die Älteste, bist Du der Mama in den schweren Tagen eine Magd? [...] Wenn ich das Glück habe, wieder zu Euch zu kehren, dann Kinder wollen wir uns freuen! Bis dahin aber gedenkt jeden Tag an mich, wie auch ich an Euch denke, ehe Ihr erwacht."[9]

Das Übel an Leib und Seele, von dem Hugo in seinem ersten Brief schreibt, wird seine Familie nicht verschonen, niemanden wird es vergessen, nicht Anita, die der Mutter eine Magd sein soll, nicht Imelda, Josef und Quido, nicht deren Kinder und Kindeskinder. Viele werden es verdrängen. Opa ohne Kopf, der mir indirekt half, vom Militärdienst verschont zu bleiben: Anfang der 1990er-Jahren musste sich, wer Zivildienst leisten wollte, noch einer sogenannten Gewissenskommission stellen, deren Aufgabe es war, junge Männer zu Rechtfertigungen dafür zu drängen, das Richtige zu tun. Der Brief, den ich zur Begründung mit Schreibmaschine an die Kommission tippte, ist verschollen. Ich schrieb darin über Hugo und seine Überzeugungen, vielleicht machte ich den Großvater heldenmütiger, als er in Wahrheit war, womöglich stellte ich seinen Fall in meinem himmelschreienden Unwissen allzu melodramatisch dar.

Nur zwei Tage nach dem zweiten sendet Hugo einen dritten Brief aus Berlin. Die Buchstaben, Wörter und Sätze auf Hugos letztem Haftbrief aus Plötzensee scheinen fieberhaft, in ungewöhnlicher Größe auf das Papier geworfen, die Seiten nicht wie sonst bis an die Ränder mit Schrift gefüllt. Hugo erlebt letzte Tage. Sein Gott mag ihn zu seinen stoischen Formulierungen gebracht haben. Er schreibt am 25. April 1944, Königsdamm 7, Haus 5: „Am 11. Mai 1944 findet meine Hauptverhandlung in München statt. [...] So schwer die ganze Sache für mich steht, so sehe ich vertrauensvoll der Stunde entgegen. Bitte, gedenket meiner, damit ich am Leben bleibe und bald zu Euch kehren kann. Der lb. Josef möge an seinem Freudentag im Besonderen meiner gedenken."[10]

Hugo fragt auch nach dem „langen Brief". Meint er den dritten Kassiber, der erhalten ist? Spielt er auf die verschlüsselte Botschaft an? Hugo schreibt auf dem weißen, hinten und vorne vollgeschriebenen Papier, das den Weg an der Zensur vorbei aus dem Gefängnis und in die Alukisten gefunden hat, dass er im März und April mit der Post sehr zufrieden sei: „Brauchst also nur alle 10 bis 14 Tage zu schreiben. Pakete vorläufig nicht! Erst wenn ich darum schreibe. Für Eure Glückwünsche herzl. Dank. Post erhalten"[11]. Wie so oft bedankt sich Hugo bei Bekannten und Freunden. Emil, Mesner, Franz, Zeppi, Ferdl. Namen ohne Gesichter. „Leider kann ich nur alle 14 Tage 1 Mal antworten u. das tue ich Dir! Am 24. 3. Anitas Geburtstag. Dein Paket mit großer Freude erhalten. Ebenso am 1. 4. vom Pepi eines. Fr. H. schreibt, sie glaube, ich werde bald in Innsbruck landen, darum habe sie kein Pakl geschickt. Wegen Deiner Löhnung soll keine Gefahr bestehen, aber eine kl. Kürzung, und diese will Fr. H. drauf tun, wenn Du wolltest. Schreib Ihr ja oder nein! Ich überlasse es Dir!"

Hugo nimmt Anteil am Alltag in Lustenau. Er kümmert sich um das Geld, denkt an den Geburtstag seiner Tochter. „Wie steht es mit der Rechtsanwaltsrechnung? Die gute Frau H. opfert sich ganz für uns. Na, wir werden es irgendwie richten, gute Marie, Du bist mir hoffentlich nicht böse. Das größte Leid muss doch ich tragen. Vielleicht ist alles für etwas gut. Sonst wäre ich vielleicht beim Barras [Militär], oder sonst wo? Die lb. Kinder! Ich kann mir sie bloß vorstellen. Die Bilder freuen mich."

Schickt Maria ihrem Mann Fotos von den Kindern nach Berlin? Hat er Fotos bei sich?

„Bitte schreibe mir, wenn Du diesen Brief erhalten hast, und zwar nur ,den langen Brief erhalten'! Sonst nichts. Die Zensur streicht auch von Dir öfters Zeilen aus. Sei bitte doch Du vorsichtig mit allem!!! Damit unser Kreuz nicht schwerer werde. Es reicht schon so! Doch es geht alles vorüber!" Ein Brief, in dem sich Maria an den vereinbarten Code gehalten hat, findet sich nicht in den Alukisten.

Anfang Mai 1944 wird Hugo vom Strafgefängnis Berlin-Plötzensee per Sammeltransport in die Untersuchungshaftanstalt Moabit, Berlin NW 40, Alt 12a, überführt. „Die Gefangenen sind streng voneinander getrennt zu halten, für die Verpflegung sei zu sorgen"[12], verlangt die Verfügung. Ab 2. Mai 1944 ist Hugo vier Tage lang in einem

Sammeltransport von Berlin nach München unterwegs, im Strafgefängnis München-Stadelheim trifft er am 6. Mai, 8.45 Uhr, ein. „Ohne Vorstrafen"[13], hält die Einlieferungskarte wie zum Hohn fest.

Sofort wird Hugo in Stadelheim die „Zustellungsurkunde" zur Hauptverhandlung am 11. Mai 1944 ausgehändigt, Geschäftsnummer 6J9/44, ein Dokument gestaltet wie eine Einladungskarte, noch ein Beleg zynischer Befehlsgewalt, übergeben zwischen 9 und 10 Uhr vormittags.[14] Anwalt Paul an der L. v. H. schreibt in jenen Tagen an Maria: „Ich glaube, dass es besser sein wird, wenn Sie nicht persönlich zur Verhandlung kommen, da Sie sowohl sich als auch Ihren Gatten einer starken Aufregung aussetzen würden."[15] Maria und Hugo werden einander nie mehr wiedersehen.

Vor dem Volksgerichtshof

Donnerstag, 11. Mai 1944, Justizpalast München, Schwurgerichtssaal 2, Obergeschoß, 13 Uhr. Vor dem Volksgerichtshof findet Hugos Hauptverhandlung statt. „Öffentliche Sitzung des 3. Senats des Volksgerichtshofs"[1] steht in der Kopfzeile der Mitschrift vom Prozess, ein Formblatt mit Standardtext und handschriftlichen Ergänzungen, die in den Alukisten die Zeit überdauert hat.

Im Vordruck: „Die Hauptverhandlung begann mit dem Aufruf der Zeugen und Sachverständigen."

In Handschrift: „Albin und Rosa R., 43 und 40 Jahre alt, Jäger und Hausfrau, beeidigt."

Im Vordruck: „Der Angeklagte äußerte sich zur Person." – „Der Angeklagte erklärte sich zur Sache." – „Nach der Vernehmung eines jeden Zeugen wurde der Angeklagte befragt, ob er etwas zu erklären habe." – „Der Vertreter des Oberreichsanwalts beantragte."

Wieder in Handschrift: „Die Todesstrafe und dauernden Ehrverlust wegen Wehrkraftzersetzung."

Im Vordruck: „Der Verteidiger beantragte."

In Handschrift: „Eine mildere Strafe."

Im Vordruck geht Hugos Leben langsam zu Ende: „Der Angeklagte, befragt, was er selbst noch zu Verteidigung auszuführen habe, erklärte sich." – „Der Angeklagte hatte das letzte Wort." – „Der Vorsitzer schloss die Verhandlung; das Gericht zog sich zur Beratung zurück." – „Es wurde folgendes Urteil durch Verlesen der Urteilsformel und durch mündliche Mitteilung des wesentlichen Inhalts der Urteilsgründe um" –

In Handschrift die eingefügte Zeitangabe: „17.25 Uhr" – – „verkündet".

Dazu die Unterschrift von Paul L., Vorsitzender des Verfahrens.

Sucht man den Namen von Hugos Richter im Internet, findet man bald ein Foto, auf dem Paul L. rechts neben Roland Freisler in einem mit Hitlerbüste und Hakenkreuzbanner geschmückten Gerichtssaal steht. Beide recken die Hände zum Hitlergruß. Mörder als Richter. Was waren Hugos letzte Worte? Sie haben sich nicht über die Zeit gerettet. Der Gerichtsschreiber hat sie nicht notiert.

Anwalt Paul an der L. v. H., das Ehepaar R., Serafine H. und Hugos Bruder Pepi wohnten der Verhandlung bei. Von Albin R. und Pepi sind keine Aufzeichnungen aus dem Verhandlungssaal überliefert, von allen anderen finden sich Aussagen in den Aluminiumkisten. Waren Hugos Antworten auf die Fragen des Richters einsilbig? Waren dessen Fragen in ruppigem Ton gestellt? Hielt Paul L. von der Richterbank herab eine abschließende Hass- und Verdammungsrede, seinem Vorgesetzten Freisler gleich? Maulte sich Paul L. in Rage? Hugo auf dem Platz des Angeklagten vor ihm, ein schweigender Mann mit altersgebeugten

Schultern, das Haar strähnig, die Augen stumpf? Hugo ist 48 Jahre alt, und sein Leben ist zu Ende.

Es gehört zu den Eigentümlichkeiten des Gerichts, dass die behördliche Mitschrift vom Prozess nichtssagend ist und nicht einmal mehr versucht, die Routine des Mordens, die dahintersteckt, zu verschleiern. Setzt man die unterschiedlichen Aussagen der Zeugen zusammen, entsteht das vage Bild eines schauerlichen Schauspiels im Gerichtssaal.

„Der Volksgerichtshof erklärte nach mehrstündiger Verhandlung Herrn Paterno der Wehrkraftzersetzung schuldig und verurteilte ihn zum Tode", erinnert sich Anwalt Paul an der L. v. H. später, „während der Oberreichsanwalt nach meinem Plädoyer die Anklage wegen Hochverrat fallen ließ."[2] Standen neben Hugo noch andere Todeskandidaten vor dem Richter, dem unbarmherzigen Sendboten des Regimes? Weshalb dauerte der Prozess so lange, wenn das Urteil ohnehin feststand? Rosa R., die einzige Zeugin, wurde nach kurzem Warten vor dem Verhandlungssaal zur Zeugeneinvernahme in den Saal gerufen: „Ich erinnere mich nur, dass mehrere Richter an einem Tisch saßen, kann aber nicht sagen, welche Farbe ihre Amtstracht hatte. Auch Paterno sah ich."[3] Hugo sei, sagt Paul an der L. v. H. später aus, während der Verhandlung sehr ruhig gewesen. An die Äußerungen, die dem ihm vorgeworfen wurden, habe sich der Großvater nicht mehr erinnert, während Rosa R. den „Tatbestand" vollumfänglich bestätigt habe.[4]

Hugos Freundin Serafine H. war ebenfalls im Gericht anwesend. Sie erinnert sich später an Rosa R.s Auftritt vor dem Richter, an deren Fuchteleien und großspurige Bewegungen. Es sah nach Schadenfreude aus: „Diese Gebärde und Geste waren so krass und charakteristisch, dass mir diese Worte und deren Verhalten immer im Gedächtnis bleiben werden. [...] Aufgefallen ist mir nur, dass die R. ein höhnisches Benehmen an den Tag legte. Ich weiß jedoch nicht, ob dies überhaupt ihre Art in ihrem Wesen war oder ob sie damals durch dieses Benehmen zum Ausdruck bringen wollte, sie habe in ihrer Sache über Paterno den Triumph davongetragen."[5]

Eine Aussage von R. illustriert aufs Schonungsloseste die Zeit. Wäre Hugo bei seinem Dienstgang in S. alkoholisiert gewesen, könnte er womöglich auf ein milderes Urteil hoffen. Vielleicht ist alles Reden im Gerichtssaal über Hugos Trunkenheit Chimäre, womöglich haben die Richter ihr Urteil bereits gefällt, wahrscheinlich ist die Frage nach dem Alkohol eine juristische Formalie. Serafine H. sagt später aus: „Ganz genau erinnere ich mich dabei an die Worte des Vorsitzenden, die er an die Rosa R. gerichtet hatte. ‚Haben Sie den Eindruck gehabt, dass der Angeklagte unter Alkoholeinfluss gestanden ist?', worauf die R. achselzuckend kurzbündig antwortete, ‚gerochen hab' ich nichts'."[6] Anwalt Paul an der L. v. H bestätigt später, dass sowohl der Vorsitzende des Volksgerichtes wie auch er selbst dem Ehepaar R. öfter ausdrücklich in den Mund gelegt hätten, ob den beiden Zeugen denn aufgefallen sei, inwieweit Hugo bei seinen Dienstvorrichtungen von Alkohol beeinflusst gewesen sei.[7]

Keine Gnade für die Verlierer. Alle Hoffnung weg, weggeschwemmt von Rosa R., die sich später an ihren großen Auftritt vor Gericht so erinnert: „Der Vorsitzende frug mich, ob der Paterno bei jenen Äußerungen alkoholisiert war, und ich musste das natürlich verneinen, ich konnte und wollte deswegen nicht lügen."[8] Sie schlägt die Tür wie angekündigt zu.

Rosa R., der gemeinsam mit ihrem Mann Albin „Zeugengebühren" für Zeitversäumnis und Übernachtungsgeld im Wert von 50 Reichsmark ausbezahlt werden[9], sagt 1946 aus: „Ich habe mir bei der ganzen Sache nur gedacht, das ist eine dumme Angelegenheit. Mir war die Sache nicht recht, aber ich habe nicht geglaubt, dass dem Paterno etwas passieren könne. Ich habe vor dem Gericht in München gar nicht richtig aufzuschauen gewagt. [...] Wir haben das Ergebnis der Verhandlung nicht abgewartet, ich habe in der Verhandlung nur noch gehört, wie ein Richter die Todesstrafe beantragte, aber dann sind die Richter hinausgegangen und wir sind weggegangen. Die Urteilsverkündung habe ich nicht mehr gehört."[10]

Auf der letzten Seite der Mitschrift vom Prozess in der großen, scharfkantigen Handschrift des Vorsitzenden des Volksgerichtes steht Hugos Todesurteil: „Im Namen des deutschen Volkes! Der Angeklagte Hugo Paterno, ein Zollsekretär aus Innsbruck, der schon einmal im Jahre 1941 wegen staatsfeindlicher Äußerung im Dienststrafverfahren bestraft worden ist, hat sich am Ende des vierten Kriegsjahres gegenüber den Zeugen eines Tabakwarengeschäfts, in dem er eine steuerliche Überprüfung vornahm, defätistisch geäußert, insbesondere den baldigen Zusammenbruch des Großdeutschen Reiches und zugleich den Ausbruch einer Revolution angekündigt, in deren Verlauf Österreich wieder selbstständig würde. Er wird deshalb wegen Wehrkraftzersetzung zum Tode verurteilt. Die Ehrenrechte hat er für immer verloren. Schluss der Sitzung um 17 Uhr 40 Minuten."[11] Der Gerichtssaal als Ort grausamer Verrohung. Hugo ist zum Verschwinden gebracht. Für immer verloren.

Die sechs eng beschriebenen Schreibmaschinenseiten des schriftlichen Urteils werden vier Tage nach der mündlichen Verhandlung ausgefolgt. Ein schwer erträgliches Maß an Gemeinheiten und Unterstellungen, Verdrehungen und Propaganda findet sich darin wieder: Das Gericht folgt den Aussagen der Denunziantin Rosa R., der Hugos baldige Hinrichtung egal zu sein scheint, deren Geschäft die Gehässigkeit ist. Hugos Worten glaubt man nicht. Er habe sich in der Küche in S. des Delikts der „Wehrkraftzersetzung" schuldig gemacht, die darauf gerichtet gewesen sei, beim Ehepaar R. den „Glauben an die deutsche Sache" zu zerstören, was mit der Todstrafe zu ahnden sei. Das Urteil hält aber auch fest, Hugo sei ein Feind des Reiches, ein Defätist, getragen von Hass und erbitterter Feindschaft auf den Nationalsozialismus, den er als Gegner bekämpfen will, ein entschiedener und unbelehrbarer Feind der Herrenmenschen. Ein Mensch im Widerstand. Mein Held.

„Schon [1941] zeigte Paterno sich also als ein Feind des nationalsozialistischen Großdeutschen Reiches und als Defätist." So hebt das schriftliche Urteil vom 15. Mai 1944 an. Und weiter: „Im Sommer (Ende Juli oder Anfang August) 1943 fuhr der Angeklagte am frühen Morgen mit der Bahn von Innsbruck nach S., wo er in dem Tabakgeschäft der Frau Rosa R. eine Prüfung vorzunehmen hatte zur Entscheidung darüber, ob dieses Geschäft weiterbestehen bleiben sollte oder nicht."[12]

An keiner weiteren Stelle von Hugos Fall findet sich letztere Mutmaßung. Hugos Verfolger vertrauen auf die Zuverlässigkeit der langsamen Zermürbung. Man schiebt ihm jede Schlechtigkeit unter. „Schon gegen sieben Uhr traf er dort ein und erledigte seinen Dienstauftrag in Anwesenheit der Frau R. und ihres Ehemannes, der von Beruf Jäger ist. Anschließend unterhielt er sich mit beiden Eheleuten und machte dabei, indem er insoweit fast ganz allein das Wort führte [...], staatsfeindliche und defätistische Äußerungen. [...] Die Eheleute R. sagten gar nichts dazu. Sie fühlten sich von dem Wohlwollen Paternos abhängig und wunderten sich nur, wie ein Beamter so sprechen konnte."

Hugos Aussagen werden im Urteil vom Tisch gewischt: „Der Angeklagte Hugo Paterno verteidigte sich dahin, dass er auf der Bahnfahrt von Innsbruck nach S. von Soldaten, denen er Zigaretten gegeben habe, ziemlich viel Schnaps zu trinken bekommen hätte. Dadurch sei sein Befinden gestört worden, insbesondere habe er an ‚Kopfdruck' gelitten. Die Eheleute R. haben jedoch beide durchaus nicht den Eindruck gehabt, dass Paterno unter Alkoholwirkung stand. Auch sprach er ja völlig geordnet und klar. [...] Der Beweis des vorstehend festgestellten Sachverhalts beruht auf den Aussagen der Zeugen Albin und Rosa R. Sie sind unvoreingenommen und haben ihre Aussagen mit offenbarer Vorsicht und großer Gewissenhaftigkeit gemacht. Böswilligkeit und Irrtum scheiden daher bei ihnen als Quelle einer unrichtigen Sachdarstellung aus."

Dies, fährt das Urteil fort, bedürfe keiner näheren Erklärung: „Voraussage der Revolution und des Zusammenbruchs, das nationalsozialistische Großdeutsche Reich habe auch keine moralische Daseinsberechtigung, österreichischer Separatismus, Beschimpfung der SS und vor allem: die Behauptung, dass die Deutschen ebensolche Massengräber zu verantworten hätten wie die Bolschewisten im Falle Katyn." Hugos Äußerungen seien eindeutig. „Nur der Bestätigung seines schlechten Gewissens diente es noch, wenn Paterno am Schluss seiner Äußerung die Bemerkung machte, er wolle nichts gesagt haben, denn er möchte nicht eingesperrt werden." Ein Richterspruch, der nichts ist als vulgär und ekelhaft, ein Manifest des Menschenhasses.

Strafrechtlich erfülle Hugos Handlung die Vorrausetzungen der Wehrkraftzersetzung, Verbrechen gegen § 5 Abs. 1 Nr. 1 der Kriegssonderstrafrechtsverordnung. „Denn sie war darauf gerichtet, in den Eheleuten R. den Glauben an die deutsche Sache und ihre Einsatzbereitschaft für den Sieg zu zerstören. Sie ist auch öffentlich begangen, sofern der Angeklagte damit rechnen musste und in seinem Hass auf den Nationalsozialismus in Kauf nahm, dass seine

Äußerungen weitergetragen werden würden. Erbitterte Feindschaft gegen den Nationalsozialismus, entstanden aus tiefer Verwurzelung im politischen Katholizismus, ist nämlich der Grund für das Verhalten Hugo Paternos, wenn er dies auch nicht gelten lassen will. Zu seinem Schutz ist vorgebracht worden, dass er verworrenen religiösen Vorstellungen ergeben und eigentlich nicht politisch interessiert sei. Richtig ist stattdessen, dass er aus seiner fanatischen katholischen Grundeinstellung zur Bekämpfung unseres Staates und zum Hass gegen ihn, also zu einer durchaus politischen Haltung gekommen ist."

Drei Wochen vor Hugos Hinrichtung wird Otto Georg Thierack, der Reichsminister für Justiz, von dem es im Internet Fotos gibt, auf denen sein von Mensuren verbeulter Kopf und seine vernarbte Visage zu sehen sind, mit Ermächtigung Adolf Hitlers die Vollstreckung des Urteils anordnen.[13] Einer von Thieracks Helfershelfern veröffentlicht die Weisung: „Von einer Bekanntmachung in der Presse und durch Anschlag bitte ich abzusehen."[14] Staatsanwalt Paul L. erhält am 4. Juli 1944 ein Telegramm aus München in sein Büro am Berliner Volksgerichtshof zugestellt, Kennung 1795 Muenchen F 25 4 0904: „Zu 6J9/44 – Angelegenheit wird am 7. 7. 44 erledigt."[15] Hugo ist nur mehr eine „Angelegenheit". Er wird am 7. Juli 1944 „erledigt".

Leben erbitten

An den Reichsminister mit dem zerschrammten Antlitz ergeht einen Tag nach Hugos Hauptverhandlung, am 12. Mai 1944, ein Gnadengesuch von Hugos Anwalt, fünf Schreibmaschinenseiten in großem Zeilenabstand. Paul an der L. v. H. erinnert an die Einschätzung des Nervenarztes in Plötzensee, an das Wort des nervösen Psychopathen. „Diese von der Norm abweichende Veranlagung hat mit Bestimmtheit auf das Gespräch mit den Eheleuten R. eingewirkt, dessen Inhalt zum Großteil Gegenstand der Anklage wurde"[1], schreibt der Anwalt.

Hugo habe sich anderswo nicht die geringste Äußerung gegen Staat und Regierung zuschulden kommen lassen, es mangle ihm an jeder zersetzenden Absicht. Der Anwalt erinnert an das Sprüchlein von Hugos Kindern, in dem im fernen Lustenau Abend für Abend um Kraft und Mut für Hitler gebetet werde. Ein Mensch, der Staatsfeind sei, lasse seine Kinder nicht solche Fürbitten sprechen. „Führer, Dir Kraft und Mut. Treu und gut." Furchtbare Schande auf Lebensdauer, schließt der Gnadenbrief, verbliebe auf Hugos Witwe und den Kindern, wenn das Dasein des Gatten und Vaters durch die Hand des Henkers erlösche. „Diese schwerste Belastung würde die seelische und wirtschaftliche Existenz insbesondere der Kinder gefährden, deren schönste Aufgabe aber es sein sollte, am Wiederaufbau des deutschen Vaterlandes mit freiem Herzen und freier Seele mitzuarbeiten."

Ein Vater und Großvater ohne Kopf schafft unfreie Seelen und Herzen. Namenloses Unglück. Hugos Sohn Quido, mein Vater, wird nicht ganz zehn Jahre nach Hugos Hinrichtung als junger Erwachsener einen Lebenslauf verfassen: „Ich, Quido Paterno, wurde am 2. Juni 1937 als Sohn des in Lustenau wohnhaften Zollbeamten Hugo Paterno geboren. Ich wuchs im Elternhaus auf, trat im Jahre 1943 in die Volksschule in Lustenau ein. Als ich fünf Klassen Volksschule hinter mir hatte, war mein Wunsch, eine höhere Schule zu besuchen. Vom Jahre 1948 bis 1952 besuchte ich dann die Oberrealschule in Dornbirn, wobei ich täglich mit dem Omnibus hin- und zurückfuhr. Ich bin das jüngste Kind unserer Familie."[2] Als sei Hugo nicht ermordet worden, als sei nichts geschehen. Unfreie Seelen und Herzen.

Am 12. Mai 1944 richtet neben dem Anwalt auch Maria ein Gnadengesuch an den Berliner Reichsminister für Justiz. Sie schreibt in der Petition: „Mit meinem Manne Hugo Paterno lebte ich durch 14 Jahre in einer überaus glücklichen Ehe und brachte vier gesunde starke Kinder zur Welt, welchen der Verurteilte stets ein guter und treubesorgter Vater war. Das erflossene Urteil trifft die Unschuldigen äußerst hart und zerstört Familie und Ernährer. Die Unterzeichneten bitten daher mit flehender Stimme und aufgehobenen Händen, das vom Volksgerichtshof in München am 11. Mai gefällte Todesurteil im Gnadenwege auf eine Freiheitsstrafe umzuwandeln. Hoffend auf Milde, danken die Unterzeichneten mit dem feierlichen Versprechen, dass sie sich durch ihr Verhalten eines Gnadenaktes stets würdig erweisen werden."[3] Am Ende des Briefes aus der Lustenauer Reichsstraße 22 nach Berlin stehen die Kinderunterschriften von Anita, Imelda, Josef und Quido.[4]

Es gibt ein Foto von dem Haus in der Reichsstraße 22, das vor wenigen Jahren abgerissen wurde.

Abb. 28: „Bittet den Führer um das Leben meines Vaters" – Quido, Josef, Anita und Imelda (1. Juni 1941)

Abb. 29: Spalier auf den Stufen – Familie Paterno mit Verwandten
(1. Juni 1941)

Das Bild trägt auf der Rückseite das Datum 1. Juni 1941. Die vier Kinder sind darauf zu sehen. Die Mädchen tragen Kleider und weiße Maschen im Haar, Anita ganz in Schwarz, Imelda in Weiß. Josef und Quido haben Kappen auf dem Kopf, auf die der Schriftzug „Tirol" und der Tiroler Adler gestickt sind. Die Buben tragen saubere Hemden und kurze Hosen. Alle Kinder sitzen (nur Quido steht, er ist auch als einziger barfuß) im Kreis auf der Haussstiege, in ihrer Mitte ein Brettspiel. *Mensch ärgere Dich nicht?* Ein Sommersonntag. Die Kinder in ihrem schönsten Gewand, die Buben mit den Filzhauben, die ihnen Hugo als Mitbringsel aus Innsbruck mitgebracht haben muss, wohin er kurz zuvor strafversetzt worden war. Das Foto mit den Kindern vor der Reichsstraße 22 liegt Marias Gnadengesuch vom 12. Mai 1944 an den Berliner Reichsminister bei.[5]

In einer der Aluminiumkisten findet sich auch ein Foto, das unmittelbar vorher oder kurz nach dem Spiel auf der Treppe gemacht worden sein muss. Die Kinder stehen darauf Spalier auf den Stufen, umrahmt von fünf Erwachsenen, darunter Hugo mit Maria. Herta mit ihren langen Zöpfen. Hugos schwarze Schuhe sind glanzpoliert, er trägt einen hellen Anzug. In seiner rechten Hand hält er Josefs Hand. Der Zeigefinger von Hugos älterem Sohn ragt aus der Männerfaust hervor.

Hugos Schwester Ursula wird über den Großvater später, nach seiner Hinrichtung, in einem Brief an Maria schreiben, er sei der „liebe und unvergessliche Bruder"[6] gewesen, der „Benjamin" der Familie. Es sei ein schöner Gedanke, dass Hugo und Maria noch ein schönes Familienbild hätten machen lassen, so sei wenigstens ein Andenken da.

Das Foto, das Ursula in ihrem Brief vom 26. Juli 1944 erwähnt, zeigt die Familie Paterno.

Abb. 30: Wenigstens ein Andenken – Hugo mit Maria und den Kindern (undatiert)

Maria, Quido und Josef, Anita und Imelda, Hugo. Er sitzt rechts im Bild. Alle blicken ernst in die Kamera. Quido, mein Vater, ist ein kleiner Bub. Das Foto ist mutmaßlich vor Hugos Versetzung nach Innsbruck entstanden, vielleicht in jenen Tagen, als er in Lustenau denunziert wurde. Auf dem Familienbild Jahre später, ebenfalls im Studio eines Fotografen gemacht, fehlt Hugo bereits. Maria ist ergraut, Anita und Imelda sind Teenager, Josef ein hochgewachsener junger Mann, Quido wirkt in seinem hellgrauen Anzug wie ein zu klein geratener Erwachsener, auf den Gesichtern der Kinder zumindest der Anflug eines Lächelns. „Kinder waren Hugos Freude", schreibt Ursula in ihrem Brief Ende Juli 1944.

Abb. 31: „Kinder waren Hugos Freude" – Josef, Anita, Quido, Maria und Imelda (undatiert)

Am Samstag, 13. Mai 1944, meldet sich Hugo aus München mit einem Häftlingsbrief der Verzweiflung. Er weiß, dass der Tod nicht mehr lange wartet: „Meine liebste Marie und Kinder! Vom schrecklichen Ausgang meiner Verhandlung werdet Ihr gehört haben. Dass nach all unserem heißen Ringen und Flehen die härteste Strafe mir erwachse, hätte ich wahrlich nicht gedacht. [...] Im Geiste reiche ich Euch meine Hand zum Abschied! Marie! Teure Gattin, liebe Mutter! Verzeih mir alles, was ich Dir bewusst oder unbewusst zu Leid tat. Lehre die Kinder, die Gebote Gottes halten. In ihnen soll mein Geist weiterleben. Ich danke Gott für seine Liebe, die mich auch in der Todeszelle ruhig bleiben lässt."[7]

Gut zwei Wochen später schreibt Maria ihr zweites Gnadengesuch. Die postalische Quittung ist in diesem Fall vorhanden, Einlieferungsnummer 604, abgesandt am 27. Mai 1944 von Maria Paterno an den „Führer und Kanzler Adolf Hitler" in Berlin. Dieses Gnadengesuch existiert in zwei Ausführungen.[8] Einmal als handschriftliche Version, die sie nach Berlin schickt und die sich später in Hugos Akten wiederfindet, einmal als von Hand kopierte Abschrift. Wer war die Kopistin, der Kopist? Wer musste Marias Flehen und Bitten um Hugos Leben abschreiben? War das Abschreiben Alltagsarbeit? Bloße Sätze auf einem Stück Papier? Büroarbeit, die vor Feierabend noch zu erledigen war?

„An den Führer", steht in Marias Handschrift auf dem ersten der beiden vergilbten Zettel des Gnadengesuchs vom 24. Mai 1944: „Mein Führer, hören Sie die Bitte der vier Kinderherzen und schenken Sie bitte den Kindern ihren Vater wieder. Mein Führer, die vier Kinder und ich glauben und wissen, dass Sie nicht die Vernichtung wollen, sondern das Leben. Und deshalb wendet sich ein brechendes Frauenherz und vier brechende Kinderherzen in großem Vertrauen und Glauben an Sie, mein Führer, und bitten mit aufrichtigen und inbrünstigen Herzen, lassen Sie nur bitte die Hoffnung und den Glauben nicht zu Schanden werden und begnadigen Sie unseren Vater und Gatten. Um der Kinder willen bitte ich Sie, mein Führer, halten Sie den Kindern das ewige Brandmal und die Schandflecke fern, und ich bin überzeugt, dass meine Kinder zeitlebens es Ihnen danken werden und Sie stets Ihrer Gnade würdig erweisen werden."[9]

Die Kinder lässt Maria auf dem Brief der brechenden Herzen unterschreiben, vier Sätze von wechselnder Kinderhand: „Anita Paterno, 12 Jahre alt, bittet den Führer um das Leben meines Vaters." – „Imelda, 11 Jahre alt, bittet den Führer um das Leben meines Vaters." – „Josef, 8 Jahre alt, bittet den Führer um das Leben meines Vaters." – „Quido, 7 Jahre alt ..." – an dieser Stelle bricht die Kleinkinderschrift meines Vaters ab. Maria vervollständigt den Satz: „... bittet den Führer um das Leben meines Vaters." Quidos

Halbsatz, Jahrzehnte her, lässt mich noch immer so ratlos wie traurig zurück.

Serafine H. richtet am selben Tag, an dem Maria ihr zweites Gnadengesuch schreibt, einen Brief an Hugos Frau, auf dem sie in großen, über das Blatt drängenden Buchstaben und mit hellrosa Unterstreichungen an Maria appelliert: „Ich bitte Sie am Dienstag, 30. Mai 1944, zu mir zu kommen. Wir fahren dann am gleichen Tag abends mit einem Herrn des Finanzamtes nach Berlin. Sie müssen dort für Ihren Mann bitten, dass das Urteil geändert wird. Richten Sie sich so ein, dass Sie drei Tage abwesend sein können, aber ja nicht viel Gepäck. Wir sind zwei Nächte auf der Fahrt. Schreiben Sie mir gleich; Sie müssen sich zu der Fahrt [entschließen], denn es geht ja um das Leben Ihres Mannes.“[10]

Die Reise von Maria und Serafine nach Berlin ist umsonst. Alles vergebens.

Letzte Lebenszeichen

Hugo und Maria nehmen voneinander Abschied in Briefen. Von Maria finden sich wenige Nachrichten an Hugo in den Aluminiumkisten, die nach der Hinrichtung gemeinsam mit seinen Habseligkeiten offenbar zurück nach Lustenau gesandt wurden. Maria spielt in Hugos Geschichte die Hauptrolle. Nur in diesen Briefen kommt sie zu Wort. Von Maria habe ich genauso wenig ein Bild wie von Hugo. Selten war in der Familie von ihr die Rede. Das Wort „Oma“ gab es in meiner Kindheit nicht. Maria starb zwei Jahre vor meiner Geburt.

Auf den Fotos nach dem Krieg wirkt sie klein und zerbrechlich, oft erschöpft, als schleppe sie die Last von Scham und Schande, Witwe eines „Volksverräters“ zu sein.

Mein Lieblingsfoto von ihr zeigt sie, wie sie allein auf einem Holzstuhl im Garten sitzt, die Arme vor der Brust verschränkt, ein gemustertes Kleid, das sie älter wirken lässt, im Gesicht ein leises Lächeln. Man kann ihr bei einem Weiterleben nach der Katastrophe von Hugos Hinrichtung zuschauen.

In den Wochen bis zu seiner Hinrichtung am 7. Juli 1944 schreiben Maria und Hugo einander häufig, als ob das Briefeschreiben das Urteil hinauszögern könnte. Es ist ein langsames Lebewohl, bei dem die beiden oft zu dritt sind, gemeinsam mit Hugos Gott, der nicht helfen wird und nicht helfen kann. Ein trauriges Dreigespann.

Am 21. Mai 1944 schreibt Maria an Hugo in die Haftanstalt München-Stadelheim:

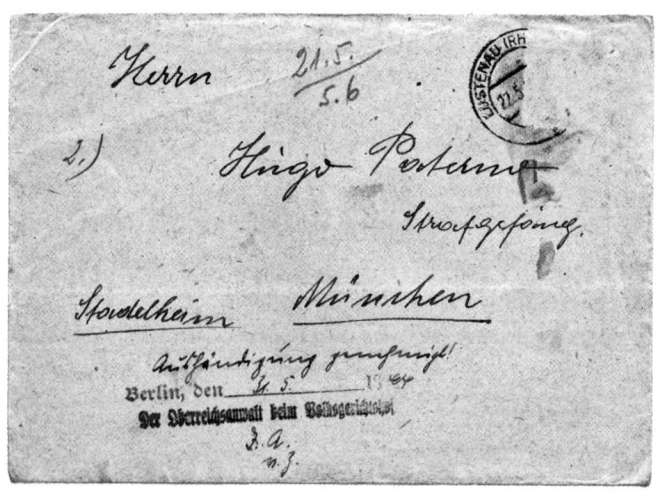

Abb. 32: „Schwerer Tag" – Von Maria adressiertes Briefkuvert an Hugo in München (Mai 1944)

„Mein allerliebster Hugo! Heute hatten wir Muttertag. Es war für mich ein schwerer Tag. Als ich heimkam von der 6 Uhr Messe, standen alle 4 Kinder in der Stu-

be und wünschten mir Glück, und der Kleinste hat mir
so ein schönes Gedicht gesagt, ich konnte nichts als
weinen. Ich sagte ihnen, hätte der Papa eine Freude,
und hatte jedes Mal alles aufgeboten, uns nur eine
Freude zu machen. Hugo, Hugo, mein liebster Gatte, und heute dieses Elend, aber nein, Du kommst ja
wieder einmal zu uns, ich habe das beste Vertrauen.
Wir werden Dir helfen, wo wir nur können. [...] Lebe
wohl, auf baldiges Wiedersehen und herzliche Grüße
und Küsse. Man möge doch Erbarmen haben mit einer
armen Frau und vier armen Kindern. Menschen sind
hart! Deine, von herbem Schmerz gebeugte, getreue
Marie."[1]

Hugo antwortet am Pfingstsonntag 1944 mit einem Brief:

„Meine liebste Marie und Kinder! [...] Dein Besuch wäre
mir erst nach Begnadigung erwünscht, denn eine rest-
lose Trennung von Dir brächte ich nicht übers Herz.
Also später mehr davon. Dass die lieben Kinder so brav
sind, freut mich sehr, und so lange ich lebe, gebe ich
die Hoffnung eines Wiedersehens nicht auf. Doch wie
Gott will! [...] Wir dürfen Pakete bis 5 Kilogramm alle
14 Tage erhalten. Du, liebe Marie, schick mir Schwarz-
brot, ganz gleich wie alt, Kunsthonig oder Marmela-
de, Süßstoff, 1–2 Seifen, 1 farbiges Taschentuch, Dörrobst usw. Natürlich nur, wenn möglich! [...] Euer Vater,
schreibt oft."[2]

Es verstreichen fünf Tage, bis Maria am 2. Juni 1944 ein
weiteres Schreiben an Hugo in München richtet:

„Mein liebster Hugo! [...] Ja weißt, der Heiland verlässt
Dich nicht und auch uns nicht. Morgen wird für Dich

schon ein Paket abgehen. Auch der Frau H. habe ich geschrieben. Wir waren diese Woche in Berlin. Auf Lichtstrahlen darfst Du hoffen. Wir sind gestern Abend wieder zurückgekehrt und hatten eine glückliche Fahrt. Alles für Dich, mein lieber, guter Hugo. Die ganze Gemeinde hat Mitleid mit Dir und uns. Alle möchten Dir etwas schicken. Das Fleisch und Dörrobst habe ich [...] von mir, und das andere von einem guten Wohltäter. [...] In Wien ist auch die Kunstmalerin Steffi Hollenstein [...] gestorben. Morgen ist hier für sie ein Staatsbegräbnis."[3]

Selten dringen Zeitungsschlagzeilen in die Briefe von Hugo und Maria vor. Meist erörtern sie Privates, Gottes Allmacht, Gottes Güte. Der Name der Lustenauer Künstlerin in Marias Brief wirkt deshalb seltsam deplatziert. Es klingt für mich Sarkasmus mit, wenn Maria schreibt, Hollenstein, die in Lustenau bis heute nahezu kritiklos geschätzt wird, erhalte ein „Staatsbegräbnis".

So setzt Maria ihren Brief vom 2. Juni 1944 fort:

„Das Holz auf dem Feld wartet immer noch auf Dich – hab noch keinen ergattert. Hin und wieder geht ein Lustenauer nach München. Dürfte Dich ein Bekannter nicht besuchen? Nach Deiner Begnadigung kommen wir ganz sicher. Besser wäre es, wenn Du, lieber Hugo, für immer zu uns kommen könntest. Welch ein Jubel, welch eine Freude bei den Kindern und allen Lieben. Anita und Imelda haben morgen einen Sportwettkampf, will schauen, ob sie wieder die Siegernadel bringen. Mein Hugo, hab guten Mut, ich weiß, dass Du stark bist und bleibst, und das ist mir ein großer Trost. Es vergeht keine Minute, wo ich nicht Deiner gedenke. Du warst und bleibst immer ein guter Gatte und den

Kindern ein lieber, guter Vater. Gott schütze und segne Dich, mein Liebster. Recht herzliche Grüße und Küsse, Deine Marie und Kinder."

Auf dem Briefpapier zwei Randnotizen: „Kunsthonig werde ich Dir das nächste Mal schicken. Baldiges Wiedersehen, [es] grüßt Dich Deine Schwägerin [Fanny]." Die zweite in Kinderschrift: „Hoffentlich sehen wir Dich bald wieder, lieber Papa. Wir gedenken Deiner alle Tage im Gebete. Herzliche Grüße, Anita! Auf ein baldiges Wiedersehen, lieber Papa, grüßt Dich Deine Imelda."

Knapp eine Woche darauf, am 8. Juni 1944, schickt Maria ihren nächsten Brief an Hugo, Marias große Buchstaben auf dem Papier:

„Mein liebster Hugo! Heute, am heiligen Fronleichnamstag, Deiner besonders gedacht. Komme soeben aus der Abendmesse. Schick Dir, lieber Hugo, jeden Tag den Segen in Deine Zelle. Heute bekam ich eine Verständigung aus Berlin, dass mein Gnadengesuch dort eingegangen ist. Also noch ist ja Hoffnung, und ich habe ein felsenfestes Vertrauen, dass alles zum Guten ausgeht. Aber dann bin ich gleich reisefertig, um Dich zu besuchen. Es war eine lange, schwere Zeit, seit wir uns das letzte Mal verabschiedeten. [...] Nun ist es auch Zeit, ins Bett zu gehen. Ob Du auch schon schläfst? Bei mir wird's wie immer jeden Abend spät. Weißt, ich kann dann besser schlafen. Recht viele liebe Grüße und Küsse. Gott segne Dich, mein lieber Gatte und Vater, Deine Marie und Kinder."[4]

Maria darf Hugo öfter Briefe zukommen lassen, dem Häftling ist das Schreiben reglementiert. Am 13. Juni berichtet sie ihrem Mann:

„Mein liebster Hugo! [...] Letzte Nacht träumte mir, Du weiltest wieder in unserer Mitte. Welche Freude, Hugo, und am Morgen war's nur ein Traum. [...] Also hab guten Mut, Hugo, es wird alles wieder gut. Vertraue! Sei ruhig, meine Seele, siehe, der Herr wacht über Dich, wer auf ihn vertraut, [den] verlässt er nie. Er kennt Dich besser, als Du meinst, und weiß, was Dir gebricht, er sieht die Träne, die Du weinst; drum Seele zage nicht. Beiliegend noch einige Zeilen von Josef und Quido, gell, sie schreiben ziemlich schön. Nun, mein lieber Hugo, lebe wohl und recht herzliche Grüße und Küsse, Deine Marie und Kinder. Grüße auch von Fanny. Morgen gedenke ich Deiner in Loreto."[5]

Josefs und Quidos Kinderschriftzeilen sind verschollen, die Loretokapelle, der älteste noch erhaltene Sakralbau der Gemeinde, steht bis heute in Lustenau.[6]

Hugos Antwort aus der Haftanstalt München-Stadelheim stammt vom 11. Juni 1944, einem Sonntag:

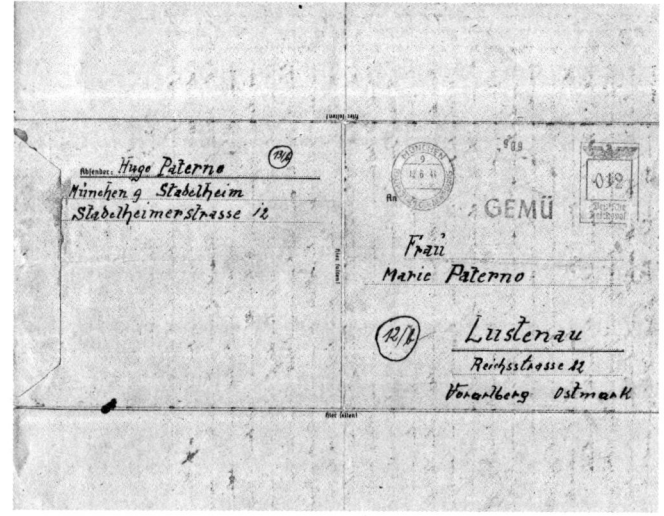

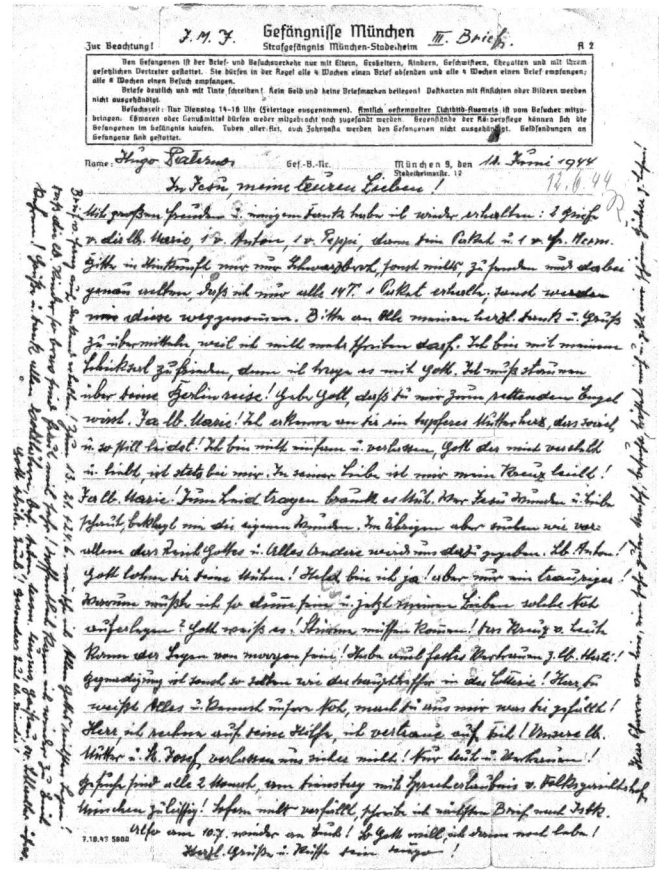

Abb. 33 und Abb. 34: „So Gott will, ich dann noch lebe!" – Häftlingsbrief von Hugo aus Stadelheim (Juni 1944)

„In Jesu, meine treuen Lieben! [...] Ich bin mit meinem
Schicksal zufrieden, denn ich trage es mit Gott. Ich
muss staunen über Deine Berlinreise! Gebe Gott, dass
Du mir zum rettenden Engel wirst. Ja, liebe Marie! Ich
erkenne in Dir ein tapferes Mutterherz, das so viel u.
so still leidet. Ich bin nicht einsam und verlassen, Gott,
der mich versteht und liebt, ist stets bei mir. In seiner

Liebe ist mir mein Kreuz leicht. [...] Held bin ich ja!, aber nur ein trauriger! Warum musste ich nur so dumm sein und jetzt meinen Lieben solche Not auferlegen? Gott weiß es! Stürme müssen kommen. [...] Begnadigung ist sonst so selten wie ein Haupttreffer in der Lotterie! [...] Sofern nichts vorfällt, schreibe ich nächsten Brief nach Innsbruck. Also am 10. Juli wieder an Euch. So Gott will, ich dann noch lebe! Herzliche Grüße und Küsse, Dein Hugo."[7]

An den Rand seines Haftbriefs notiert Hugo in winziger Schrift: „Dass die lb. Kinder so brav sind, freut mich sehr! Hoffentlich kann ich wieder zu Euch kehren. Grüße und Dank allen Wohltätern. [...] Gott schütze Euch! Besonders Euch lb. Kinder! Herr Pfarrer von hier, ein sehr guter Mensch, besucht, tröstet mich u. gibt mir schöne Bücher zum Lesen."

Ich erinnere mich an eines von Hugos Büchern, das ich als Kind immer wieder durchblätterte, auf der Suche nach der Schautafel, die einen Menschenkörper zeigte. Schichtweise ließ sich enthüllen, was der Mensch unter seiner Hauthülle ist, indem man Blatt für Blatt der schematischen Tafel ausklappte. Unter der Haut die Muskelberge, darunter das blaurote Nervengeflecht, dann Lunge, Gedärm, Gehirn; bis zum mattgelben Knochengerüst mit den leeren Augenhöhlen. Lange Zeit war Hugos Konversationslexikon „Von A bis Z" aus dem Jahr 1932 mit den vielen mehrfarbigen Tafeln in meinem Elternhaus für den sanften Kindergrusel zuständig.[8]

Maria schreibt am 19. Juni 1944 von Lustenau nach München:

„Mein liebster Hugo! [...] Ich hoffe, dass wir Dich in nächster Zeit einmal besuchen. Ich habe ganz gute

Hoffnung auf Deine Begnadigung. Es ist zwar in ganz Lustenau das Gerücht verbreitet, Du seist begnadigt. Ich hoffe, bis Ende der Woche auf einen guten Bericht. [...] Es wird schon bald zehn Monate, dass wir Dich zum letzten Mal gesehen haben. Weißt, Hugo, der Herrgott hilft uns sichtlich das Kreuz tragen. Ich muss oft staunen, dass Du, lieber Hugo, so gottergeben alles erträgst."

Maria erwähnt in dem Brief vom 19. Juni 1944 den Namen Genovefa. Auf meiner Suche nach der Geschichte des Großvaters ist Genovefa die letzte Person, die ohne Gesicht bleiben wird. Kaum etwas ist über sie bekannt: Maria Genovefa ist Schwester eines katholischen Ordens in Gaißau; ihre Briefe an Maria tippt sie stets mit der Schreibmaschine. Maria weiter:

„Genovefa hat mir am Sonntag diesen Vers geschrieben: ‚Herr, hier sind meine Hände, / leg darauf, was Du willst, / nimm hinweg, / was Du willst, / führe mich, / wohin Du willst, / in allem geschehe Dein Wille.‘ Gehe vielleicht morgen zu ihnen hinunter, wenn es nicht regnet, aber das tut es fast jeden Tag hier. Heuen kann man überhaupt nicht mehr. [...] Von Kümmernissen und Sorgen bleibt man in fast keiner Familie verschont. [...] Quido ist soeben an der Aufgabe machen, die anderen sind noch in der Schule. Sie haben bald wieder Ferien. Recht herzliche Grüße u. Küsse, Deine Marie und Kinder. Gott schütze Dich, auf baldiges Wiedersehen."[9]

Die Kinderschrift meines Vaters am Ende des Briefes: „Gruß Dein Quido."

Hugo sendet seinen vorletzten Brief aus München am 24. Juni 1944 an Maria. 13 Tage darauf wird er seinen Abschiedsbrief schreiben. Ende Juni berichtet Hugo aus seiner Häftlingszelle:

> „Liebste Marie und Kinder! [...] Ich wüsste vieles zu berichten, aber wegen Platzmangels alles kurz und zackig, wie ich dies bei den hackenklappernden Nordgermanen gelernt! Erledigung von Gnadengesuch kann, wie mir Fälle bekannt sind, auch über 6 Monate dauern. Da auch ich das Beste hoffe, könnt Ihr einmal zu Besuch kommen. Fremde Besuche sind mir nicht erwünscht! Deine Hoffnung auf baldiges Wiedersehen dürfte doch übertrieben sein, da gut Ding lange Weile braucht. [...] Wenn auch mit herzklopfender Neugierde, so sehe ich doch siegesbewusst der Zukunft entgegen. [...] Herzliche Grüße und Küsse Papi."[10]

Zwei Briefe von Maria an Hugo sind noch erhalten. Einen schickt sie ihrem Mann am 25. Juni 1944, den anderen schreibt sie eine Woche später, am 2. Juli 1944. Die Beförderung der Post dauert in den Wirren des Krieges; vielleicht hat Marias letzter Brief Hugo vor seiner Hinrichtung fünf Tage darauf nicht mehr erreicht.

Am 25. Juni 1944 schreibt Maria:

> „Mein liebster Hugo! Sonntagabend, da alle in der Ruhe sind, kann ich ungestört schreiben. Es ist zwar schon spät, so lange es hell ist, wollen sie nicht herein. Es bräuchte notwendig einen Vater. Wir hoffen immer, dass Du, lieber Papa, bald wieder zu uns kommst. [...] 26. Juni. Bin halt wieder eingeschlafen und erst heute Fortsetzung. Ich warte täglich auf eine gute Nachricht. Beiliegend noch ein Bildchen von Deinem lieben Kind als Kommunikant. [...] Gelt, er ist ein großer Bub geworden, Dein Seppl. [...] Besonders recht liebe Grüße

und Küsse, Deine Marie und von Deinen lieben Kindern. Auf baldiges Wiedersehen in der Heimat."[11]

Am 2. Juli 1944 folgt Marias letzter Brief:

„Mein liebster, guter Hugo! [...] Wie ich wieder aus Deinem letzten Brief sehe, erträgst Du alles so ruhig und geduldig, ja, wir Heimgesuchten sollen unser Kreuz geduldig, ja sogar gerne tragen. Ich will auch still ergeben sprechen: Gottes Wille! Ich bin die Magd des Herrn. Sobald wir die Bewilligung von Berlin bekommen, können wir zu Dir auf Besuch. Es freut mich und doch ist es mir schwer, nach so langer Trennung an solch einem Ort Dich wieder zu sehen. Heute vor 14 Jahren an Maria Heimsuchung hatte ich auch einen schweren Tag. Damals war ich noch nicht reif für den Himmel."[12]

Worauf spielt Maria an? Was war am 2. Juli 1930 geschehen, ihrem „schweren Tag"? Maria und Hugo hatten am 28. April 1930 geheiratet, etwas über zwei Monate später, so schreibt Maria, sei sie „noch nicht reif für den Himmel" gewesen. Hugos Leben füllt zwei Aluminiumkisten. Wenig ist darin über Maria zu finden.

Nahtlos setzt sie ihren Brief an Hugo vom 2. Juli 1944 fort:

„Mittlerweile ist es halt Abend geworden. [...] Wir sind gottlob alle gesund, und die Kinder wachsen auch heran. [...] Werde Dir morgen ein zweites Paket abschicken. Rauchwaren werde ich Dir halt keine mehr schicken. [...] So, jetzt will ich für heute schließen, würde Dir gern mehr schreiben, aber Du weißt, dass ich nicht immer Zeit habe. Hab ja auch sonst viel zu schreiben und zu tun. Gott schütze und segne Dich, wir beten jeden Tag einen Gebetssegen für Dich. Herzliche Grüße und Küsse, Deine Marie und Kinder."

Es sind letzte Worte. Letzte Grüße und letzte Küsse.

Bis zuletzt

Unmenschlichkeit und Unrecht bis zuletzt. Die Meute jagt Hugo, bis er auf dem Schafott unter der Schneide liegt. Oberfinanzpräsident Max H. lässt Hugo am 15. Juni 1944, mehr als drei Wochen vor der Hinrichtung, ein Schriftstück aus dem Oberfinanzpräsidium in der Tschurtschenthalerstraße zukommen, jener Behörde, in der Hugo knapp dreieinhalb Jahre zuvor aufgrund der Denunziation in Lustenau verhört worden war: „Ich bitte, das anliegende Schreiben dem zum Tode verurteilten, früheren Zollsekretär Hugo Paterno auszuhändigen und mir den beigefügten Empfangsschein zurückzusenden."[1]

Max H. lässt Hugo in seiner Münchner Zelle ausrichten: „Sie sind durch Urteil des Volksgerichtshofs vom 11. Mai 1944 wegen Wehrkraftzersetzung zum Tode und zum dauernden Verlust der Ehrenrechte verurteilt worden. Das Urteil ist am gleichen Tage rechtskräftig geworden. Sie sind mit der Rechtskraft des Strafurteils, also mit dem 11. Mai 1944, aus dem Beamtenverhältnis ausgeschieden. [...] Sie dürfen die Amtsbezeichnung nicht mehr führen und die Zolluniform nicht mehr tragen. Sie haben mit dem Ende des Monats Mai 1944 keinen Anspruch mehr auf Dienstbezüge und Versorgung. Es steht Ihnen wegen des Ausscheidens aus dem Beamtenverhältnis und der damit verbundenen beamtenrechtlichen Folgen ein Rechtsmittel nicht zu. Das gegen Sie eingeleitete förmliche Dienststrafverfahren wird § 52 Abs. 1 Ziffer 3 DBG gemäß eingestellt."[2]

Tage später, 27. Juni 1944, quittiert Hugo die Annahme der Verordnung: „Ich bestätige den Empfang des Schreibens des Oberfinanzpräsidenten Innsbruck vom 15. Juni 1944 betr. mein Ausscheiden aus dem Beamtenverhältnis und die Einstellung der Dienstbezüge mit Ende Mai 1944."[3] Hugo unterschreibt mit Bleistift. Paterno. Geschwungenes P, ein Strich schwebt über dem t. Als sei ihm jeder Buchstabe seines Namens schwergefallen.

Anwalt Paul an der L. v. H. schreibt Maria am 23. Juni 1944 einen Brief, in dem er ihr mitteilt, er sei am Vortag bei Hugo gewesen. Einen Versuch, Hugo zu sehen, unternimmt auch sein Schwager Anton aus Feldkirch. Anton schreibt dem Berliner Oberreichsanwalt von Marias sehnlichstem Wunsch, ihren Mann nach zehn Monaten endlich wiedersehen, ihn im Strafgefängnis Stadelheim besuchen zu dürfen, mit der gleichzeitigen Bitte, Lebensmittel für Hugo abzugeben. „Heil Hitler!", tippt Anton. „Heil Hitler!" muss ihm schwergefallen sein.[4] Der handschriftliche Vermerk auf Antons Gesuch zerstreut jede Hoffnung: „Da die Vollstreckung des Urteils bereits am 7. Juli stattfindet, kommt die Erteilung eines Sprechtermins nicht mehr in Frage."[5] Telefoniert Anton seinem Schreiben nach Berlin hinterher? Der Vermerk legt dies nahe: „Ihrem Anruf vom 23. Juli 1944 um Erteilung eines Sprechscheins für Sie und Ihre Schwester, Ehefrau Paterno, ist nicht zu entsprechen."

Max H. weist die Oberfinanzkasse an, die Zahlung der Dienstbezüge Hugos mit 31. Mai 1944 einzustellen. Auf der Anordnung steht der Hinweis: „Eilt!"[6]

„Weil die Bezüge für Juni 1944 schon vor Einlangen der Kassenanweisung vom 20. Juni 1944 auf das Konto des Paterno überwiesen waren, ergibt sich für die Zeit vom 1. Juni 1944 bis 30. Juni 1944 eine Überzahlung von

284,09 Reichsmark", antwortet der Kassenleiter, bevor schließlich die Anweisung ergeht, die an Hugos Angehörige für Juni überbezahlten Dienstbezüge „für das Rechnungsjahr 1944 endgültig in Ausgabe zu belassen"[7]. Man zeigt dem Todeskandidaten gegenüber einmal Gnade.

Die Strafvollstreckungsabteilung der Staatsanwaltschaft München I übermittelt Hugos Anwalt unter Verpflichtung strengster Geheimhaltung einen Tag vor der Hinrichtung den Vollstreckungstermin.[8]

Sowohl Hugos Bruder Johann als auch Marias Bruder Anton haben Anwalt Paul an der L. v. H. ausdrücklich darum gebeten, Maria den Termin persönlich überbringen zu dürfen; von einem der beiden muss sie es erfahren haben.[9]

Abschied

Hugos Abschiedsbrief vom 7. Juli 1944 ist vom vielen Lesen weich wie Leder. Er schreibt seinen Lieben am Tag seiner Hinrichtung:

> „In Jesu, teure Geliebte! Heute Abend 5 Uhr findet meine Hinrichtung statt. Was soll ich Euch also noch schreiben? Der liebe Herrgott will mich doch haben! Sein heiliger Wille geschehe! Ich bin vorbereitet und hoffe, dass der Herr mir gnädiger Richter sei. Will für Euch im Himmel bitten und eben warten, bis Ihr, meine Lieben, nachkommt. Du, liebe Marie, vertrau auf Gott; er hilft Dir sicher weiter! Betet für meine Seelenruhe! Gerade heute erhielt ich das Sterbekreuz von Frau H. Teure Marie! Sei stark in allen Lagen! Vergiss nicht Wüstenrot für mich ein[zu]lösen. Ansonsten weiß ich nichts mehr. Ich reiche Dir, meinen lieben Kindern, Herz und Hand zum Abschied, seid getrost, es gibt ein

Wiedersehen! Ich bitte alle, die ich vielleicht beleidigt habe, um Verzeihung! Gott schütze, segne und sei immer bei Euch. Euer Vater! Dein Hugo! Ich bin schon bei meinem lieben Heiland, der mich ja mehr liebt wie alle Menschen! Herzliche Grüße an: Anton, Fanny, Johann, Mesner, Musser, Gaißau, Höchst usw. Bitte lasst mich nur am Grabstein anführen! Im Übrigen gebt kein Geld aus! Nochmals herzliche Abschiedsgrüße und Küsse. Dein Paket dankend erhalten. Euer Vater, Dein Hugo."[1]

Hugos Leben bleibt für mich die schwer fassbare Geschichte eines Unbekannten, nicht nur, was viele Tatsachen seines Daseins angeht. Er ist der Fremde, der auf dem knapp bemessenen Platz seiner letzten Nachricht an die Seinen mir schwer nachvollziehbare Wünsche äußert.

Vater im Himmel

Hugo hinterlässt mutmaßlich vier Abschiedsbriefe, von denen sich zwei erhalten haben. „Aus der Todeszelle in Stadelheim schrieb er noch drei Briefe", erinnert sich Obersteuerinspektor Erich M., einer von Hugos Innsbrucker Arbeitskollege, später: „Davon einen an seine Frau, einen an seinen Bruder, den dritten an seine Quartiersfrau in Innsbruck"[1]. Die Briefe an seinen Bruder Josef und an die Quartiersfrau Serafine müssen als verschollen gelten, die letzten Worte an Maria und an die Gaißauer Ordensschwestern sind im Original und in Kopie in den Aluminiumkisten mit Hugos jäh zerstörter Existenz überliefert.

Maria Genovefa berichtet Maria nach Hugos Hinrichtung: „Ich muss Ihnen etwas sagen, was uns alle tief bewegt hat. Gestern kam ein Abschiedsbriefchen von Ihrem lb. Gatten auch an uns, wenige Stunden vor dem Heimgang geschrieben."[2] Genovefa weiter: „Was das für uns war, dies letzte Freundschaftszeichen eines Märtyrers, können Sie sich wohl am besten vorstellen, alle haben zusammen geweint und [die] lb. Oberin hütet das Blättchen wie eine Reliquie, oder besser gesagt, als eine Reliquie."[3] Hugo wird zum Märtyrer gemacht. Sein Sterben soll Sinn machen.

Hugos letzte Botschaft an das Gaißauer Kloster kursiert bald als beispielhaftes Glaubenszeugnis und katholische Erbauungsschrift. Er schreibt am Tag seiner Hinrichtung an die Ordensfrauen:

> „In Jesu liebe Schwestern! 7. Juli. Herz-Jesu-Freitag. Vor allem danke ich für Eure lb. Zeilen. Heute Abend 5 Uhr findet meine Hinrichtung statt. Ich ergebe mich in den hl. Willen Gottes. Dass der Herr mir gnädig sei, hoffe ich sicher! Leid tun mir die unschuldigen Kinder und Frau. Aber der lb. Herrgott hilft sicher weiter. Ich will, so hoffe ich, Euer aller Fürbitter sein. Gedenkt auch meiner. Bis diese Zeilen dort einlangen, bin ich schon beim lb. Vater im Himmel, der mich mehr liebt als alle Menschen hier. Ihr lb. Schwestern! Dank für alles. Gott lohne Eure Mühen! Bitte tröstet meine Lieben! Ich hoffe wenigstens für Euch dort noch mehr leisten zu können. Ich freue mich, den lb. hl. Josef, ja die hl. Familie zu sehen und dort bleiben zu dürfen. Lebet wohl, lb. Schwestern! Gott schütze, segne Euch! Ihr dankbarer Hugo Paterno."[4]

Neun Sekunden

Am Morgen des 7. Juli 1944 bekommt Hugo durch den Staatsanwalt den Bescheid ausgehändigt, dass sein Gnadengesuch abgelehnt worden sei, die Hinrichtung vollstreckt werde. Der Vormittag ist ausgefüllt mit dem Schreiben an seine Lieben, der Erledigung von Formalitäten, später das Mittagsmahl. Am Nachmittag bereitet Kaplan Anton Maier acht Verurteilte auf den Tod vor.[1] Sie beichten und empfangen die Kommunion, beten gemeinsam den Kreuzweg. Als Hugo gegen 4 Uhr von Polizisten[2] abgeholt wird, ruft er seinen Mitgefangenen zu: „Es lebe Christus, der König!"[3]

Gegen 17 Uhr wird Hugo Paterno, Gefangenenbuch-Zahl 352, Exekutionsnummer 1026, Aktenzeichen 6J9/44, im Strafvollstreckungsgefängnis München-Stadelheim mit dem Fallbeil gerichtet.[4] „Der Hinrichtungsvorgang dauerte vom Verlassen der Zelle an gerechnet eine Minute und neun Sekunden, von der Übergabe an den Scharfrichter bis zum Fall des Beiles neun Sekunden", notieren die Bürokraten des Mordens: „Zwischenfälle oder sonstige Vorkommnisse von Bedeutung sind nicht zu berichten."[5] Gezeichnet ist die Mitteilung der Oberstaatsanwaltschaft München I an den Berliner Oberreichsanwalt von einem Mann namens Kummer.[6]

Am Tag darauf, am 8. Juli 1944, ergeht die telegrafische Mitteilung des Münchener Oberstaatsanwalts an den Oberreichsanwalt: „Angelegenheit ohne Zwischenfall erledigt."[7] Aus und vorbei.

„Seine letzten Gedanken galten Ihnen und seinen Kindern und seinem Herrgott. Er bat mich, Sie noch einmal recht herzlich zu grüßen und Sie möchten sich seines Sterbens wegen keine Kümmernisse und Gedanken mehr machen. Er starb auch wirklich ruhig und gefasst"[8], schreibt Kaplan Maier zwei Tage nach Hugos Hinrichtung an Maria.

Hoffnung dahin

Hugo ist tot. Maria setzt einen Brief an Anwalt Paul an der L. v. H. auf. Der Entwurf, Bleistiftschrift auf gelblichem, grobfasrigem Papier, ist in Hugos Nachlass. „Sehr geehrter Hr. Dr.", schreibt Maria: „Noch immer ist es mir unfassbar, dass mein lb. Mann nicht mehr unter den Lebenden ist. Manchmal will es mich fast erdrücken, wenn ich meine 4 Kinder anblicke und dann in die Zukunft schaue und denken muss: Jetzt ist alle Hoffnung dahin, dass er mir wieder die Hälfte der schweren Bürde, die jetzt auf mir lastet, abnehmen wird. Nur wer in meiner Lage sich befindet, kann es verstehen, was es heißt, Hoffnung haben aufs Wiedersehen, auch wenn diese in weiter Ferne liegt – und dann im nächsten Augenblick die schreckliche Wahrheit vor Augen zu sehen: Es gibt nichts mehr zu hoffen, er ist schon tot, er wurde mir gewaltsam entrissen."[1] Übergangslos richtet Maria die Bitte an den Anwalt: „Eines vermisse ich immer noch, dass Sie, lb. Hr. Dr., mir noch eine offizielle Mitteilung von dem über meinen Mann verhängten Todesurteil bzw. von dessen Vollzug zukommen ließen. Man wird doch wie jedem anderen eine amtliche Todesbescheinigung über das Ableben meines Mannes aushändigen." Hugos Habseligkeiten, schreibt Maria, habe sie erhalten. „Ich ersuche Sie mir behilflich zu sein, damit ich auch erfahre, wo er beerdigt wurde."

Knochenmühle

Drei Tage nach seiner Hinrichtung gerät der Großvater ohne Kopf noch einmal in die Knochenmühle der nationalsozialistischen Tyrannei. Der Vorstand der Gefängnisse München meldet dem Berliner Oberreichsanwalt am 10. Juli 1944 Hugos Nachlass: „Für den Verstorbenen sind nachstehend aufgeführte Gegenstände hier in Verwahrung: 1 Rock, 1 Wollweste, 1 Unterhose, 3 Taschentücher,

1 Hose, 1 Hut, 1 Paar Strümpfe, 1 Paar Halbschuhe. Eigengeld: Reichsmark 50,24. Dem Wunsche des Verstorbenen gemäß sollen diese Effekten an Frau Maria Paterno, Lustenau, Vorarlberg, Ostmark, Reichsstraße 22 übersandt werden."[1]

Nichts davon hat sich in den Alukisten und in meinem Elternhaus erhalten. Der Rechnungsabschluss folgt kurz darauf; an die Gerichtskasse Berlin-Moabit werden am 31. Juli 48,14 Reichsmark transferiert. Als „Einzahler" wird Hugo genannt, „Bezeichnung der Sache: 6J9/44"[2].

Der Sterbeeintrag Nr. 2019 vom 11. Juli 1944 auf dem Standesamt München II lautet: „Der Zollsekretär Hugo Paterno, römisch-katholisch, wohnhaft in Lustenau [...] ist am 7. Juli 1944 um 17 Uhr 11 Minuten in München, Stadelheimer Straße 12 verstorben. [...] Eingetragen auf mündliche Anzeige des von dem Tode aus eigener Wissenschaft unterrichteten ärztlichen Referenten Doktor der Naturwissenschaften Pirmin Schneider, wohnhaft in München, Knollerstraße 3. Der Anzeigende ist der Persönlichkeit nach bekannt."[3]

Aus Innsbruck erreicht Maria um diese Zeit Post von Serafine. „Ich habe absichtlich mit dem Schreiben zugewartet, um Ihnen die ersten furchtbaren Tage nicht durch meinen Brief noch schwerer zu machen", schreibt die Freundin der Familie. „Unser armer Hugo hat nun alle Leiden und Schrecken überstanden und ist nun bei dem, der ihm immer Trost in allen Kümmernissen war. Ich erhielt von ihm noch einen Abschiedsbrief, in dem er als letzte Bitte mich bat, seiner Kinder nicht zu vergessen. [...] Anbei schicke ich Ihnen Brieftasche und Geld, das noch bei mir war. Schmuckgegenstände habe ich von Ihrem Mann keine in Verwahrung. Morgen oder Mittwoch sende ich als Bahnexpress 2 Koffer, 1 Korb und 1 Paket an Sie ab. Den einen Koffer und den Korb senden Sie mir bitte gelegentlich zurück; es muss nicht gleich sein. [...] Bei mir ist dann noch 1 Schirm, 1 Wecker, 1 Stock und 1 Schreibmaschine, was ich aber [...] besser einmal mitnehme. [...] Das Gebetbuch Ihres Mannes darf ich mir doch als Andenken behalten? Ich bitte darum."[4] All die Gegenstände sind verschollen. Damit auch vergebens meine alberne Hoffnung, dass mit dem Auffinden des einen oder anderen Alltagsguts zumindest ein winziger Teil von Hugos Leben sichtbar werde, dass Zurückgelassenes etwas über ihn erzählen könnte.

In den Alukisten finde ich ein leeres braunes Kuvert, zerknittert und entlang einer Seite aufgerissen, „München 9 – 23. 7. 44" und „Hauptstadt der Bewegung" aufgestempelt. Im Adresskästchen Marias Anschrift in Lustenau, „Der Vorstand der Strafgefängnisse und Untersuchungshaftanstalt München-Stadelheim" als Absender. Was wurde Maria in dem Kuvert zugesandt? Weshalb hat sie es aufbewahrt?

Hugos Leichnam wird nach der Hinrichtung zum Verschwinden gebracht. Anwalt Paul an der L. v. H. hat bereits am 6. Juli, einen Tag vor dem Vollzug, an Oberreichsanwalt Paul L., den Verkünder des Todesurteils, ein Telegramm geschickt, 15.57 Uhr, Kennung 2042 Innsbruck F 2818 24/22 6 1630: „Aktenzeichen 6J9/44. Erbitte Freigabe Leiche Hugo Paterno für Familie."[5] Zwei Tag später, 8. Juli 1944, gibt der Anwalt um 10.20 Uhr telefonisch eine weitere, wortidente Depesche auf, Blitztelegramm 2311 Blitz Innsbruck, F 2942 22 8 0930: „Aktenzeichen 6J9/44. Erbitte Freigabe Leiche Hugo Paterno für Familie."[6] Das erste Telegramm des Anwalts geht bei der Reichsanwaltschaft beim Volksgericht mit Eingangsstempel 7. Juli ein. Der Antrag um Freigabe von Hugos Leiche wird mit der Begründung abgelehnt, der Antrag sei zu spät bei der Postanstalt in Potsdam eingetroffen.[7]

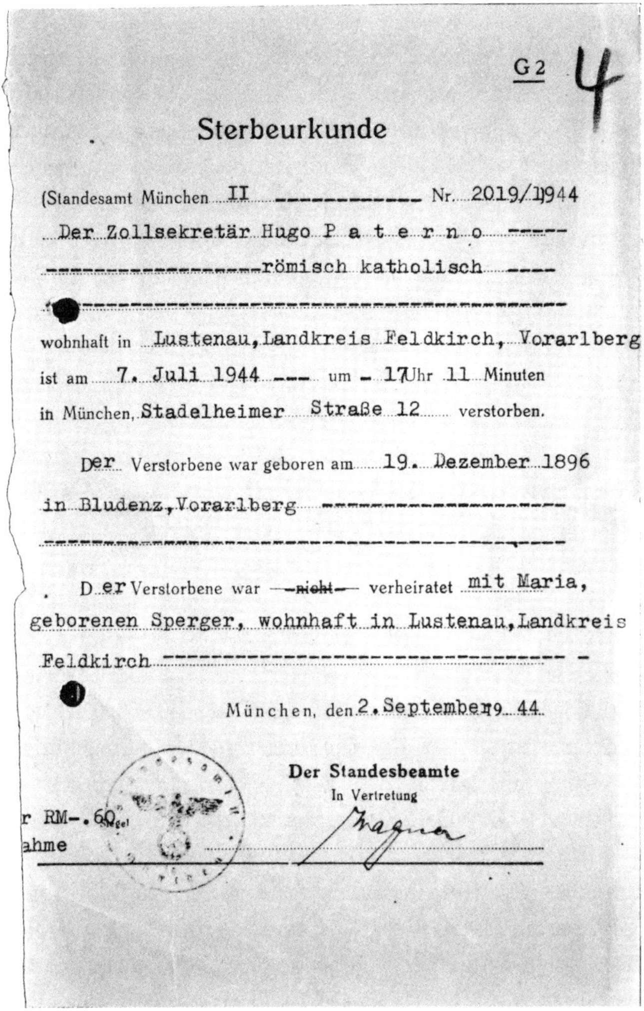

G2 4

Sterbeurkunde

(Standesamt München ...II... ———————— Nr. ..2019/1)944

..Der ..Zollsekretär ..Hugo ..P .a .t ..e ..r ..n ..o ..———

..————————————römisch ..katholisch ..————

●————————————————————————————————

wohnhaft in ..Lustenau,Landkreis ..Feldkirch, ..Vorarlberg

ist am ..7. ..Juli ..1944 ..——— um ..17.Uhr ..11..Minuten

in München,.Stadelheimer ..Straße ..12..... verstorben.

..Der.. Verstorbene war geboren am......19. ..Dezember ..1896

..in ..Bludenz,Vorarlberg.———————————————

..————————————————————————————

. ..D.er Verstorbene war ..—nicht— verheiratet ..mit Maria,

geborenen Sperger, ..wohnhaft ..in ..Lustenau,Landkreis

..Feldkirch.————————————————————— .—

● München, den..2..September.9..44.

Der Standesbeamte
In Vertretung

Wagner

r RM–.60.

ahme

Abb. 35: „Am 7. Juli 1944 verstorben" – Hugos Sterbeurkunde
(September 1944)

Heiland, hilf

Sein Gott hat Hugo nicht geholfen. Der Großvater sollte zum Märtyrer werden. Die kurzen Notizen und langen Briefe in den Alukisten, die ich Jahrzehnte später mit Befremden lese, zeugen davon. Da sind die mit Schreibmaschine anonym verfassten Zeilen, womöglich vor Hugos Exekution in Umlauf gebracht: „Der Heiland ist mit ihm gegangen und wird bei ihm bleiben, bis er heimgeht. Die Frau soll festes Vertrauen haben. [...] Man soll viel beten für ihn, auch mit den Kindern, der Heiland wird helfen. Es hat jemand eine schwere Leidenssünde für ihn aufgeopfert. [...] Solche Opfer wie das Ihres Mannes braucht der Heiland in dieser Zeit."[1] Aus dem St. Josefskloster in Lauterach bekommt Hugos Witwe einen ebenfalls ungezeichneten Brief zugeschickt: „Liebe Marie! Wäre der Schmerz nicht so groß, ich würde Dir zu einer solchen Gnade nur gratulieren können, denn Dein Mann ist derselbe große Held und Märtyrer wie die der ersten Jahrhunderte, und die Kinder haben einen heiligen Vater. [...] Das Blut der Märtyrer ist der Same neuer Christen. [...] Dein Mann, liebe Marie, fällt auf dem schönsten Schlachtfelde, das es gibt, auf dem Schlachtfelde des echten Christentums."[2]

Und da ist der Brief von Genovefa an Maria: „Hat also der gute Paterno doch das große Lebensopfer bringen müssen! Oder eigentlich bringen dürfen. Wir alle sind überzeugt, dass er als Märtyrer vor Gottes Augen gilt und von Gott als solcher in die Herrlichkeit aufgenommen wurde. Wir dürfen uns eigentlich freuen, nun einen treuen Fürsprecher im Himmel mehr zu haben."[3] Und noch ein Schreiben Genovefas an Maria, in dem die Dienerin Gottes auf Hugos Abschiedsbrief zu sprechen kommt, ist erhalten: „In all dem großen Leid bewegt unser Herz doch auch tiefe Freude! Das sind die letzten Worte eines Heiligen, der

Ein Ehrenmann voll Pflichtgefühl und Treue,
der Gatten und der Kinder Glück und Stern,
im Wohltun groß, der Heimat eng verbunden
so dient er unerschrocken Gott dem Herrn.

Sein blühend Glück der Geist der Zeit zerstörte,
es brachte Haß und Leid ihm herbe Not.
Als echter Christ stand er zu Recht und Wahrheit
dafür sein Leben wurde schwer bedroht.

Die Wut der Feinde kannte keine Grenzen,
sein Haupt fiel unter blut'gem Todesstreich,
Erlösung war es nach des Kerkers Qualen,
die Heldenseele flog zu Gottes Reich.

In Purpurglanz gereiht den Märtyrern
hält er die Siegespalme in der Hand
und winkt frohlockend den geliebten Seinen,
es harrt ein endlos Glück im Heimatland.

Aus Jesu Herzen schöpft ich Kraft und Stärke,
vereint mit ihm trug ich mein schmachvoll Los,
die Liebe weint, der Glaube sei Euch Tröster,
die hier gelitten, sind dort oben groß.

Ihr sollt nicht trauern
wie die übrigen,
die keine Hoffnung
haben.
Meine Heimat
ist im Himmel.

Denket jeden Tag an mich,
wie auch ich an Euch denke ehe
Ihr erwacht.

Mein Jesus Barmherzigkeit
Heiligstes Herz Jesu ich vertraue auf Dich.

Den ewigen Frieden schenke, o Herr,
meinem innigstgeliebten Gatten, unserem lieben, guten Vater, Bruder
und Schwager

Hugo Paterno
Zollwachoberkontrollor

geb. am 19. 12. 1896 in Bludenz, starb
er am Herz Jesu Freitag, den 7. 7. 1944,
gestärkt mit Gottes hl. Brote, allen
verzeihend, als Opfer der Treue für
sein geliebtes Vaterland Österreich,
in Stadelheim bei München.

Aus einem Briefe an seine Lieben:

Im Geiste reiche ich Euch meine Hand zum
Abschied. Teure Gattin, liebe Mutter, lehre
die Kinder die Gebote Gottes halten! In
ihnen soll mein Geist weiter leben. Ich danke
Gott für seine Liebe, die mich auch in der
Todeszelle ruhig bleiben läßt. Gott ist Vater,
Gott ist gut, gut ist alles was er tut.
Gott segne und beschütze Euch.

Abb. 36: „Denket jeden Tag an mich" – Parte (undatiert)

jetzt beim lb. Gott und uns dadurch noch viel näher ist als früher. Ich glaube, wenn ihm nicht die Sorge um Sie und die Kinder gewesen wäre, er wäre mit Jubel heimgegangen, solcher Glaubensgeist und Starkmut bis zur letzten Stunde ist eine ganz große Gnade, die nur einem gotterfüllten Herzen nach einem gottseligen Leben geschehen wird. Haben Sie guten Mut, Sie haben Ihren Gatten nicht verloren, und während der kurzen Trennung in diesem Leben ist sein Geist ständig bei Euch und bei Gott."[4] Schließlich Genovefas Weihnachtskarte an Maria: „Es werden zwar sehr traurige Gefühle in Euch allen sein, aber am Kripplein seht Ihr das lb. Gotteskindlein, bei dem im Himmel jetzt Euer Liebstes ist in unendlicher Glückseligkeit."[5]

Anfang August 1944 schickt Emma eine Nachricht an Maria, nachdem sie in Innsbruck von Hugos Sterben erfahren hat: „Meine liebe Frau Paterno, den einen großen Trost haben Sie, Sie haben einen großen Fürbitter, einen Heiligen im Himmel. Er wird am Throne Gottes um das Wohlergehen seiner Lieben bitten. Ist es nicht auch ein Fingerzeig Gottes, dass er seinen treuen Diener an einem Herz-Jesu-Freitag zu sich genommen hat? Es ist, als ob ihn das Herz-Jesu auszeichnen wollte für seine Liebe zu ihm. So rasch wie möglich werde ich in der hl. Geistkirche bei den Franziskanern eine Seelenmesse lesen lassen. Nicht weil ich annehme, dass er sie notwendig braucht. Nein, damit er im Himmel eine Freude hat."[6] Im Oktober 1944 bestärkt Emma Maria in einem Brief abermals: „Sie haben bestimmt einen großen Fürbitter im Himmel droben. Und es ist wahr, man könnte in der heutigen Zeit die Toten manchmal beneiden."[7]

Auch Hugos Schwester Ursula schickt eine Nachricht aus dem Trentino: „Es war so Gottes Wille und dagegen zu klagen wäre unklug. Gott wollte auch uns diese schwere Prüfung nicht ersparen: Hugo ist gewiss im Himmel, denn er hatte den lb. Gott und Himmelvater zu lieb. Natürlich hat jeder Mensch seine Fehler [...], so beten wir für ihn und er wird sicher für uns beten."[8]

Auf Hugos Parte die Sätze, die ebenfalls auf Hugos Martyrium verweisen sollen: „Im Purpurglanz gereith den Märtyrern / hält er die Siegespalme in der Hand /und winkt frohlockend den geliebten Seinen, / es harrt ein endlos Glück im Heimatland."[9] Die Hinterbliebenen wissen Hugo sicher im Himmel. Auf Erden machen sie ihn zum Märtyrer.

Ohne Grab

Am 2. August 1944, etwas mehr als dreieinhalb Wochen nach Hugos Hinrichtung, schreibt Maria mit Bleistift zittrig und hastig einen A3-Bogen voll, Ausdruck schierer Not, in manchmal sich überstürzenden Worten: „Am 29. Juli 1944 steckte ich ein Birkenkreuz mit Foto auf das Grab meiner lb. Mutter für meinen lb. Mann. Ein schöner Kranz zierte den Gräberhügel."[1] Nach einigen Tagen erhält Maria die Nachricht, das Kreuz sei mutwillig entfernt worden. Es muss ein weiterer schmerzhafter Ausschlag in ihrem Leben gewesen sein. Vielleicht weiß sie um die Absicht, die hinter der Grabräuberei steckt, oder sie glaubt sie zu kennen. Auf dem Gendarmerieposten erntet sie mit ihrem Anliegen Unverständnis von allen Seiten. Sie eilt erneut auf den Friedhof: „Auf einmal erblickte ich den Totengräber Robert K. Ich fragte ihn, ob er nicht wisse, wer mir das Kreuz wegnahm, ja, ich weiß es, ich und noch jemand haben es im Auftrage des Bürgermeisters H. müssen wegnehmen und es zersägen, dass es ganz unbrauchbar ist. Ich habe bitter geweint und sagte, das will ich mir merken."[2] Nichts deutet darauf hin, dass Maria und ihre Familie von dem Zorn und der Wut der Dörfler, einen „Volksverräter" in ihren eigenen Reihen gehabt zu haben, verschont geblieben wären. Maria und die Kinder mussten auf das Schlimmste gefasst sein. Das Dorf war unnachgiebig in seiner Verachtung.

Es gibt ein Foto von Hugos erstem Grab, von dem man das Kreuz mutwillig entfernte.

Abb. 37: „Bitter geweint" – Familiengrab in Lustenau (Juli 1944)

Auf der Grabstätte von Marias Mutter Karolina, die im Februar 1940 starb, steckt ein Birkenkreuz mit Hugos Porträt von 1938, jenem Bild aus seinem Personalbogen, das später zum fragwürdigen Nachweis seines vergessenen Lebens und Sterbens werden sollte. „Zur Erinnerung", verkündet die Inschrift: „Hugo Paterno, geb. am 19. 12. 1896, gest. am 7. 7. 1944 in München. Ruhe in Frieden."

Der Blumenkranz auf dem Foto erzählt eine Geschichte, die als dunkler Schatten noch lange bleiben wird: Im Februar 2011 treffe ich Hedwig G. in Dornbirn. Sie wohnt in einem gemütlichen Haus, in dem man wie selbstverständlich noch im Gang die Schuhe auszieht. Hedwig G. ist eine entfernte Bekannte der Familie Paterno, mit der sich gut über das Damals reden lässt. Sie war ein Mädchen, als für Hugo das Birkenkreuz gesteckt wurde. Anfang August 1944, erinnert sie sich, sei auch Marias Trauerkranz von Hugos Grab gestohlen worden, worauf sich alle Gärtner in Lustenau geweigert hätten, einen neuen zu binden. Viele in Lustenau hätten damals genau gewusst, was mit Hugo geschehen war, was er in seinen Haftbriefen geschrieben habe, auch vom Tag seiner Hinrichtung. Man habe sie, erinnert sich Hedwig, in jenem August mit dem Fahrrad ins etliche Kilometer entfernte Dornbirn geschickt, um einen neuen Kranz zu kaufen, ohne Schleife. Ein Trauerzeichen für einen Namenlosen. Es sei bereits dunkel gewesen, man habe ihr eine Taschenlampe mit auf den Weg gegeben, zwei Tafeln Schweizer Schokolade für ihre Hilfe zugesteckt und ihr eingeschärft, zu antworten, es sei ein Verwandter gestorben, falls sie auf dem Rückweg auf den Kranz angesprochen werde.[3] Lustenau tat sich mit dem Verschwinden Hugos von Anfang an schwer.

Maria nimmt im Juli 1945 Abschied von Hugo. Der Bürgermeister des Marktes Lustenau bewilligt Anfang des Monats den Sterbegottesdienst unter Teilnahme des

Musikvereins und des Kirchenchors, der französische Ortsgouverneur erteilt die Einwilligung, am Grab einen Nachruf zu sprechen.[4]

Hugos Todesanzeige ist mit dem Datum 8. Juli 1945 versehen: „Herausgerissen aus dem Kreise seiner lieben Familie und seines beruflichen Wirkens wurde mein lieber, guter Mann, unser treubesorgter Vater, Bruder, Schwager, Onkel – Herr Hugo Paterno, Zollsekretär, nach vielmonatlicher schwerer Kerkerhaft am 7. Juli 1944 in München als ein Opfer seiner Überzeugung hingerichtet. Sein Tod brachte uns viel Leid und Sorge. Nur in der Kraft unseres heiligen Glaubens können wir den bitteren Verlust unseres sorgenden Familienvaters ertragen. Nachdem nun der Abhaltung eines Sterbegottesdienstes kein Hindernis mehr im Wege steht, gedenken wir des lieben Toten am 8. Juli 1945, vormittags 9 Uhr, beim Hauptgottesdienst in der Pfarrkirche zu Lustenau. Alle, die den Verewigten kannten, bitten wir, ihm ein treues Gedenken im Gebete zu bewahren. Am Samstag, den 7. Juli, abends 8 Uhr, 2 Rosenkränze in der Pfarrkirche."[5]

Hugos Kollegen vom Zoll versammeln sich Anfang Juli ebenfalls am Grab. „Nachruf für den Zollsekretär Hugo Paterno, der am 9. Juli 1944 wegen nazifeindlicher Äußerungen in München mit dem Fallbeil hingerichtet wurde anlässlich der Kreuzsteckung auf dem Friedhof in Lustenau", ist auf dem mit Schreibmaschine getippten und xerokopierten Blatt in Hugos Hinterlassenschaft zu lesen. Das Vergessen und Verdrängen von Hugo geschieht schnell: Der unbekannte Verfasser des Nachrufs datiert Hugos Sterbetag fälschlicherweise auf den 9. Juli 1944, zwei Tage nach der Hinrichtung.[6] „In deiner Heimat, fern dem Erdenfleck, der deine irdische Hülle deckt, haben sich neben deinen Angehörigen, deinen Freunden und Bekannten, auch deine Berufskameraden von beiden Ufern des Rheines versammelt, um deiner zu gedenken", spricht mutmaßlich ein

Zollwachebeamter an der Lustenauer Grabstelle: „Du warst im Leben und Sterben ein ganzer Mann. Zu einer Zeit, da so viele untreu wurden, bist Du der alte und aufrechte Österreicher geblieben. [...] Dein qualvolles Leiden in langer, schwerer Kerkerhaft, dein bitterer Opfertod in der Blüte deiner Mannesjahre sind für ewig in unsere Herzen eingegraben. Dein Leben, Leiden und Sterben steht aber auch geschrieben in den Blättern der österreichischen Geschichte, und zwar dort, wo die Namen jener Männer stehen, die ihr Vaterland über alles liebten; [...] Kamerad Paterno! Wir werden Dich nie vergessen." Es sind Worte, die man zum Gedenken spricht. Doch Leben und Sterben meines hingerichteten Großvaters werden bald vergessen.

Auf Hugos Parte ist jenes Sprüchlein aus einem seiner Häftlingsbriefe abgedruckt, das mir viel später die Tränen in die Augen treiben wird: „Denket jeden Tag an mich, wie auch ich an Euch denke ehe Ihr erwacht. Mein Jesus Barmherzigkeit. Heiligstes Herz Jesu, ich vertraue auf Dich."[7]

Erst 1968 erwirbt Maria ein eigenes Familiengrab. Ein Vierteljahrhundert nach Hugos Hinrichtung lässt sie in den schwarzen Stein gleich beim Eingang des Rheindorfer Friedhofs in Lustenau schreiben, dass ihr Mann hier ruhe.[8] Weshalb ließ sie Hugos Geschichte 25 Jahre lang ruhen? Warum gab auch sie ihn dem Vergessen preis? Namenloses Unglück, das Leben für immer zerstörte.

Die Inschrift auf dem Grabstein in Lustenau besagt, dass Hugo als „Opfer seiner christlichen Überzeugung" gestorben sei. Man hält Andacht an einem Bestattungsort, der für Marias Schwester Fanny und Hugos Frau, die 1969 starb, sowie zwei ihrer Kinder, meiner Tante Imelda und meinem Vater Quido, letzte Ruhestätte ist. Der Großvater liegt hier nicht begraben. Hugo ohne Kopf und ohne Körper.

In den Aluminiumkisten, in denen sein Leben und Sterben Platz haben, findet sich eine Liste mit dem Stempel

„Direktion des städtischen Bestattungsamtes München", mutmaßlich im August 1951 erstellt, Hugos Name ist auf Seite 7 oben vermerkt, mit Angaben zu seinen Lebens- und Sterbedaten, aber ohne Hinweis darauf, wohin sein Leichnam nach der Hinrichtung überführt wurde: „Paterno, Hugo, 19. 12. 96, Bludenz, Todestag 7. 7. 44, Sterbeort München, genaue Angabe der Grabstätte: Anatomie."[9]

Lange Zeit wusste ich nicht, dass Hugos Leichnam nicht im Familiengrab ruht; dass seine sezierten, sterblichen Überreste kremiert oder anonym verscharrt an unbekannt Stelle liegen.

Mein Großvater wurde zum Verschwinden gebracht, auch wenn „Hugo Paterno" in den schwarzen Stein der Lustenauer Grabplate eingemeißelt ist. Hugo bleibt ein davongeschlichener Schatten, selbst wenn sein Name auf der Gedenktafel des Kriegerdenkmals unterhalb der Bludenzer Laurentiuskirche erfasst ist, in der Krypta unter all den erbarmungswürdigen Weltkriegsgefallenen, wohin sein Name nicht gehört.

Sein Nachleben findet nirgends Platz, daran ändert auch der schwarze Obelisk auf dem Bludenzer Familiengrab nichts, in den „Hugo Paterno 1896–1944" in Goldschrift eingeprägt ist. Er bleibt der Großvater ohne Kopf, dessen Name am Kriegerdenkmal im Schatten der Lustenauer Pfarre St. Peter und Paul unter den Männern, die in zwei Weltkriegen ihrer Leben beraubt wurden, aufscheint. Das Vergessen seines Lebens und Sterbens verflüchtigt sich nicht, weil an ihn und die anderen Opfer der NS-Diktatur in Lustenau seit 2013 auf einer in grobe Stücke zersprungenen Steinsäule, knapp 70 Jahre nach Kriegsende errichtet, neben dem wie festgewurzelten Kriegerdenkmal erinnert wird. Keine Geschichte zu haben ist auch eine Geschichte.

Hugo bleibt verschwunden.

Epilog

Versuch einer Aufarbeitung: Rosa R. vor Gericht

Allein gegen Rosa R. werden nach 1945 zwei Verfahren eingeleitet; in der Hauptverhandlung wird R. am 6. Juni 1947 zu drei Jahren Haft verurteilt, worauf die Staatsanwaltschaft die Wiederaufnahme des Verfahrens beantragt; die entsprechende Hauptverhandlung findet am 28. Mai 1948 statt; R. wird im zweiten Prozess „zur Strafe [...] in der Dauer von drei Monaten"[1] schuldig gesprochen.[2] Am 26. Februar 1948 wird R., die der NSDAP am 1. Mai 1937 beitrat und von Mai 1945 bis Juni 1947 mit Unterbrechungen 681 Tage in Haft saß, laut Aktenlage bedingt auf freien Fuß gesetzt.[3]

Auszug aus dem Urteil gegen Rosa R., 1947:
„Die Angeklagte ist schuldig, im Sommer 1943 in S. in Ausnützung der durch sie geschaffenen Lage zur Unterstützung dieser Gewaltherrschaft und aus persönlicher Gehässigkeit, also aus einem sonstigen verwerflichen Beweggrunde, den Zollbeamten Hugo Paterno durch die Anzeige wegen staats- und regierungsfeindlichen Äußerungen beim Zollbeamten Reinhold S., wovon dieser aber zum Teil schon Kenntnis hatte, [...] bewusst zu schädigen versucht zu haben, indem sie eine zur wirklichen Ausübung des Verbrechens der Denunziation führende Handlung unternahm, die Vollbringung des Verbrechens aber nur wegen Unvermögenheit und Dazwischenkunft eines fremden Hindernisses unterlieben ist; sie hat hierdurch das Verbrechen der versuchten Denunziation [...] begangen und wird hierfür [...] zur Strafe des schweren Kerkers in der Dauer von drei Jahren verschärft durch

ein hartes Lager vierteljährlich [...] verurteilt. [...] Hingegen wird die Angeklagte von der weiteren Anklage, in der Zeit zwischen dem 1. Juli 1933 und dem 13. März 1938 der NSDAP angehört zu haben [...], freigesprochen. [...] Hugo Paterno stand der nationalsozialistischen Bewegung von jeher ablehnend gegenüber, wozu besonders auch seine persönliche religiöse Einstellung beigetragen haben mag. Er hatte von dieser seiner Einstellung auch kein Hehl gemacht und sich in Vorarlberg zu kritischen Äußerungen über den Nationalsozialismus hinreißen lassen, was zur Folge hatte, dass Paterno von Vorarlberg strafweise nach Innsbruck versetzt wurde und eine Gehaltskürzung in Kauf nehmen musste."[4]

Auszug aus einer anonymen Postkarte, Juni 1947:
„Mit dem Urteil gegen Rosa R., Trafikantin aus S., habt Ihr Euch als Scharfmacher und Justizmörder selbst übertroffen. Bei dieser Sachlage versuchte Denunziation anzunehmen, ist nur der imstand, der sich über jede Rechtsprechung und Gesetz willenlos hinwegsetzt. Die Belohnung für Eure Tätigkeit wird nicht ausbleiben. Ein stiller Beobachter."[5]

Auszug aus der *Volkszeitung*, Juni 1947:
„Die 44-jährige Trafikantin Rosa R. aus S. wurde vom Innsbrucker Volksgericht wegen versuchter Denunziation zu drei Jahren schweren Kerkers verurteilt. Sie hatte staatsfeindliche Äußerungen, die der Zollbeamte Paterno in ihrer Gegenwart getan hatte, durch ihre Schwatzhaftigkeit einem größeren Kreis von Menschen bekannt gemacht. Es wurde nicht bewiesen, dass sie Paterno bei der Gestapo angezeigt hatte, aber anscheinend ist die Gestapo auf Umwegen von den Tratschereien in Kenntnis gesetzt worden. Paterno wurde wegen Wehrkraftzersetzung vom

Sondergericht München in einer Verhandlung am 1. Mai [sic!], bei der auch die R. als Belastungszeugin auftrat, zum Tode verurteilt und am 17. Juli [sic!] hingerichtet."[6]

Auszug aus den *Tiroler Nachrichten*, Juni 1947:
„Zu welch ungeheuren Folgen oft einige unbeabsichtigt hingesprochene Worte führen können, zeigte ein vor dem Innsbrucker Volksgerichte stattgefundener Prozess in aller Deutlichkeit auf. Im Juli 1943 erschien bei der 40-jährigen verheirateten Trafikantin Rosa R. in S. der Zollbeamte Hugo Paterno, um die Trafikrevision vorzunehmen. Nach beendeter Arbeit entspann sich zwischen ihm und den Eheleuten R. ein politisches Gespräch, in dessen Verlauf sich Paterno über die ‚Tätigkeit' der SS dahin äußerte, ‚dass es diese Horden nicht notwendig hätten, über die Massengräber in Katyn und anderswo zu reden, denn auch sie selbst morden und rauben. Wenn das so weitergehe, werden wir bald auch bei uns eine Revolution haben' usw. Vor seinem Weggange scheint ihm die Gefährlichkeit seiner Worte doch bewusst geworden zu sein, denn er bat die Eheleute, davon keinen weiteren Gebrauch zu machen.

Während nur die Frau sich an das Versprechen vorerst hielt, erzählte ihr Mann den Vorfall seiner Schwägerin Marianne S., und diese Frau war eigentlich unbeabsichtigt die Ursache, dass dem Zollbeamten Paterno der Kopf abgetrennt wurde. Im August 1943 half sie nämlich im Hallerangerhaus als Kellnerin aus, und als eine Reichsdeutsche dort beim Mittagessen ihrem Tischnachbarn erzählte, dass sich ihr am Bettelwurf ein Soldat angeschlossen habe, der über Hitler und den Krieg ‚fürchterlich' geschimpft habe, meinte die Kellnerin S., das komme auch woanders vor und erzählte das Gespräch des Zollbeamten Paterno mit ihrer Schwester und dem Schwager. Unglücklicherweise saß aber an dem Tisch der Zollbeamte Heinrich W., der nichts Eiligeres zu tun wusste, als das Gehörte seinem Kollegen Reinhold S. zu erzählen, der sich angeblich seinerseits verpflichtet fühlte, dies brühwarm seinem Chef, Oberregierungsrat [Bartholomäus] B., bei der Finanzdirektion mitzuteilen, der ihm den Auftrag gab, sofort nach S. zur Frau R. zu fahren und mit ihr ein Protokoll über das Gespräch mit Paterno aufzunehmen, was auch geschah. Dieses Protokoll kam dann in die Hände der Gestapo – durch wen, konnte auch im Prozess nicht festgestellt werden. Paterno wurde im September 1943 verhaftet, vom Sondergericht in München am 11. Mai 1944 wegen Wehrkraftzersetzung zum Tode verurteilt und nach Ablehnung eines Gnadengesuchs am 17. Juli [sic!] in Stadelheim hingerichtet. Die Staatsanwaltschaft hatte daher gegen Rosa R. die Anklage nach § 7 Kriegsverbrechergesetz – Verbrechen der Denunziation – und außerdem wegen des Verbrechens des Hochverrates erhoben, weil sie auch in der Verbotszeit – 1937 – der NSDAP beigetreten sei. Die Angeklagte erklärte sich für die Delikte nicht schuldig. Sie sei erst im März 1938 der Partei beigetreten, und auch die Anzeige an die Gestapo sei nicht von ihr gemacht worden; dies habe auch der Vorsitzende des Sondergerichtes in München ausdrücklich erklärt. Wahrheitsgemäß habe sie vor dem Sondergericht die Frage des Präsidenten, ob Paterno damals betrunken gewesen sei, verneint.

Aus den Zeugenaussagen war zu entnehmen, dass Paterno als sehr ruhiger, aber antinazistisch eingestellter Mann bekannt war und tatsächlich an dem Unglückstage mit Soldaten Schnaps getrunken hatte, was die Angeklagte unbedingt gerochen haben musste. Frau Paterno, die Witwe, verlangte für ihre vier Kinder 20.000 Schilling. In ihrer Verzweiflung sei sie damals zur Angeklagten gekommen und habe sie, die doch selbst Mutter ist, gebeten, ihren Mann nicht zu belasten und mitzuhelfen, dass von diesem der Tod angewendet werde; als Antwort bekam die arme Frau die Ablehnung dieser Bitte mit dem Hinweis, ‚dass hätte sich Paterno alles früher überlegen sollen!' Der Volksgerichtshof – Vorsitzender OLGR. Dr. Pfaundler, Staatsanwalt Dr. Graf – erkannte auf versuchte Denunziation und verurteilte die Angeklagte zu drei Jahren schweren Kerkers; vom Hochverrate wurde Rosa R. freigesprochen."[7]

Auszug aus der *Tiroler Tageszeitung*, Juni 1947:
„Das Innsbrucker Volksgericht (Vorsitz OLGR. Dr. Pfaundler) verurteilte die 44-jährige Trafikantin Rosa R. aus S. wegen Verbrechens der versuchten Denunziation nach § 7 des Kriegsverbrechergesetzes zu drei Jahren schweren Kerkers. Sie hatte Äußerungen des Zollbeamten Hugo Paterno, dass man nur von den Massengräbern in Katyn, aber nicht von jenen in Deutschland spreche, dass die SS schon genug gestohlen und geplündert habe und dass man schon endlich Schluss machen solle, weil der Krieg schon verloren sei, weitererzählt. Von diesen Äußerungen erfuhr die Gestapo. Paterno wurde verhaftet, vom Sondergericht in München, das auch die nunmehrige Angeklagte Rosa R. als Zeugin vernahm, zum Tode verurteilt und hingerichtet. Rosa R. hatte zwar nicht die Anzeige erstattet, aber durch die Weitergabe der Äußerungen Paternos verursacht, dass diese in weiteren Kreisen bekannt wurden."[8]

Auszug aus dem Gnadengesuch von Rosa R., September 1947:
„An den Herrn Bundespräsidenten der Republik Österreich, Wien, über das Volksgericht Innsbruck. In größter Sorge und Not erlaube ich mir die Bitte, mir für den Rest meiner Strafzeit einen Gnadenakt erweisen zu wollen.

Ich begründe meine Bitte folgendermaßen: Ich wurde mit Urteil des Volksgerichtes Innsbruck, 10 Vr 1713/46 vom 6. 6. 1947 wegen § 7 Abs. 9, KVG lit. b. zu einer 3-jährigen schweren Kerkerstrafe verurteilt. In die Strafe wurde die Untersuchungshaft vom 19. Mai 1945 bis 26. Dezember 1945, vom 2. Jänner 1946 bis 11. März 1946 und vom 10. Mai 1946 bis 6. Juni 1947 angerechnet. Ich befinde mich demnach mit Ausnahme kurzer Intervalle seit Mai 1945 in Haft. Durch die lange Zeit meines Fernseins von der Familie leidet die Erziehung meiner 3 Kinder im Alter von 6, 9 und 11 Jahren schwerstens. Mein Mann, der selbst einige Zeit in Haft war und als Hilfsarbeiter meist Außendienst versieht, kann sich um die Erziehung und Beaufsichtigung unserer Kinder nur wenig kümmern, weshalb ich die Bitte stelle, mir wieder bald die Möglichkeit zu geben, mich als Mutter um meine Kinder und um den durch mein langes Fernsein vernachlässigten Haushalt zu kümmern. Ich habe durch die bisherige Haftanhaltung schwerste seelische und materielle Not erlitten und tue die Bitte, um baldmöglichst zu meiner Familie zurückkehren zu können. Rosa R."[9]

Widersacher am Wort: Verhöre mit Hugos Denunzianten

Nach dem Krieg werden die Beteiligten an Hugos Denunziation verhört. Auszüge aus den Verhörprotokollen.

Franz B., Zollbeamter: denunziert Hugo 1938 in Gaißau; Hugo wird darauf versetzt. – Auszug aus dem politischen Gutachten, August 1947:
„B. [...] wehrt sich gegen den über ihn erhobenen Vorwurf, ein fanatischer Nazi gewesen zu sein. Er behauptet, durch

seine Zugehörigkeit zur NSDAP keine Vorteile genossen und niemandem einen Schaden zugefügt zu haben. [...] Franz B. war in der Gemeinde Gaißau als begeisterter Nationalsozialist bekannt (mit großen Sprüchen), hat aber persönlich niemand geschädigt."[1]

Josef F., NSDAP-Ortsgruppenleiter in Lustenau: denunziert Hugos Familie 1939 und verweigert ihr später jede Hilfe. – Auszug aus der Vernehmung, Oktober 1946:
„Zur NSDAP habe ich mich erst nach dem Umbruch im März 1938 angemeldet und bin mit dem Aufnahmetag 1. Mai 1938 Mitglied geworden. [...] An Funktionen habe ich nur die eines Ortgruppenleiters von Lustenau-Rheindorf ausgeübt, und zwar vom 10. Mai 1938 bis Kriegsende. [...] Vom Fall Paterno weiß ich Folgendes: Er selbst war mir nur vom Sehen aus bekannt, dagegen kannte ich seine Frau, die lange meine Nachbarin war und bei der gleichen Firma gearbeitet hat, sehr gut. [...] Gesprächsweise habe ich gehört, dass er eingesperrt sei. Paterno war ein ruhiger, ernster, sehr religiöser Mann, ein guter Familienvater, sehr hilfsbereit gegen Nachbarn. Seiner politischen Einstellung nach war er ein Gegner des Nationalsozialismus, aber im Ganzen ein sehr ordentlicher Mann. Nur in diesem Sinne kann mein Gutachten gelautet haben."[2]

Anton S., Finanzbeamter und Hugos Schwager: wird 1939 von Josef F. denunziert. – Auszug aus der Zeugenvernehmung von 1946:
„Josef F. war ein extremer Nazi. [...] Ich war vor der Vollstreckung des Urteils bei F. und habe ihn gebeten, etwas für meinen Schwager zu tun. Da hat F. nur die Achseln geschupft und hat erklärt, da könne er nichts machen, und fragte dann, was Paterno sich überhaupt für Verdienste um die Partei erworben habe."[3]

Rudolf G., Hilfszollbetriebsassistent: verleumdet Hugo 1940 bei der NSDAP-Ortsgruppe Lustenau; Hugo wird nach Innsbruck strafversetzt. – Auszug aus dem Polizeibericht von 1946:

„Bezüglich der Angelegenheit Paterno gebe ich den mir vorgehaltenen Sachverhalt zu, und es dürfte das Gespräch sich so entwickelt haben, wie ich seinerzeit angegeben habe und wie es mir vorgehalten wurde. An den genauen Wortlaut kann ich mich aber heute nicht mehr erinnern. Eine Anzeige habe ich gegen Paterno nicht erstattet, sondern ich muss über dieses Gespräch mit jemandem gesprochen haben, der dann die Anzeige bei der Gestapo erstattet hat. Ich selbst habe von diesem Gespräch nicht einmal meine vorgesetzte Stelle in Kenntnis gesetzt. Erst lange Zeit später wurde ich dann vom Zollkommissar – den Namen weiß ich nicht mehr – diesbezüglich einvernommen, und da sagte mir dieser, dass die Angelegenheit von der Gestapo komme. Ich konnte damals auch mich nicht erinnern, wem ich von diesem Zwiegespräch Mitteilung gemacht habe. [...] Wie schon erwähnt, habe ich gegen Paterno nie eine Anzeige erstattet, sondern wurde nur einvernommen. Ich gebe zu, dass ich bei dieser Einvernahme nicht hätte alles so schildern brauchen, wie es sich zugetragen, da uns ja sonst niemand gehört hat. Ich war aber der Meinung, dass ich verpflichtet bin, die Wahrheit zu sagen."[4]

Rosa R., Tabakwarenverschleißerin: denunziert Hugo 1943 in S. – Auszüge aus den Vernehmungsschriften von 1946 und 1947:

„Ich kann mich an die ganze Angelegenheit nicht mehr genau erinnern, da ich seither zu viel mitgemacht habe. [...] Über seine Äußerungen kann ich heute nichts mehr aussagen. [...] Ich erinnere mich noch, dass dieser einmal bei mir in der Wohnung war, und zwar bat er die Bücher zu revidieren. [...] Paterno hat damals über die Regierung und so ziemlich über alles geschimpft, nähere Einzelheiten weiß ich nicht mehr. Ich und mein Mann haben uns aber am Gespräch kaum beteiligt. Dann habe ich lange Zeit nichts mehr von Paterno gehört. [...] Ich hörte von Paterno erst wieder, als der Gendarm Romed K. zu mir kam und mich über die Äußerungen, die Paterno bei der damaligen Revision bei mir gemacht hatte, verhörte. Ich habe bis dahin aber niemandem gegenüber geäußert, dass Paterno bei mir über die Regierung geschimpft hatte, und es ist mir völlig unklar, wieso die Gendarmerie überhaupt Kenntnis davon hatte. [...] Nun kommt mir doch vor, dass ich vor meiner Rückfahrt [nach der Hauptverhandlung 1944 gegen Hugo, Anm.] nach S. schon gewusst habe, dass Paterno zum Tod verurteilt wurde. [...] Ich dachte mir, dies tut mir leid, aber man kann nichts mehr machen. Ich glaubte aber damals nicht, dass die Todesstrafe ausgeführt werde, ich dachte, man könne noch ein Gesuch einreichen. In S. habe ich dann nicht mehr weiter davon gehört. Ich habe mich auch nicht erkundigt, ob tatsächlich ein Begnadigungsgesuch eingereicht worden war, ich hätte ja auch nicht gewusst, wo dies zu tun ist. Ich habe auch nie erfahren, ob Paterno hingerichtet wurde, und weiß dies heute noch nicht. Ich habe dann erstmals von dieser Angelegenheit gehört, als ich von den Amerikanern verhaftet wurde und befragt wurde, ob ich Paterno angezeigt habe. [...] Ich fühle mich völlig unschuldig und habe vor allem Paterno nicht denunziert und auch sonst nichts Strafbares gegen ihn unternommen. [...] Im Falle Paterno kann ich gar keine Angaben machen. Von der Gendarmerie in S. wurde ich seinerzeit aufgefordert, gegen ihn eine Zeugenniederschrift abzulegen. Der damalige Gendarm hieß nach meiner Erinnerung Romed K.

[...] Da ich zur Zeugenaussage aufgefordert wurde, musste ich die von Paterno gemachten Äußerungen bei der Einvernahme wiedergeben. Ich bestreite ganz entschieden, dass ich die Anzeigerin des Paterno war, sondern in der Sache lediglich nur als Zeugin fungierte. Auf nähere Einzelheiten kann ich mich aber heute nicht mehr erinnern. [...] Ich habe mich mit Denunzierungen überhaupt nie befasst und die mir vorgeworfenen Anschuldigungen sind nicht wahr."[5]

Romed K., Gendarmeriebeamter in S.: nimmt 1943 die Vernehmungsniederschriften mit dem Ehepaar R. auf. – Auszug aus der Vernehmung, Februar 1947:
„Aufgefallen ist mir aber, dass Rosa R. ohne näheres Befragen oder Zwischenfragen den ganzen Vorfall schilderte und es machte mir dabei den Eindruck, dass sie dadurch auch ihre fanatische NS-Gesinnung klar und deutlich zum Ausdruck bringen wollte. Nach der mündlichen Einvernahme machte ich Frau R. nochmals über die Tragweite und die Folgen ihrer Aussagen aufmerksam und habe sie darauf hingewiesen, sie müsse diese Aussage mit ihrer eigenhändigen Unterschrift fertigen. Ohne viel Überlegung hat die Rosa R. dieses Protokoll gezeichnet."[6]

Theresia R., Rosa R.s Mutter: ihr Mann ist Pächter des Hallerangerhauses, in dem Hugos Kollege Heinrich W. 1943 von dessen Äußerungen in der Küche von Rosa R. gehört haben will. – Auszug aus der Vernehmung von Februar 1947:
„Meine Tochter hat mir nie etwas über die abfälligen Äußerungen eines gewissen Paterno im Jahre 1943 in ihrer Tabaktrafik erzählt. [...] Ich habe noch eine Tochter namens Marianne S., wohnhaft in Innsbruck. [...] Erst als ich nach dem Zusammenbruch 1945 meine Tochter Rosa

einmal in S. besuchen wollte, habe ich sie nicht mehr in S. angetroffen. [...] Mir ist nur zugetragen worden, dass sie verleumdet worden sei. Der Name Paterno ist mir nur dunkel in Erinnerung. Ich bin so vergesslich, dass ich alles mir aufschreiben muss."[7]

Reinhold S., Hugos Arbeitskollege: leitet 1943 die Anzeige gegen Hugo innerhalb der Behörde weiter. – Auszüge aus den Vernehmungen von 1945 und 1947:
„Ich habe dann für den Rechtsanwalt Dr. Paul an d. L. v. H. im Einvernehmen mit [dem Vorsteher des Innsbrucker Hauptzollamts], [Bartholomäus] B., ein Gutachten erstellt, dass gegen Paterno nichts Nachteiliges vorläge oder bekannt sei. Wir haben dabei, um Paterno zu decken, verschwiegen, dass schon einmal ein Strafverfahren wegen eines ähnlichen Vorfalles geschwebt sei. [...] B. ist der Sache mit Wohlwollen gegenübergestanden und erwog zuerst, Paterno an das Militär abzugeben, da er infolge seines Alters zu den Landesschützen gekommen wäre. [...] Die Hauptsache sei, dass die Anzeige an die Gestapo dadurch verhindert würde. Wir haben dabei besonders auf seine fünfköpfige Familienanzahl Bedacht genommen und suchten zu verhindern, was in unseren Kräften möglich war. [...] Bis heute ist es für mich aber ein Geheimnis geblieben, wie die Gestapo von diesem Vorfall informiert wurde. [...] Paterno hat mir [...] charakterlich zugesagt wegen seines ruhigen Wesens. Auch seine Kameraden haben ihn gerngehabt."[8]

Max H., Innsbrucker Oberfinanzpräsident: leitet 1943 die Anzeige gegen Hugo mutmaßlich an die Gestapo weiter. – Auszüge aus den Vernehmungen von November 1945 und Februar 1947:
„Es ist richtig, dass ich im Canisianum anlässlich eines Appells die Gefolgschaft gewarnt habe, irgendwelche abfälli-

gen Äußerungen über die NSDAP zu machen, da dies von den schlimmsten Folgen begleitet sein könnte. Ich habe möglicherweise gesagt, dass ich nach den bestehenden strengen Gesetzen die schwersten Folgen für den Mann erwarten muss. Es ist aber vollkommen unrichtig, dass ich geäußert hätte, dass ich es in Ordnung finde, wenn gegen diesen Mann mit aller Strenge des Gesetzes vorgegangen werde. [...] Hugo Paterno war in meinem Dienstbereich ein kleiner untergeordneter Zollbeamter, der mir persönlich nie bekannt wurde. Ich hatte auch bis dahin keine dienstliche Berührung mit ihm und konnte mir über dessen Person und Tätigkeit kein Bild machen. [...] In Erscheinung getreten ist mir der Name Paternos erstmalig, als gegen ihn ein Disziplinarverfahren von meiner Dienstbehörde in meinem Einvernehmen eingeleitet wurde wegen defätistischer Äußerungen, die er einem Amtskollegen im Jahre 1941 oder 1942 gegenüber machte. [...] Da es sich um einen Rückfall handelte, war von vornherein von der Gestapo eine milde Beurteilung nicht zu erwarten und zwar dahin, dass sie erklärt hätte, ich dürfe diesen Fall disziplinarrechtlich ahnden. [...] Ich habe weder Berufung einlegen lassen noch habe ich den Fall an die Gestapo weitergeleitet, was den strengen Berliner Weisungen entsprochen hätte."[9]

Anton O., Oberzollinspektor: äußert 1944 „Bedenken an der Intaktheit" von Hugos „Geisteszustand". – Auszug aus der von O. selbst verfassten „Erläuterungen" von Juni 1945: „Ich gehe nun dazu über, den Fall zu erörtern, der mir am meisten Angstschweiß und viele schlaflose Nächte gekostet hat und wo ich mich so exponiert habe, dass meine Existenz geraume Zeit gefährdet war. Ich meine den zum Tode verurteilten und hingerichteten Zollsekretär Hugo Paterno. Ich habe mich sowohl gegen dessen

Verurteilung als auch gegen den Vollzug des Todesurteils leidenschaftlich gewehrt. Ich habe zwei Schreiben an den Verteidiger des Paterno, Herrn Dr. Paul an der L. v. H., gerichtet und ihn mit entlastendem Material beliefert. Als alles nichts fruchtete und Paterno trotzdem zum Tode verurteilt wurde, schloss ich mich dem Gnadengesuch des Verteidigers an den Reichsjustizminister an. Dieses Gnadengesuch kam der Gauleitung irgendwie zur Kenntnis und wurde für mich zum Stein des Anstoßes. Die Sache hat in der Gauleitung viel Staub aufgewirbelt. Ein Herr aus der engsten Umgebung des Gauleiters ließ öffentlich verlauten, dass nun das Maß des O. voll sei. Ich habe drei Wochen lang förmlich Blut geschwitzt, bis endlich der Gauleiter die Behandlung der Angelegenheit selbst in die Hand nahm und dem Kesseltreiben gegen mich dadurch ein Ende setzte, dass er mir persönlich eine Rüge erteilte, von seinem Standpunkte aus gesehen eine gewiss vernünftige und glimpfliche Behandlungsweise. [...] Ich habe ein Schreiben an den Volksgerichtsrat Paul L. in Berlin verfasst und es ihm durch Frau H., die sich besonders aus reiner Menschlichkeit für Paterno eingesetzt hat, sicherheitshalber persönlich in Berlin überreichen lassen. [...] Wer die Verhältnisse kennt, weiß wie viel Mut und Zivilcourage dazu gehörte, für einen, der wegen Zersetzung der Wehrkraft und wegen Hochverrats angeklagt war, einzutreten, besonders wenn man, wie ich, an der untersten Sprosse der langen politischen Rangleiter stand."[10]

Albin R., Jäger und Ehemann von Rosa R.: Zeuge in der Hauptverhandlung 1944. – Auszug aus der Zeugenvernehmung, März 1947:
„Ich habe weder einem Vertreter der Ortsgruppe in S. noch sonst einem politischen Funktionär von der Angelegenheit

Paterno Mitteilung gemacht. Ich habe auch diese Sache nicht bei einer Behörde vorgebracht, da ich selbst gar kein Interesse gehabt hätte, Paterno zu schädigen. [...] Ich stelle jedenfalls in Abrede, Paterno durch Ausnützung der damaligen politischen Verhältnisse bewusst geschädigt zu haben. Ich hatte kein Interesse, Paterno zu schädigen, da er mir völlig fremd war."[11]

Auszug aus dem Gnadengesuch von Maria Paterno, Mai 1944:
„Ich lebe mit meinem Mann seit 14 Jahren in glücklicher Ehe, der vier gesunde Kinder im Alter von sieben, acht, elf und zwölf Jahren entsprossen. Ich bin mir der Art und des Ausmaßes der Schuld meines Mannes nicht ganz bewusst. Aber ich bin der festen Überzeugung, dass er nicht in bewusster staatsfeindlicher Absicht gehandelt hat, denn er war stets ein guter, pflichtgetreuer Beamter. Wenn das Urteil wirklich vollstreckt werden sollte, würden wir nicht nur unseren Ernährer verlieren, sondern es wäre für uns alle ein namenloses Unglück, das unser ganzes Leben für immer zerstören würde."[12]

Auszug aus der Befragung von Obersteuerinspektor Erich M. von Oktober 1945, einem der wenigen wohlwollenden Innsbrucker Arbeitskollegen Hugos:
„Paterno war ein äußerst gewissenhafter Beamter und Familienvater, ein immer hilfsbereiter Kamerad und lauterer, offener Charakter, daher allgemein beliebt und geachtet. Niemand konnte es verstehen, dass dieser Mann keinen Rückhalt an seiner Behörde gefunden hat."[13]

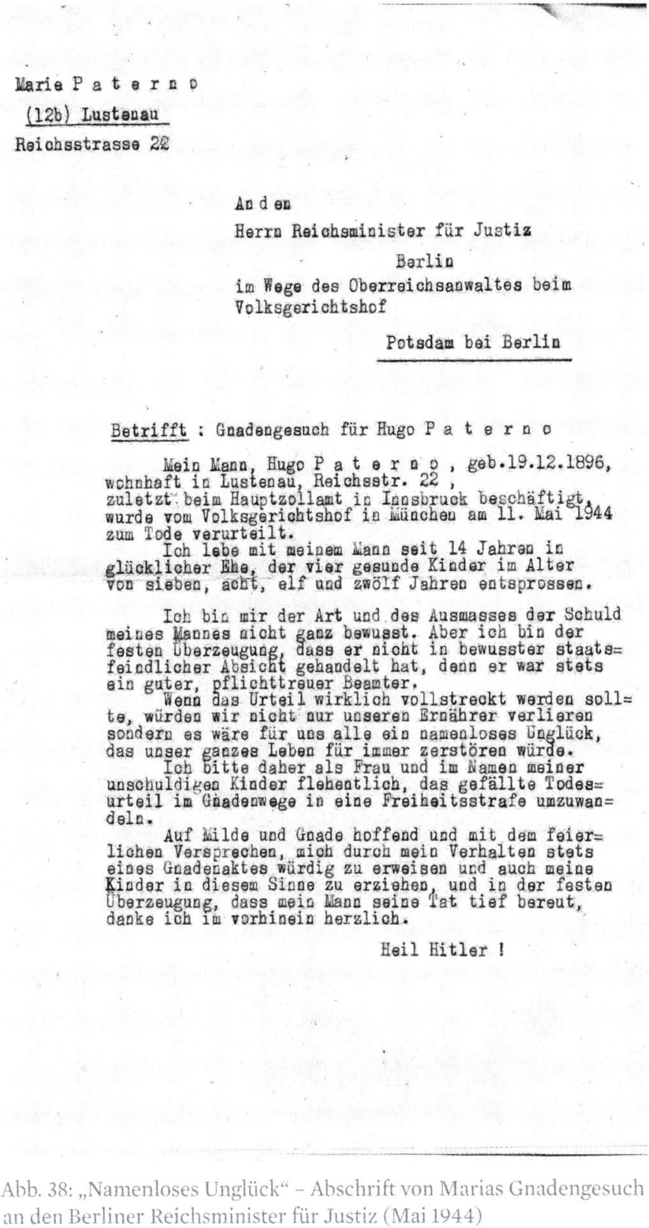

Marie P a t e r n o
(12b) Lustenau
Reichsstrasse 22

An d en

Herrn Reichsminister für Justiz

Berlin

im Wege des Oberreichsanwaltes beim
Volksgerichtshof

Potsdam bei Berlin

Betrifft : Gnadengesuch für Hugo P a t e r n o

Mein Mann, Hugo P a t e r n o , geb.19.12.1896,
wohnhaft in Lustenau, Reichsstr. 22 ,
zuletzt beim Hauptzollamt in Innsbruck beschäftigt,
wurde vom Volksgerichtshof in München am 11. Mai 1944
zum Tode verurteilt.
Ich lebe mit meinem Mann seit 14 Jahren in
glücklicher Ehe, der vier gesunde Kinder im Alter
von sieben, acht, elf und zwölf Jahren entsprossen.

Ich bin mir der Art und des Ausmasses der Schuld
meines Mannes nicht ganz bewusst. Aber ich bin der
festen Überzeugung, dass er nicht in bewusster staats=
feindlicher Absicht gehandelt hat, denn er war stets
ein guter, pflichttreuer Beamter.
Wenn das Urteil wirklich vollstreckt werden soll=
te, würden wir nicht nur unseren Ernährer verlieren
sondern es wäre für uns alle ein namenloses Unglück,
das unser ganzes Leben für immer zerstören würde.
Ich bitte daher als Frau und im Namen meiner
unschuldigen Kinder flehentlich, das gefällte Todes=
urteil im Gnadenwege in eine Freiheitsstrafe umzuwan=
deln.
Auf Milde und Gnade hoffend und mit dem feier=
lichen Versprechen, mich durch mein Verhalten stets
eines Gnadenaktes würdig zu erweisen und auch meine
Kinder in diesem Sinne zu erziehen, und in der festen
Überzeugung, dass mein Mann seine Tat tief bereut,
danke ich im vorhinein herzlich.

Heil Hitler !

Abb. 38: „Namenloses Unglück" – Abschrift von Marias Gnadengesuch
an den Berliner Reichsminister für Justiz (Mai 1944)

Josefs dunkler Traum: Aus dem Schulheft von Hugos Sohn

Auszug aus dem Deutschübungsheft von Hugos neunjährigem Sohn Josef, 1946:
„In diesem Brieflein erzählen wir Euch etwas über unseren Heimatort Lustenau. Lustenau liegt am schönen jungen Rhein. Der Rhein bildet die Staatsgrenze zwischen unserem Vaterlande Österreich und der Schweiz. Österreich hat mit der Schweiz viele Handelsverbindungen. Wenn wir draußen am Rheinufer stehen, sehen wir wunderschön in die Schweizer Berge. Lustenau hat etwa 9000 Einwohner und ist daher der größte Marktflecken Vorarlbergs. Von den benachbarten Gemeinden führen schöne Straßen nach Lustenau. [...] Die vielen Lustenauer Häuser verstecken sich in einem Wald von Obstbäumen. Auf unsern gepflegten Äckern sieht man Mais, Getreide, Kraut, Kartoffeln und sehr viel Gemüse. [...] Die Lustenauer sind bekannt als gute Sänger und Musiker. Zwei Musikvereine, zwei Gesangsvereine, zwei Kirchenchöre zeigen ihr Können, und eine Musikschule sorgt für eine gute Ausbildung. Unsere Sportvereine haben schon manche Meisterschaft errungen. Vor alter Zeit war Lustenau ein Reichshof. Erst im Jahre 1830 kam es zu Österreich. Wir Lustenauer sind aber nicht nur gute Vorarlberger, sondern auch treue Österreicher."[1]

Auszug aus dem Deutschübungsheft von Hugos zehnjährigem Sohn Josef, 1947:
„Ein Traum. Wir spielten einmal am Rhein. Da sahen wir ein kleines Schifflein daher fahren. Es fuhr so schnell und erreichte doch das Ufer nie. Ich rief und schrie, aber alles nützte nichts. Als es dann wirklich näherkam, sahen wir, dass viele Männer darinnen waren. Sie sahen so fürchter-

lich aus, als wären sie Räuber. Auf einmal hielt das Schiff, und wir gingen hin. Sogleich stürmten die Männer heraus und gingen uns nach. Wir waren voller Schrecken, wie sie einen von uns erfasst hatten. Sie legten ihn in Fesseln und knebelten ihn und warfen meinen Kollegen in das Schiff in eine Ecke. Ich rief aus voller Kehle um Hilfe. Da erschien mein Nachbar, der ein Schmied war. Ich erzählte ihm den ganzen Radau. Er lief in die Scheune zurück und holte einen Hammer und verfolgte sie. Er kletterte an einer Strickleiter am Schiff hinauf, schlug die Räuber zu Boden, packte meinen Kollegen und zertrümmerte das Schiff. Nun wollte er wieder an das Land, aber da war nichts mehr, was ihn über das Wasser trug. Als ich sah, dass das Schiff unterging, tat ich einen Schrei und erwachte. Es war halt nur ein Traum.“[2]

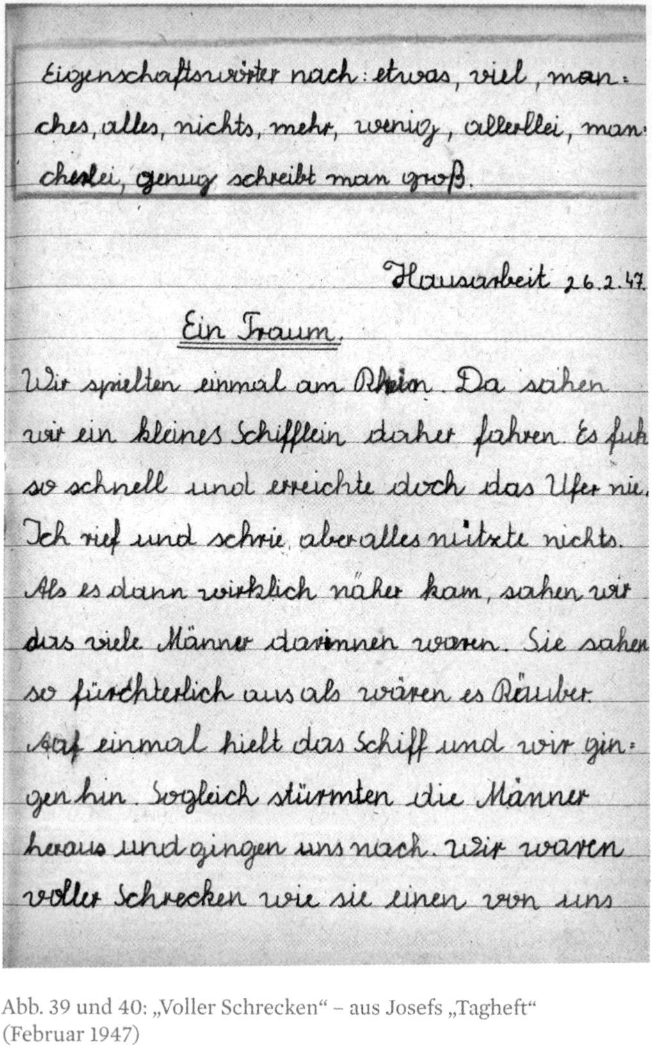

Eigenschaftswörter nach: etwas, viel, manches, alles, nichts, mehr, wenig, allerlei, mancherlei, genug schreibt man groß.

Hausarbeit 26.2.47

Ein Traum.

Wir spielten einmal am Rhein. Da sahen wir ein kleines Schifflein daher fahren. Es fuhr so schnell und erreichte doch das Ufer nie. Ich rief und schrie, aber alles nützte nichts. Als es dann wirklich näher kam, sahen wir das viele Männer darinnen waren. Sie sahen so fürchterlich aus als wären es Räuber. Auf einmal hielt das Schiff und wir gingen hin. Sogleich stürmten die Männer heraus und gingen uns nach. Wir waren voller Schrecken wie sie einen von uns

Abb. 39 und 40: „Voller Schrecken" – aus Josefs „Tagheft"
(Februar 1947)

erfaßt hatten. Sie legten ihn in Fesseln
und knebelten ihn und warfen meinen
Kolegen in das Schiff in eine Ecke. Ich rief
aus voller Kehle um Hilfe da erschien mein
Nachbar der ein Schmied war. Ich erzählte
ihm den ganzen Radau. Er lief in die Schmie
de zurück und holte einen Hammer und
verfolgte sie. Er kletterte an einer Strickleiter
am Schiff hinauf, schlug die Räuber zu Boden,
packte meinen Kolegen und zertrümmerte
das Schiff. Nun wollte er wieder an das
Land, aber da war nichts mehr was ihn
über das Wasser trug. Als ich sah, daß
das Schiff unter ging, tat ich einen Schrei
und erwachte. Es war halt nur ein Traum.

Anhang

Anmerkungen

1 Rothmann 2009, S. 7
2 Weber 2015, S. 44
3 Lipuš 2019, S. 138
4 Vogel 1979

Vorrede

1 Vgl. Haffner 2009, S. 57: „Geschichte wird nicht nur durch ‚harte' Fakten bestimmt, sondern auch durch die Vorstellungswelt, die Mentalität und die Gefühle von Menschen sowie die Art ihrer Beziehungen untereinander. Amtliche Dokumente sagen oft nur wenig darüber aus."
2 *Hugo* liegt eine im Sommer 2012 publizierte Artikelserie im Wiener Nachrichtenmagazin *profil* zugrunde, in der erstmals ausführlich über die Biografie Hugo Paternos berichtet wurde; vgl. ZPR1; ZPR2; ZPR3

Prolog

Jeder tut mit

1 Dohmen, Scholz 2003, S. 34; „Denunziert" war zum Zeitpunkt des Erscheinens (und ist es bis heute) eine der wenigen Untersuchungen, die sich dezidiert mit der systematischen Verhetzung von Freund und Feind im nationalsozialistischen Österreich auseinandersetzten – abgesehen von der 1988 publizierten Dokumentation „Und keiner war dabei" des Wiener Historikers Hans Safrian und des Kärntner Archivars Hans Witek, in der vereinzelt Denunziationspost ausgewertet wurde, vgl. Safrian, Witek 1998
2 Dohmen, Scholz 2003, S. 47
3 ZPR1, S. 62f

Kriegsenkel

1 Vgl. Baldermann 2017, S. 9ff
2 Wehrpass 1939
3 Hugos Personalbogen listet 1942 folgende Orden und Ehrenzeichen auf: „Bronzene Tapferkeitsmedaille, 2-Mal; Österreichisches Verdienstkreuz; Tiroler Landesgedenkmünze; Karl-Truppen-Kreuz; Ehrenkreuz für Frontkämpfer; Ungarische Kriegserinnerungsmedaille", vgl. PA/PNA; im August 1944 muss Maria, veranlasst durch den Berliner Oberreichs-

anwalt, dem Gendarmerieposten Lustenau sämtliche Auszeichnungen
ausfolgen, vgl. BArch/V1, Auszeichnungen

4   Bode 2009, S. 14
5   Bode 2009, S. 161
6   Gnadengesuch
7   Vgl. Knoch 2012
8   Vgl. Battke 2013
9   Battke 2013, S. 18
10 Gnadengesuch

Spurensuche

1   Vgl. Bösch 1984
2   T/Karlheinz K. 2011
3   Bereits 1980 waren Vorarlberger Historiker damit konfrontiert, vgl. Haff-
    ner 2009, S. 32: „Begründet wurde diese rigorose Archivsperre mit dem
    Schutz noch lebender Personen."
4   Landesgericht 2010
5   Die Unterfahrbrücke, 1867 erbaut, wurde im Juni 1950 durch einen Brand
    zerstört, vgl. Ansichten 2018, S. 78ff
6   Vgl. Vernehmung Rosa R. 11/1946; R. betreibt bis 1945 eine Gemischtwa-
    renhandlung und vermietet das Geschäftslokal später an einen Schnei-
    der; um 1950 betreibt sie eine Kleinwirtschaft mit zwei Stück Großvieh,
    vgl. Auskunftei 1950

Lebenspuzzle

1   Vgl. Zeitungsauschnitt o. Datum: „Am 6. Mai 1944 wurde er von einem
    Volksgerichtshof in Berlin wegen angeblicher Vorbereitung zum Hoch-
    verrat zum Tode verurteilt. [...] Die Gerichtsakten der politischen Fälle
    wurden in Stadelheim bei München vor dem Einmarsch der Amerika-
    ner verbrannt." Vgl. Hormayr 2015, S. 186; Urteil Rosa R. 06/1947; www.
    lustenauer.net/wiki/Juli [abgerufen: 5. Juli 2019]: „Am 15. Juli 1944 (vor
    75 Jahren) wurde der Zöllner Hugo Paterno wegen ‚Zersetzung der Wehr-
    kraft' von den Nationalsozialisten hingerichtet."
2   Réquisitoire 1946; Réquisitoire 1946/2; ZVN 2006; http://www.letterto-
    thestars.at/ltts07/liste_opfer.php?numrowbegi [abgerufen: 30. Oktober
    2007]; siehe auch Seite 22 in diesem Buch
3   Eine „gemeindeamtliche Bestätigung" des Lustenauer Bürgermeisters
    vom 7. März 1946 vermerkt, Hugo sei „am 11. 5. 1944 zum Tode verur-
    teilt und am 7. 7. 1944 in München Stadelheim *hingerichtet"* worden, vgl.
    Bestätigung 1946 [Hervorhebung durch den Verf.]
4   Vgl. ZVN 2006, Freiheitskämpfer 2007; Holzner 1977, S. 70

Maul halten

1   Vgl. I/Hugo E. 2011; Pichler 2012, S. 333: „Nur zu viele Menschen sind
    bereit, das auch so zu sehen: Wer so hart bestraft werde, habe sicher
    etwas ‚ausgefressen' – ein Stigma, unter dem auch die Angehörigen von
    Verurteilten zu leiden haben."

2 Vgl. Stammbaum 2018

3 Am Telefon spreche ich Anfang Dezember 2011 mit Johann Z., damals 99. Der ehemalige Zollwachebeamte erinnert sich an ein „paar flüchtige Begegnungen" mit Hugo: „Alle, die mit ihm zu tun gehabt haben, waren sich einig, dass er ein beliebter Beamter und sehr entgegenkommend war." Z. habe Hugo in Schruns, einer kleinen Gemeinde im Bezirk Bludenz, kennengelernt; Hugo sei in der Steueraufsicht tätig gewesen. Z. trat 1937 in Salzburg in die Zollwache ein und kam im Jahr darauf nach Vorarlberg; die Nazis hätten ihn bald als „unzuverlässig" eingestuft und ins tirolerische Zillertal versetzt. Die Partei habe verlangt, dass er aus der Personalstelle entfernt werde; kurz darauf sei ihm der Einberufungsbefehl zugestellt worden, erinnert sich Johann Z., vgl. T/Johann Z. 2011

4 I/Trude L. 2011

5 ZV S. H. 02/1947

6 Emma 10/1944; Parte 09/1944; Emma 04/1944/2; Emma 06/1944

7 ZV S. H. 02/1947

8 Vgl. Protokoll Erich M. 10/1945; vgl. Anschuldigungsschrift 1941: „Er wird von seinen Dienstvorgesetzten als sehr ruhiger und zurückhaltender Mensch beschrieben, der dienstlich fleißig und genau arbeitet; seine Kenntnisse, Fähigkeiten und Leistungen seien klaglos. Auch über die außerdienstliche Führung sei Nachteiliges nicht bekannt geworden."

Hugo Paterno 1896–1944

Ein Leben als Geist

1 Rohrer 1995, S. 216

2 Vgl. Ahnenpass; Sterbeeintrag 1944; Meldezettel AP; Réquisitoire 1946; Réquisitoire 1946/2; Staatsanwaltschaft 1946; Vernehmung Rosa R. 10/1946

3 Vgl. Haffner 2009, 76: „Die Abwehr des Fremden – ob aus religiösen, ethnischen oder ‚rassischen' Gründen – hatte indessen Tradition." Das Klima zwischen „Einheimischen und italienischsprachigen Zuwanderern aus dem Trentino" sei von „Feindseligkeit gegenüber den ‚Fremden'" geprägt gewesen – „in der zweiten Hälfte des 19. Jahrhunderts gleichsam ein Dauerzustand".

4 Vgl. Rohrer 1995, S. 189: „Eine der Trentiner Hochburgen Vorarlbergs war nit die Region Bludenz."

5 Wichner 1889, S. 245

6 Wichner 1894, S. 278f; vgl. ebd.: „Damals kamen eben die ersten fremden Familien ins Land, Söhne und Töchter eines südlicheren Himmels, braunhäutige, schwarzhaarige und schwarzaugige Menschen. Sie brachten welsche Sprache und welsche Sitten, welsche Unreinlichkeit und welsches Leben." Zur Illustration des hasserfüllten Klimas im Vorarlberg des ersten Drittels des 20. Jahrhunderts, vgl. Haffner 2009, S. 79: „1926 bezeichnete Caritasdirektor Josef Gorbach – einer der einflussreichsten

Priester Vorarlbergs – die Sozialisten als ‚Feinde, die [...] in unser schönes katholisches Vorarlberg eingebrochen sind. [...] Es sind keine Vorarlberger, in denen das Blut unserer Väter rollt; sondern Eindringlinge, Ausländer, Fremdlinge. [...] Kaum ein Monat vergeht, wo nicht der eine oder andere Sendling der Hölle, nämlich des Judentums, der Freimaurerei und Freidenkerei, die [...] Bahnfahrt nach Vorarlberg macht, um in unser Volk die Pestseuche des Unglaubens, der Unmoral zu tragen.'"

7 Irritierend wirkt, dass in so gut wie allen Dokumenten sieben Geschwister angeführt sind, vgl. Meldezettel AP; Taufbuch Paterno; in der Vernehmung vom 24. März 1941 ist dagegen zu lesen, Hugo stamme aus einer „Familie von seinerzeit acht Kindern", von denen „heute [...] noch zwei ältere Brüder und eine ältere Schwester" am Leben seien, vgl. PA/UA

8 Brief Strigno 11/21011

9 Vgl. BArch/V1, Einlieferungsanzeige

10 Vgl. PA/VA; Wehrpass 1939

11 Vgl. Anschuldigungsschrift 1941

12 Vgl. Taufbuch; Taufbuch B; Geburts- und Taufschein; Meldezettel B; Kaufvertrag Riedstraße; Entlassungs-Zeugnis; Fohrenburg; Entlassungsschein; PA/VA

Im Dienst

1 PA/VA

2 Vgl. Dienstvorschrift 1931

3 Vgl. PA/PNA

4 PA/AH

5 Vgl. PA/VA

6 Vgl. PA/VA; im Gemeindeblatt vom Mai 1933 schalten die Lustenauer Nationalsozialisten Inserate, in denen das Parteiverbot ignoriert wird: „Trotz Verbot – nicht tot!", vgl. Haffner 2009, S. 183

7 Vgl. PA/PHA; PA/RA

Beamtenkarriere

1 Vgl. Zollrecht 1920

2 Stenografie 1918, S. 75

3 Vgl. Zollwachvorschrift 1928

4 Vgl. PA/PHA, Ermittlung des Unterhaltsbetrages

5 Vgl. PA/PHA, Festsetzung des Unterhaltsbetrages

6 Postkarte Spera 1938

7 Vgl. PA/PHA

8 Vgl. Ahnenpass

9 Vgl. Bausparvertrag 1931

10 Vgl. Kündigung 1939; Kündigung 06/1939

Mit Wüstenrot

1 Vgl. Werbung Bausparer

2 Vgl. Mitteilungsblatt 1940

3 Vgl. Bausparbrief 1937

4 Vgl. Wüstenrot 1937

5 Vgl. Sparbrief 1937

Staatsdiener

1 Vermutlich mit Ausnahme der Dienststelle Gaißau; 1940, nach Hugos Strafversetzung, blieb die Familie – vorübergehend? – offenbar in Gaißau Nr. 12 wohnhaft, vgl. PA/BA; vgl. auch PA/VA; PA/PNA; PA/UA. Die Angaben über Hugos Dienststellen variieren – mutmaßlich auch den großzügig bemessenen Übergangsfristen bei den jeweiligen Postenwechseln geschuldet: In der Vernehmungsschrift vom 24. März 1941 wird angeführt, Hugos Dienstorte seien Höchst, Lustenau, Gaißau, Lustenau gewesen – „und seit 13. Mai 1940 Innsbruck. In der Zeit vom 10. November 1938 bis 1. April 1940 (tatsächlich 11. Mai 1940) war ich selbstständiger Leiter des Zollamts Lustenau". In der Anklageschrift vom Februar 1944 wird festgehalten, Hugo sei „im Laufe eines Dienststrafverfahrens nach Innsbruck versetzt" worden, vgl. BArch/V1, Anklageschrift. „Am 1. Jänner 1938 wurde er Zollsekretär in Lustenau und verwaltete nachher die dortige Zollgrenzwache", hält die Urteilsbegründung vom 18. Mai 1944 fest, vgl. BArch/V2, Urteil

2 Vgl. Schreiben an das Feldkircher Bundesfinanzamt um Heizkostenvorschuss für die Heizperiode 1933/34, in dem drei Wachhütten der Zollwachabteilung Lustenau erwähnt sind: Brückenwachhütte-Rheindorf, Lustenau Oberfahr, Wachhütte bei der Eisenbahnbrücke, vgl. Bundesfinanzamt 1933

3 Vgl. Bundesfinanzamt 1924; Bundesfinanzamt 1925; Bundesfinanzamt 1930; Bundesfinanzamt 1934; Bescheinigung 1931; Ausweis 1931; Vorbereitungskurs 08/1935; Vorbereitungskurs 12/1935; PA/PHA; PA/VA

4 Vgl. Personalstandsverzeichnis 1934

5 Vgl. PA/AH

6 Vgl. I/Hermann R. 2011; Krenn 2004, S. 297; vgl. ebd., S. 301: „Der Schmuggel hatte auch negative Auswirkungen auf das Gemeindeleben. [...] Es kam zu Diffamierungen in der Öffentlichkeit. Wer einen Schmuggler bei der Obrigkeit denunzierte, musste mit Repressalien rechnen. Das galt auch für Amtspersonen und Wächter, die oft aus Rache verdächtigt wurden."

7 Vgl. BArch/V2, Urteil; Protokoll Erich M. 10/1945

8 Anschuldigungsschrift 1941; Hugos früher Dienstort Höchst wird hier nicht erwähnt.

9 Vgl. Geburtsurkunde Sperger; Trauungsschein

10 Bundesfinanzamt 09/1929

11 Bundesfinanzamt 12/1929

12 I/Quido 2012; Meldezettel MP

13 Vgl. E-Mail von Wolfgang Weber vom 23. Februar 2014 an den Verf.: „[Hollenstein] wurde zu einer zentralen Kunstfunktionärin des NS-Staates: Von 1938 bis 1943 stand sie der Vereinigung bildender Künstlerinnen Österreichs bzw. der Reichsgaue der Ostmark vor."

14 Vgl. Kriegerdenkmal 2013

15 Vgl. Notiz 1937

16 Vgl. PA/UA; vgl. ebd. Hugos Aussage vom 24. März 1941: „Bei der Überführung in das Reichsbeamtenverhältnis wurde ich als damaliger Zoll-

wachoberkontrollor in die Besoldungsgruppe A7a mit einem allgemeinen Dienstalter vom 13. Jänner 1934 und einem Besoldungsalter vom 1. Dezember 1927 als Zollsekretär überführt."

17 Vgl. PA/VA

18 Vgl. Zentralbesoldungsamt 1953; Versorgungsbezüge 1946

19 Im Folgenden PA/BA

20 Vgl. PA/VA

21 Vgl. PA/AH; PA/VA; PA/BA

22 PA/BA

23 PA/RA

24 PA/BA; zwei Tage später, am 27. November 1940, hält ein Aktenvermerk fest, dass der „Zollsekretär Paterno unter Verzicht auf Durchführung eines förmlichen Dienststrafverfahrens § 71 DBG gemäß in den Ruhestand versetzt werden möge". In einer Aktennotiz vom 20. Dezember 1940 wird erwähnt, dass die Geheime Staatspolizeistelle entgegen ihrer früheren Stellungnahme keinen Wert auf eine dienststrafrechtliche Verfolgung Hugos lege, sondern dessen Versetzung in den Ruhestand für ausreichend halte. Der Berliner Reichsminister der Finanzen lehnt dies schließlich in einem Schreiben vom 10. Jänner 1941 kategorisch ab, vgl. PA/BA; PA/RA

25 BArch/V1, Politische Beurteilung

Nummer 7871889

1 Hugo war Mitglied in folgenden angeschlossenen NSDAP-Verbänden, vgl. Anschuldigungsschrift 1941: „Paterno war seit der Zeit, als alle ehemaligen österreichischen Beamten hierzu aufgefordert wurden, Mitglied der Volksfront bis zum Umbruch; eine besondere Vertrauensstellung hat er dort nicht bekleidet. Er ist [...] seit 1. Juni 1938 Mitglied des RDB [Reichsbund der Deutschen Beamten] und seit 1. August 1938 Mitglied der NSV [Nationalsozialistische Volkswohlfahrt]. Später ist er überdies dem Luftschutzbund und dem Reichkolonialbund beigetreten." Vgl. PA/PNA, Personalbogen, 27. März 1942: „Mitgliedschaften und Ämter in angeschlossenen Verbänden: NSV vom 1. August 1938; RDB vom 1. Juni 1938"; „Mitgliedschaften und Ämter in nichtangeschlossenen Verbänden: Reichskolonialbund vom 1. Juli 1939; Reichsluftschutzbund [RLB] vom 1. Februar 1940; Reichskriegerbund [DKB] vom 1. Jänner 1941; Deutsches Rotes Kreuz vom 1. April 1941"; in der Urteilsschrift vom September 1941 wird zudem Hugos Mitgliedschaft bei der NSKOV [NS-Kriegsopferversorgung] erwähnt, vgl. Urteil 1941

2 Vgl. BArch/BD2

3 Reinprecht 2014, S. 247f

4 Vgl. PA/UA, insbesondere Vernehmungsschrift vom 24. März 1941: „Ich war von 1934 (ein näheres Datum ist mir nicht bekannt, soviel ich weiß, als alle Beamten zum Eintritt aufgefordert wurden) bis zum Umbruch Mitglied der V. F.; eine besondere Vertrauensstellung in der V. F. habe ich nicht bekleidet."

5 BArch/BD2

6 BArch/BD2

7   Postkarte Innsbruck 1942
8   BArch/BD2
9   BArch/V5
10 Vgl. BArch/V5

B. erstattet Meldung

1   Im Folgenden PA/01
2   Vgl. PA/03
3   Vgl. PA/03
4   Im Folgenden PA/02
5   Vgl. Pichler 2012, S. 97: „Die katholischen Geistlichen und Laien, die das
    Unrecht des Hitlerregimes erkennen und deshalb Widerstand leisten,
    tun dies aus persönlichem Antrieb."

Vom Verschwinden

1   Bericht Adolf H. 1946
2   Im Folgenden Schreiben F. 1939
3   PA/BA

Gespräch unter Feinden

1   Vgl. PA/BA
2   Vgl. PA/UA; G. gibt am 11. Februar 1941 zu Protokoll: „Er ist so gegen
    elf Uhr aus der Wachhütte herausgekommen und hat mit mir zu reden
    begonnen, als wir beide am gegenüberliegenden Schweizer Ufer die
    Grabarbeiten des Schweizer Militärs beobachteten. Ob wir beide mit
    dem Glase schauten, weiß ich nicht mehr. Richtig ist, dass ich eines im
    Dienst mit mir führte."
3   Im Folgenden PA/BA
4   PA/BA, Verhalten des Zollsekretärs Paterno
5   Im Folgenden PA/BA
6   Vgl. Ottmer 1994, S. IXff

Hässliche Geschichte

1   PA/BA
2   Vgl. PA/RA; insbesondere Schreiben des Untersuchungsführers an den
    Innsbrucker Oberfinanzpräsidenten vom 27. März 1941: „Ich füge bei,
    dass ich durch persönliche Rücksprache mit Herrn Kriminalrat K. [nicht
    ermittelt] der Gestapo Innsbruck am 30. Jänner 1941 in Erfahrung ge-
    bracht habe, dass seitens der Gestapo außer der Sachverhaltsmitteilung
    an die zuständige Dienstbehörde [...] nichts veranlasst wurde, da die Ge-
    stapo bei Anzeigen gegen Beamte grundsätzlich zuerst die zuständigen
    Dienstbehörden einschaltet."
3   Offenbar einem Schreiben des Berliner Reichsminister der Finanzen
    folgend, der am 10. Jänner 1941 den Innsbrucker Oberfinanzpräsident
    auffordert, das „förmliche Dienststrafverfahren gegen ihn [Paterno] ein-
    zuleiten", vgl. PA/RA; PA/UA
4   Vgl. PA/BA

Mörderbrut

1 PA/BA
2 Vgl. I/G 2011; PA/BA; Nationale 1946: „Ich [Rudolf G.] trat am 1. Juni 1933 der NSDAP bei."
3 Vgl. PA/UA
4 Vgl. Nationale 1946; PA/BA, Dienstreisevermerk: „B. ist Mitglied der NSDAP seit 1. Jänner 1932."
5 PA/UA
6 Im Folgenden PA/UA
7 I/Hermann R. 2011

7a P2 – PI 4d

1 Vgl. PA/BA; PA/UA; PA/RA
2 Vgl. PA/UA
3 PA/BA
4 PA/BA
5 PA/BA

Strafversetzt

1 PA/BH
2 Vgl. PA/RA, Politisches Verhalten des Zollsekretärs Hugo Paterno: „Ich [Oberfinanzpräsident Max H., Anm.] habe Paterno [...] auf Antrag des Vorstehers des Hauptzollamts Dornbirn ab 1. April 1940 an die ZASt St Innsbruck Nord [Zollaufsichtsstelle Station Innsbruck] versetzt. Er hat am 14. Mai 1940 seinen Dienst hier angetreten."
3 Der Entwurf des Oberfinanzpräsidenten wurde später in eine amtliche Versetzungsanweisung umgearbeitet: In Hugos „Veränderungsanzeige" vom 10. August 1940 findet sich die Notiz „Versetzung. OFPräs. Innsbruck, 7a P2 – PI 4d v. 25. April 1940", vgl. PA/PHA
4 PA/BA
5 Urteil 1941

Zerrieben, zerbrochen

1 PA/BA, Verhandlung
2 Vgl. im Folgenden PA/BA
3 Vgl. PA/RA, Schreiben an den Berliner Reichsminister für Finanzen vom 20. Dezember 1940, in dem Hugo wie folgt zitiert wird: „Es könne sich auch um einen Racheakt des G. handeln, weil er [Paterno] des Öfteren darauf hingewiesen habe, dass die Hilfszollbetriebsassistenten ihren Dienst im Gelände und nicht in der Wachstube zu leisten hätten."
4 Vgl. I/Hugo E. 2011
5 Im Folgenden PA/UA
6 Im Folgenden PA/UA
7 Vgl. Walser 1983, S. 82
8 Vgl. Ottmer 1994, S. IXff

Gegenüberstellung

1 Im Folgenden PA/UA
2 Vgl. PA/UA
3 Im Folgenden PA/RA

Das Porträtbild

1 Vgl. PA/UA
2 Malin 1985, S. 136
3 Vgl. Scheffknecht 2003, S. 229
4 Vgl. Scheffknecht 2003, S. 250; Pichler 2012, S. 321: „Der Finanzbeamte Hugo Paterno (1896–1944) wird wegen seiner kritischen ‚Äußerungen gegen Führer und Staat' zum Tode verurteilt und 1944 in München-Stadelheim hingerichtet."

Zur Sache

1 Die bekannten Anschuldigungen im Schnelldurchlauf, vgl. PA/RA – Deutschland werde nicht einmarschieren, denn es gehe nur dahin, wo etwas zu holen sei; in der Schweiz sei dies nicht der Fall; die Deutschen könnten Schlachten gewinnen, aber keinen Krieg; man dürfe nicht alles glauben von den steten Erfolgsmeldungen; Narvik sei bei der Landung der deutschen Truppen als wichtig hingestellt worden, nachdem es wieder aufgegeben worden war, hätte dieselbe Zeitung es als bedeutungslos geschildert; die Glaubwürdigkeit der amtlichen deutschen Dokumentenveröffentlichungen über die Schuld Polens beziehungsweise Norwegens sei in Zweifel zu ziehen, da sie nur als Vorwand für den nachträglich konstruierten Beweis für die angebliche Schuld der Feindstaaten am Krieg diene; Hitler habe den Krieg veranlasst; der jetzige Krieg sei genauso eine Lumperei wie die früheren; Hitler habe zuerst den Polen Freundschaft angeboten und ein halbes Jahr später die Polen überfallen; dass er, Hugo, gegen Hitler, der von seinen engsten Mitarbeitern falsch unterrichtet werde, nichts hätte, wenn dieser den Krieg nicht angefangen hätte; dass er, Hugo, in den letzten Krieg mit Begeisterung gezogen sei, dass er heute ... Und immer so weiter. Österreicher. Sudetendeutsche. Systemregierung. Erschießungen. Unschuldige in Anhaltelager. Dollfuß. Schuschnigg. 10. April 1938. Die Deutschen. Wir. Gelacht.

2 In einem Entwurf (im Folgenden PA/RA) des Oberfinanzpräsidenten vom April 1941 (nach Übermittlung des „Zusammenfassenden Berichts") teilt Max H. durchaus noch die „Bedenken an der Richtigkeit" von G.s Angaben – ohne jedoch die „Glaubwürdigkeit des Zeugen G. anzuzweifeln"; in einem weiteren Papier, ebenfalls vom April 1941 und wie bereits der Entwurf zuvor an den Reichsminister der Finanzen in Berlin W8, Wilhelmplatz 1/2, adressiert, bekräftigt Max H. abermals seinen Standpunkt: „Ich trete den gutachtlichen Schlussausführungen dieses Berichts bei." H.s Kehrtwendung erfolgt am 3. Mai 1941 in einem an den Berliner Reichsminister gerichteten Entwurf. Der Oberfinanzpräsident schreibt: „Ohne auf die im Einzelfall vielleicht zweifelhaften Vorwürfe näher einzugehen zu müssen, habe ich den Eindruck gewonnen, dass [...] Paterno seiner ganzen Einstellung nach der nationalsozialistischen Staatsführung ablehnend ge-

genübersteht und hiernach als Beamter nicht mehr tragbar erscheint." Der Reichsminister antwortet am 12. Mai 1941: „Ich halte es im vorliegenden Fall für erforderlich, dass die Schuldfrage in einer mündlichen Verhandlung vor der Dienststrafkammer geklärt wird. Ich bitte, den Vertreter der Einleitungsbehörde anzuweisen, alsbald die Anschuldigungsschrift zu fertigen und [...] die Hauptverhandlung anzuberaumen."

3 PA/RA

Anklageschrift 1941

1 Im Folgenden Anschuldigungsschrift 1941
2 Im Folgenden Brief 07/1941
3 Vgl. Bösch 1996, S. 154: Paul Rusch ist auf dem Foto neben Gebhard Baldauf zu sehen, der von 1922 bis 1944 in Lustenau als Pfarrer wirkte: „Während des Dritten Reiches wurde [Baldauf] wegen seines großen Einflusses auf die Bevölkerung nach Lindau verbannt, wo er 1944 starb."

Hauptverhandlung

1 Im Folgenden PA/HA, Hauptverhandlung
2 Vgl. Urteil 1941
3 Im Folgenden PA/RA
4 Vgl. Rechtsmittel 1941

Unterm Hakenkreuz

1 Auf dem Dornbirner Marktplatz im März 1938 das gleiche Bild: Propagandabeflaggung nach der Machtübernahme der Nazis, vgl. Barnay 2011, S. 43
2 Vgl. Meldegrundbuch
3 Vgl. PA/PHA; vgl. ZV S. H. 02/1947: „Ich habe Hugo Paterno im Herbst 1942 oder im Frühjahr 1943 [...] kennengelernt. [...] [E]r erzählte mir, dass er nicht gut in Innsbruck untergebracht sei und von seiner Familie getrennt leben müsse. Ich habe deshalb meine Quartierfrau ersucht, ihm ein Zimmer, das ich ebenfalls in Untermiete hatte, zu überlassen. Seit 1943 habe ich dann mit Hugo Paterno in Untermiete in Innsbruck, Innstraße 107, gewohnt." Vgl. ZV M. P. 02/1947: „Mein Mann war an sich in Innsbruck tätig und fuhr damals bei Gelegenheit höchstens alle drei, vier Wochen zu mir und zu seiner Familie."
4 Vgl. Hauptverhandlung 1947; Serafine H. 07/1944
5 ZV S. H. 02/1947
6 PA/BH, Gesuch um Gewährung einer einmaligen Unterstützung
7 PA/BH
8 Postkarte o. Datum
9 Brief Toni 05/1942
10 Vgl. Brief 08/1942

„Liebe Anita!"

1 Vgl. Anita 1942
2 Vgl. BArch/V1, Einlieferungsanzeige

Fünf Tage im Frühherbst

1 PA/PHA
2 Hauptverhandlung 1947
3 Hauptverhandlung 1947
4 Hauptverhandlung 1947
5 Vgl. Hauptverhandlung 1947: „Zeuge [Reinhold S.] gibt an, dass er sich eingetragen habe am 13. September 1943. Den Namen des Paterno findet er nicht und sagt aus, dass es sich damals nur um den Namen selber drehte, wann Paterno sich das letzte Mal im Revisionsbuch eingetragen hätte, das sei nicht gefragt gewesen."
6 Vgl. PA/PHA

Jagdrausch

1 Im Folgenden PA/PHA
2 Vgl. die Nachkriegsaussage von Obersteuerinspektor Erich M., Hugos Arbeitskollege, Protokoll Erich M. 10/1945: „Bei dieser Gelegenheit kritisierte Paterno die intime Freundschaft zwischen Hitler und Mussolini und soll unter anderem die Äußerungen gemacht haben: ‚Wir warten mit der Faust im Sack, bis die braune Herrlichkeit zusammenbricht. Die Nazis reden nur immer von den Massengräbern in Katyn, die sollen selbst einmal die Konzentrationslager öffnen. Dass das Hitlerregime so ist, hat auch eine gute Seite, dass es nämlich dadurch unserm Österreich die Freiheit wieder verschafft, denn dieses Regime bricht bald zusammen.' Zum Schluss sagte er noch zu Frau R.: ‚Hoffentlich bin ich nicht an die Unrichtige geraten, ich möchte nicht fünf Minuten vor Torschluss noch eingesperrt werden!' Die Trafikantin Rosa R. hat auch gar keine Gegenäußerungen gemacht, sodass er nach eigener Angabe der Ansicht war, es handle sich um eine Gleichgesinnte."
3 Vgl. Urban 2015, S. 7ff
4 PA/BA
5 Vgl. PA/PHA
6 PA/PHA
7 PA/PHA, Verfügung
8 Vgl. PA/PHA, Empfangsbestätigung
9 Vgl. BArch/V1; Hauptverhandlung 1947; ZV Albin R. 03/1947
10 ZV Romed K. 02/1947
11 Tatgeschichte o. D.; 1950 wendet sich ein Lustenauer Altlandesrat und ehemaliger KZ-Häftling postalisch an Maria, vgl. Adolf H. 1950: „Auf alle Fälle würde ich hier niemals die Segel streichen, sondern dieses Weib soll wissen, was es getan hat."
12 BArch/V1, Vernehmungsniederschrift 22. September 1943: „Die SS-Horden haben beim Einmarsch nach Italien in Innsbruck rücksichtslos alles niedergefahren. Es wird immer von den Massengräbern von Katyn und Winniza gesprochen, besser wäre es, wenn sie ihre eigenen Massengräber öffnen würden. Eine Regierung kann nicht bestehen, welche bei den Klöstern und Geistlichen anfängt. Weiter hat er sich hierüber nicht ausgedrückt. Als Beispiel hat er angegeben, dass sich eine Regierung

nicht halten könne, die früher mit 120 Personen dieselbe Arbeit leistete, zu der sie heute 300 Personen benötige. Seine Tätigkeit sei lediglich ein Spaziergang. Man sehe es doch seinem Bauch an, dass es ihm nicht schlecht gehe. Weiters sagte er, dass eine Revolution kommen werde und dies eine ganz große Revolution sein wird. Er persönlich habe nichts zu befürchten. Dem Hitler werden wir noch dankbar sein, den werden wir noch einmal als Retter Österreichs preisen. Der Herrgott kann auch einmal dem Volk einen schlechten Führer senden. Ein Jahr 1918 komme nicht mehr, aber es wird doch noch einmal kommen. Vor seiner Abreise gab er noch zur Rede, dass er nichts gesagt haben möchte, denn er lasse sich nicht noch vor dem Zusammenbruch einsperren, diese Freude tue er ihnen nicht gerne an. Da ich nicht mehr in der Lage bin, den ganzen Inhalt der Redewendung infolge der lange zurückliegenden Zeit anzugeben, verweise ich auf mein schon früher abgegebenes Protokoll, welches als Anzeige bei der Geheimen Staatspolizei in Innsbruck liegen muss."

13 Hauptverhandlung 1947; vgl. die Nachkriegsaussagen von Oberfinanzpräsident Max H., ZV Max H. 11/1945; ZV Max H. 02/1947: „Das Trafikantenehepaar R. hätte in der Ortschaft verbreitet, dass Paterno sich sehr abfällig über die NSDAP geäußert habe. Sie hätten schon deswegen bei der Ortsgruppe vorgesprochen und sie werden noch weitergehen, wenn mit Paterno nichts geschehe. [...] Ich habe Paterno persönlich nie gesehen. Ich weiß nur, dass gegen ihn die zwei Verfahren liefen. [...] Im Jahre 1943, Näheres weiß ich nicht mehr, wurde mir [...] endlich vorgetragen, dass leider ein sehr unangenehmer Fall vorgefallen sei. [...] Wenn wirklich eine Anzeige an die Gestapo wegen Paterno von meiner Behörde erstattet worden wäre, so hätte diese Anzeige unbedingt mir zur Unterschrift vorgelegt werden müssen, insbesondere wegen der Bedeutung der Angelegenheit. In meiner Berufspraxis ist mir jedoch kein Fall einer Anzeige an die Gestapo bekannt, die ich unterfertigt hätte. Es sind nie derartige Fälle vorgekommen. Paterno war der einzige Fall. [...] Ich habe jedenfalls keine Meldung über diesen Vorfall an die Gestapo gemacht. [...] Ich habe persönlich keine Meldung gemacht und kann mich auch nicht erinnern, dass ich eine derartige Meldung unterschrieben hätte. [...] Es ist vollkommen unrichtig, dass ich eine schriftliche Meldung über den Vorfall von [Hauptzollamtsvorsteher] [Bartholomäus] B. erhalten hätte. Meines Erinnerns nach hat mir dieser nur mündlich referiert." Im Februar 1947 erklärt Oberfinanzpräsident Max H. im Verhör, ZV Max H. 02/1947: „Es ist mir neu, dass die ganze Sache erst im Hallerangerhaus publik geworden wäre. Für mich war das Schwerwiegendste und das Kriterium, dass nach [der] Darstellung [von Hauptzollamtsvorsteher Bartholomäus D.] das Ehepaar Rosa und Albin R. sich bereits an die Ortsgruppe der NSDAP gewendet haben und auch mit weiteren Schritten bei höheren Parteistellen gedroht haben." Vgl. die Nachkriegsaussage von Hugos Witwe Maria, ZV M. P. 02/1947: „Ich habe jedenfalls nur erfahren können, von wem weiß ich heute nicht mehr, dass die Frau R. den Vorfall in ihrer Trafik einem gewissen Zollbeamten Heinrich W. und auch einem anderen Zollbeamten, dessen Namen ich nicht mehr weiß,

erzählt haben soll. Einer dieser beiden Herren soll gesagt haben, dass man diesen Vorfall der Gestapo anzeigen müsse. Wer die Anzeige aber unmittelbar an die Gestapo erstattet hat, weiß ich nicht." Vgl. zudem Serafine H.s Aussage von Februar 1947, ZV S. H. 02/1947: „Am Heimweg habe ich dann Paterno gefragt, ob er nicht wisse, wer die Anzeige an die Gestapo weitergeleitet habe. Auf das hin hat mir Paterno selbst mitgeteilt, dass es W. gewesen sei, der die Anzeige an die Gestapo weitergeleitet und das Protokoll in S. aufgenommen habe." Hier irrt Hugo. Zollinspektor Heinrich W. leitete die Anzeige mit ziemlicher Sicherheit nicht an die Gestapo weiter.

14 Tatgeschichte

15 Vgl. Protokoll Erich M. 10/1945

16 Hauptverhandlung 1947

17 Vgl. Hauptverhandlung 1947

18 ZV S. H. 02/1947; Maria und Serafine H. sollen, erinnert sich Anwalt Paul an der L. von H. nach dem Krieg, gemeinsam nach Berlin gereist sein; sie hätten dort auch beim Vorsitzenden – Karl F.? – vorgesprochen

19 Hauptverhandlung 1947

20 ZV S. H. 02/1947; Hauptverhandlung 1947, Aussage Rosa R.: „Paterno wollte [bei seinem zweiten Besuch in S., Anm.], dass ich keine Anzeige mache, ich erwiderte ihm, dass das nun leider schon geschehen sei. Frau H. ist nach dem Romed K. gekommen." Hugo muss R. also nach dem 13. September 1943, dem Tag der Niederschrift von Hugos Arbeitskollegen S. mit R., und vor dem 17. September 1943, dem Datum seiner Verhaftung, besucht haben. Serafine H. muss nach dem 22. September 1943 in S. gewesen sein: „Die Innsbrucker Zimmerfrau des Paterno war auch bei mir", wird Rosa R. 1947 aussagen: „Sie kam nach S. und wollte wissen, was der Paterno geschimpft hat, ich erwiderte ihr, sie solle zum Gendarmerieposten gehen, dort erfahre sie alles."

21 ZV M. P. 02/1947

22 Vgl. Rosa R.s Aussage 1947, Hauptverhandlung 1947: „Es stimmt, dass ich vor der Verhandlung von der Frau Paterno einen Brief bekam, aber nur einen, keinen zweiten."

Gewaltstreich

1 Hauptverhandlung 1947; die Lesart, wonach Hugos Arbeitskollegen als selbstlose Samariter auftraten, hat sich offenbar durchgesetzt, vgl. Befreiungsdenkmal 2011, S. 99f: „Vorgesetzte, die von seinen antinationalsozialistischen Äußerungen in Kenntnis gesetzt wurden, sahen sich gezwungen, diese auf dem Dienstweg weiter zu melden. Daraufhin schaltete sich die Gestapo ein, verhaftete Paterno und überstellte ihn ins landesgerichtliche Gefängnis nach Innsbruck." Bereits Anwalt Paul an der L. v. H. stützte die Aussagen der Arbeitskollegen, wonach Hugo ein Opfer unglücklicher Umstände geworden sei – in der augenscheinlichen Absicht, Rosa R. als Alleintäterin dastehen zu lassen. Der Anwalt gibt nach 1945 zu Protokoll (im Folgenden Bericht An der L. 07/1945): „[Reinhold] S. machte dem Hauptzollamtsvorsteher [Bartholomäus] B. zunächst mündlich

und außerdienstlich Meldung über das ihm bezüglich Paterno Berichtete." – „Über Veranlassung des Hauptzollamtsvorstehers B. begab sich Herr S. nach dieser Unterredung zunächst nach S., um bei Frau R. eine Überprüfung der Tabaktrafik vorzunehmen und dabei festzustellen, ob Frau R. von sich aus auf den Vorfall mit Paterno zu sprechen käme. Tatsächlich begann Frau R., nachdem Herr S. seine Amtshandlung beendigt hatte, auf Paterno zu schimpfen und erzählte des Langen und Breiten von den angeblichen Äußerungen Paternos. Über Vorhalt S.s, warum sie sich denn das habe gefallen lassen, erklärte Frau R., sie habe vor Paterno Angst gehabt. Frau R. erklärte auch anlässlich dieser Besprechung mit S., dass sie die Anzeige bei der Geheimen Staatspolizei erstatten wolle. Über Befragen des Herrn S., ob sie von einer Anzeige bei der Geheimen Staatspolizei Abstand nehmen würde, wenn er im Dienstwege von dem Vorfall Anzeige erstatten würde, bejahte dies Frau R.; es blieb daher Herrn S. nichts anderes übrig, als mit Frau R. über den seinerzeitigen Vorfall mit Herrn Paterno ein Protokoll aufzunehmen, um sie auf diese Weise von der Anzeige an die Geheime Staatspolizei abzuhalten. Denn sowohl Herr S. als auch Hauptzollamtsleiter B. waren überzeugt, dass der Vorfall mit einer dienstlichen Strafversetzung abgetan werden könne." – „Angesichts der präzisen Aussagen des Ehepaares R. aus. S. war, da die Sache einmal vom Volksgerichtshof an sich gezogen war, mit einer Verurteilung zu rechnen." – „Jedenfalls haben sich die unmittelbaren Vorgesetzten Paternos – Heinrich W.; Reinhold S., insbesondere Anton O. und Bartholomäus B. – stark für ihn eingesetzt." Hugos Anwalt Paul an der L. v. H. ist eigenen Angaben zufolge seit 1. Mai 1938 Mitglied der NSDAP und ein Jahr lang förderndes Mitglied der SS, vgl. ZV An der L. 02/1947.

Vgl. Auszug aus dem Urteil gegen Rosa R., 1947 (im Folgenden Urteil Rosa R. 06/1947): „Als S. am nächsten Tag zur Angeklagten kam, begann diese sogleich von dem Vorfall zu erzählen und erklärte neuerdings, dass sie sich an die Gestapo wenden werde. S. sah sich nun gezwungen, mit der Angeklagten ein Protokoll aufzunehmen, damit diese sehe, dass die Zollbehörde die Sache in die Hand nehme und nicht ihrerseits zur Gestapo gehe. Tatsächlich bildete dann auch im späteren Gerichtsverfahren gegen Paterno nur das Protokoll des S., nicht aber eine Anzeige der Angeklagten an die Gestapo die Grundlage des Verfahrens. [...] Was nun die subjektive Seite anlangt, so besteht nach der Überzeugung des Gerichts kein direkter Zusammenhang zwischen dem Vorgehen der Angeklagten und dem tragischen Ausgang des Verfahrens gegen Paterno [...], so war es bestenfalls nur eine Ergänzung des der Finanzbehörde [via Heinrich W. und Reinhold S., Anm.] bereits bekannten Tatbestandes und kann daher nur mehr als Versuch, nicht aber als ureigene Tat bewertet werden. [...] Wohl aber musste der Angeklagten bewusst sein, dass durch ihre Mitteilung an die Zollbehörde das berufliche Fortkommen und die wirtschaftliche Existenz Paternos [...] ernstlich gefährdet wurden, was ja auch, wenn die Gestapo nichts von der Sache erfahren hätte, auf jeden Fall eingetreten wäre, da Paterno disziplinär diesmal jedenfalls noch härter als das erste Mal bestraft worden wäre."

2 Vgl. Hauptverhandlung 1947

3 Zu Heinrich W. vgl. Hauptverhandlung 1947; Bericht 11/1945; Beförderung 1939; zu Reinhold S.: Hauptverhandlung 1947; Beförderung 1939; zu Max H.: Bericht 11/1945; Entlassung Max H. 01/1947; ZV Max H. 11/1945: „Ich bestreite es ausdrücklich, dass ich jemals illegal bei der NSDAP gewesen wäre." Zu Rosa R.: Anklage Rosa R. 03/1948; Urteil Rosa R. 06/1947; Urteil Rosa R. 05/1948; Réquisitoire 1946/2; vgl. Vernehmung Rosa R. 11/1946: „Ich war bestimmt keine fanatische Nationalsozialistin und habe auch nie für die Partei gearbeitet." Vgl. Vernehmung Rosa R. 09/1947: „Es ist mir nicht erinnerlich, dass ich mich um die Aufnahme in die NSDAP einmal beworben hätte." Vgl. Hauptverhandlung 1947; Vernehmung Rosa R. 10/1946; Vernehmung Rosa R. 09/1947: „Ich gebe nunmehr zu, dass ich [...] in der Verbotszeit Mitgliedsbeiträge bezahlt habe. [...] Ich habe dies bisher nicht angegeben aus Sorge um meine Kinder. [...] Es stimmt auch, dass ich Nationalsozialistin war, ich war aber Idealistin. Ich kann nicht sagen, dass mich die Äußerungen des Paterno geärgert haben, ich war solche Äußerungen schon gewohnt. [...] Ich bleibe dabei, dass ich niemanden wegen seiner politischen gegnerischen Auffassung oder Einstellung vor einer Behörde oder politischen Dienststelle zur Anzeige gebracht oder bewusst geschädigt habe." Vgl. Vernehmung Rosa R. 10/1946: „Ich bin im Mai 1938 der NSDAP, Ortsgruppe S., beigetreten. Ich bestreite ganz entschieden, schon vorher der Partei angehört zu haben, mit ihr irgendwie sympathisiert zu haben oder mich gar illegal betätigt zu haben. [...] Meine Mitgliedskarte zur NSDAP habe ich beim Einmarsch der Amerikaner in Tirol verbrannt." Zu Albin R.: Leumund Albin R. 03/1947: „Albin R. galt persönlich nicht so sehr als Fanatiker, sondern dürfte hauptsächlich unter dem Einfluss seiner Frau Rosa R. gestanden sein, die als verbissene Anhängerin des Nationalsozialismus gilt."

4 Vgl. Personalbogen Anton O.; Hofer 03/1941; vgl. Protokoll Anton O. 11/1945: „Ich war seit 1931 Mitglied der NSDAP, habe mich in der Verbotszeit aber in keiner Weise beschäftigt. [...] Ich habe nie einen politischen Gegner wegen seiner Einstellung geschädigt."

5 Im Folgenden Verhandlungsniederschrift 1945

6 Verhandlungsniederschrift 1945

7 Hauptverhandlung 1947

8 Tatgeschichte

9 ZV Albin R. 03/1947

10 Vernehmung Rosa R. 11/1946; Hauptverhandlung 1947; vgl. ZV An der L. 02/1947: „Paterno sagte mir schließlich, dass er sich mit dem Ehepaar R. nach der Amtshandlung im Geschäft in der Küche unterhalten habe. Bei der Amtshandlung sei es auch zu keinen Divergenzen gekommen." Vgl. BArch/V1, Anklageschrift: „Der Angeschuldigte Paterno nahm Ende Juli oder Anfang August 1943 morgens zwischen 7 und 8 Uhr in dem Tabakwarengeschäft der Eheleute R. in S. die übliche Überprüfung der Tabakwaren und der Kontrollabschnitte vor, die ebenso wie die früheren Überprüfungen ohne Beanstandung verlief."

11 Vgl. BArch/V1, Bericht des Ermittlungsrichters, in dem Hugo 1943 aussagt: „Verfeindet bin ich dem Ehepaar R. keineswegs. Es ergab sich aus den dienstlichen Kontrollen nie ein Grund zu Beanstandungen."

12 ZV S. H. 02/1947; Hauptverhandlung 1947

13 ZV S. H. 02/1947; Hauptverhandlung 1947; vgl. ebd.: „Bei meiner Unterhaltung mit Paterno konnte ich nicht wahrnehmen, dass er ein Mensch ist, der zu politisch unüberlegten Äußerungen sich hinreißen lässt. Für die Nazi war Paterno nicht begeistert, geschimpft hat er auch nicht darüber, mit dem Regime war er nicht einverstanden."

14 Hauptverhandlung 1947; ZV Albin R. 03/1947; vgl. die Aussage von Max H., Hugos oberster Dienstherr, der den Großvater bereits 1940 von Vorarlberg nach Innsbruck strafversetzte, ZV Max H. 11/1945: „[Albin und Rosa R. sagten], sie sähen nicht ein, wieso solch ein Mann, der derartige Äußerungen gemacht habe, noch weiterhin vom Reich gezahlt werde." Vgl. ZV Marianne S. 02/1947; Romed K., jener Gendarmeriebeamter, der Rosa und Albin R. Ende September 1943 in S. verhörte, gibt im Februar 1947 zu Protokoll, ZV Romed K. 02/1947: „Sowohl die Eltern der Rosa R., die Pächter des Hallerangerhauses [...], als insbesondere Rosa R. selbst waren überzeugte ortsbekannte Nationalsozialisten. Glaublich 1937 haben die Eltern der R. im Hallerangerhaus die Hakenkreuzfahne gehisst."

15 Hauptverhandlung 1947; vgl. die Nachkriegsaussage von Obersteuerinspektor Erich M., Hugos Arbeitskollege, der nicht jede Menschlichkeit verliert, Protokoll Erich M. 10/1945: „Diese Äußerung Paternos wurde an einem Tisch im Hallerangerhaus besprochen, als zufällig Zollinspektor Heinrich W. dort anwesend war. [...] W. erstattete tags darauf die Anzeige gegen Paterno bei seinem Vorgesetzten Reinhold S. S. nahm dann bei der Trafikantin in S. eine Verhandlungsniederschrift auf und leitete dann die Anzeige an Hauptzollamtsvorsteher Bartholomäus B. weiter. [...] B. legte die Anzeige dem Oberfinanzpräsidenten Dr. Max H. vor, der dann die Angelegenheit der Gestapo übergab und sich bei einem Appell in der Aula des Canisianums (ohne den Namen zu nennen) dahin äußerte, dass er es in Ordnung finde, wenn gegen diesen Mann mit aller Strenge des Gesetzes vorgegangen werde."

16 Hauptverhandlung 1947

17 ZV Marianne S. 02/1947

18 ZV Heinrich W. 11/1945

19 Vgl. ZV Heinrich W. 02/1947: „[Marianne S.] erzählte dann, dass der Beamte während einer Kontrolle der Tabaktrafik der Verwandten so Äußerungen gebrauchte wie ,er ballt die Hände in der Tasche und warte auf den Umsturz'."

20 ZV Marianne S. 02/1947; vgl. ZV Heinrich W. 02/1947: „Ich erwiderte dann [Marianne S.], dass sie deshalb nicht zur Gestapo gehen brauche, da dieser sowieso ein Beamter von uns sei. Ich werde der Sache nachgehen. [...] Der Name Paterno ist aber während der ganzen Unterhaltung nicht gefallen."

21 Hauptverhandlung 1947; ZV Heinrich W. 02/1947; vgl. abermals Hauptverhandlung 1947: „Ich frug den Paterno, was er in S. zusammengeplap-
pert hätte am nächsten Tag. Dabei riet ich ihm, nach S. hinaus zu fahren,
und die Sache selber zu regeln. Um 11 Uhr des gleichen Tages fuhr dann
Paterno hinaus. Als er zurückkam, meinte er, ‚es sei schon zu spät, S. war
schon draußen'."

22 Hauptverhandlung 1947

23 Hauptverhandlung 1947; ZV Heinrich W. 02/1947; ZV Heinrich W. 11/1945

24 ZV Heinrich W. 11/1945

25 Hauptverhandlung 1947

26 ZV Reinhold S. 11/1945

27 ZV Max H. 02/1947

28 PA/PHA

29 Hauptverhandlung 1947

30 ZV Reinhold S. 02/1947

31 Vernehmung Rosa R. 09/1947

32 ZV Reinhold S. 11/1945; vgl. auch Hauptverhandlung 1947: „Beide sahen
wir im Revisionsbuch nach und da zeigte sie [Rosa R.] auf den Namen
Paterno. Sie sagte auch darauf, dass sie ihn zu Anzeige bringen werde
bei der Gestapo. [...] Sie sagte ausdrücklich, wenn die Finanzbehörde
die Sache in die Hand nehme, dann sehe sie auch von einer Anzeige an
die Gestapo ab."

33 Vernehmung Rosa R. 11/1946

34 ZV Heinrich W. 02/1947

35 Hauptverhandlung 1947; ZV Reinhold S. 02/1947

Die Verhaftung

1 Vgl. Gestapokartei 1943

2 Vgl. BArch/V1, Haftanstalt Innsbruck, Gefangenenkarte Hugo Paterno

3 Vgl. Emma 06/1944/2; E-Mail von Elisabeth Sandbichler, Referentin
für Presse- und Öffentlichkeitsarbeit der Tiroler Rechtsanwaltskammer,
vom 22. Dezember 2010 an den Verf.: „In der Liste der Rechtsanwälte
findet sich weiters der Eintrag, dass er am 02.03.1958 verstorben ist."

4 ZV An der L. 02/1947

5 Vgl. BArch/V1, Vollmacht; ZV An der L. 02/1947

6 ZV S. H. 02/1947

7 Vgl. ZV M. P. 02/1947

8 ZV S. H. 02/1947

9 ZV S. H. 02/1947

10 Vgl. ZV M. P. 02/1947; Hauptverhandlung 1947

Das Verhör

1 Im Folgenden BArch/V1, Einlieferungsanzeige

2 Identitätsausweis 1946

3 Vgl. BArch/V1, Schlussbericht

4 BArch/V1

Strenge Bestrafung

1 Verhaftung 1943
2 Vgl. BArch/V1, Einlieferungsanzeige
3 Vgl. Haftbrief 01/10/1943
4 Vgl. I/Hofmann 2012
5 BArch/V1
6 PA/PHA

Rede der Rohheit

1 Vgl. I/Hofmann 2012
2 BArch/V1, Verhandelt
3 Vgl. BArch/V1

Vor dem Ermittlungsrichter

1 Im Folgenden BArch/V1, Bericht des Ermittlungsrichters
2 Vgl. Übergabevertrag 1940; Ende 1938 lautete die Frage: „Stammen Sie von jüdischen Eltern oder Großeltern ab?", vgl. Postkarte Spera 1938

Hugos Gott

1 Modernes ABC 1921, S. 24 u. 58
2 ZV An der L. 02/1947
3 Brief Werner K. 07/1944
4 Vgl. Parte 1940
5 Brief Werner K. 07/1944

Schwarze Tage

1 BArch/V1, Haftbefehl Hugo Paterno
2 Haftbrief 12/10/1943; vgl. Schreiben von Anwalt Paul an der L. v. H., Jänner 1953: „Meine Kosten betrugen 900 Reichsmark und wurden an mich bezahlt", vgl. Anwalt 01/1953
3 BArch/V1
4 Haftbrief 26/10/1943

Berlin-Plötzensee

1 BArch/V1
2 Vgl. BArch/V1, Antrag Zeugenladung; BArch/V1, Verfügung
3 ZV An der L. 02/1947
4 Haftbrief 09/11/1943
5 Haftbrief 09/11/1943
6 Haftbrief 09/11/1943
7 Postkarte Weihnachten
8 BArch/V3
9 BArch/V1, Politische Beurteilung
10 Haftbrief 23/11/1943
11 Vgl. Gestapokartei 1943; BArch/V1, Überstellungsauftrag; der Anwalt schreibt in dieser Zeit an Maria: „Sie brauchen also deshalb keinerlei Sorgen zu haben. Es ist vielmehr als ein gutes Zeichen anzusehen, dass

auf meinen Antrag die Untersuchung angeordnet wurde", vgl. Anwalt 10/1943

12 Vgl. Plötzensee 1943; Gestapokartei 1943: Als „Endverfügung" ist hier der 4. Dezember 1943, fünf Uhr, vermerkt

Geisteszustand

1 Serafine H. 12/1943
2 Haftbrief 07/12/1943
3 Haftbrief 07/12/1943
4 Haftbrief 23/12/1943
5 BArch/V1, Gutachtliche Äußerung
6 BArch/V1, Gutachtliche Äußerung
7 Haftbrief 06/01/1944

Betschwester

1 BArch/V1, Brief O., 29. Jänner 1944
2 Einen Tag nach Hugos Hauptverhandlung richtet Anton O. ein Gnadengesuch an den Reichsminister der Justiz: „Der Verurteilte ist als ‚kleiner Mann' mit ziemlich engem Horizont sich der Tragweite der zur Last gelegten Äußerungen kaum im vollen Umfange bewusst gewesen", vgl. BArch/V6, Gnadengesuch Anton O.; am 27. Mai 1944 schreibt O. in einem Brief (im Folgenden BArch/V5, Brief O. 1944), dass Hugo seiner „rein italienischen Abstammung" wegen „keinen Tropfen deutsches Blut in seinen Adern" habe: „Er verdankt also sein Deutschtum nur dem reinen Zufall, dass sein italienischer Vater als Brauer Beschäftigung in dem deutschen Vorarlberg fand und die rein italienische Familie dort ihren ständigen Wohnsitz nahm. Deutsch an ihm ist also nur die Sprache. Der Nationalsozialismus als rein germanische Weltanschauung dürfte ihm also aus blutmäßiger Bedingtheit wesensfremd sein, ohne dass er sich der Ursache bewusst wird." Hugos „nahezu götzendienerische Religiosität", fährt O. fort, verhindere dessen „volle Hingabe an den Nationalsozialismus"; Hugo sei „blut- und erziehungsmäßig gegen die ungezählten Millionen vom Glücke besser begünstigten Bewohner des Reiches im Nachteil". Sein Tod unter dem Schafott könne ihn schließlich zum „religiösen Blutzeugen stempeln", was unbedingt zu vermeiden sei; „gewisse Kreise" würden daraus Kapital schlagen, „während sie mit einem zu Zuchthaus Begnadigten nicht viel anfangen können, da derselbe für die Volkspsyche als kleiner, unbedeutender Mann diffamiert bleibt".

Anklageschrift 1944

1 Anwalt 02/1944; vgl. Paul an der L. v. H.s Nachricht an Hugo: „Ich habe Ihren Brief vom 28. Dezember 1943 mit Dank erhalten und mit Freuden daraus ersehen, dass es Ihnen etwas besser geht. Es ist selbstverständlich, dass ich Ihre Vertretung auch in Berlin übernehme. Ich habe die Absicht, Sie noch im Laufe dieses Monates in Berlin zu besuchen, da ich allgemeine Sprecherlaubnis für Sie erhalten habe. [...] Mein Bruder lässt Sie herzlich grüßen", vgl. Anwalt 01/1944

2 Im Folgenden BArch/V1, Anklageschrift

3 Vgl. Plötzensee 1943; BArch/V1, Einlieferungsanzeige; BArch/V1, Bericht des Ermittlungsrichters; BArch/V1, Anklageschrift

4 Vgl. BArch/V1, Anklageschrift: Die Ankläger greifen 1944 freihändig auf Hugos früheres Verfahren zurück. Demnach habe er geäußert: „Heute werde ja alles ‚so' – das heißt ohne Beweise und geregeltes Verfahren – abgeurteilt, in den Konzentrationslagern säßen Doktoren und Professoren und wüssten nicht, warum." In den Akten aus den Jahren 1943 und 1944 ist kein derartiger Satz Hugos überliefert.

Freislers Unterschrift

1 Parte 1943/1

2 Haftbrief 07/02/1944

3 BArch/V1, Freisler-Weisung; BArch/V3, Schreiben des Reichsjustizministeriums vom 2. Juni 1944: „Die Sache läuft hier unter der links oben angegebenen Tagebuchnummer [6J9/44]."

4 Haftbrief 12/03/1944

5 Haftbrief 29/03/1944

Drum, Mut!

1 ZV S. H. 02/1947

2 Haftbrief 04/1944

3 Haftbrief 04/1994/2; der Kassiber war vermutlich Teil einer mehrseitigen Nachricht, da das zweite Blatt die Nummerierung „6." trägt

4 Haftbrief 04/1994/2

5 BArch/V1, Notiz „Sache"; die entsprechende Verfügung des Volksgerichtshofs, Geschäftsstelle des 3. Senats, trägt ebenfalls das Datum 11. April 1944, vgl. BArch/V3

6 Serafine H. 04/1944

7 Emma 04/1944

8 Haftbrief 23/04/1944

9 Haftbrief 23/04/1944/2

10 Haftbrief 25/04/1944

11 Im Folgenden Haftbrief 04/1944/3

12 BArch/V3

13 BArch/V5

14 Vgl. BArch/V4, Zustellungsurkunde

15 PSA Anwalt 05/1944

Vor dem Volksgerichtshof

1 BArch/V1, Öffentliche Sitzung

2 Bericht An der L. 07/1945

3 Vernehmung Rosa R. 11/1946; vgl. die Aussage von Ehemann Albin R. von 1947, Hauptverhandlung 1947: „Der Staatsanwalt betonte in seiner Schlussrede ausdrücklich, dass die Anzeige durch das Ehepaar R. nicht gemacht wurde, er machte uns daraus einen Vorwurf."

4 Vgl. Hauptverhandlung 1947

5   ZV S. H. 02/1947

6   ZV S. H. 02/1947; vgl. dazu das Verhör, das Kriminalsekretär Sebastian M. am 8. Oktober 1943 mit Rosa R. aufsetzt, BArch/V1, Verhandelt: „Ich kann nicht sagen bzw. mir ist nicht aufgefallen, dass Paterno an diesem Tag betrunken gewesen wäre. Ich habe auch nicht wahrgenommen, dass Paterno Alkohol getrunken gehabt hätte. Auch über Kopfschmerzen oder andere körperliche Leiden hat er in meiner Gegenwart nicht geklagt. Er zeigte auch sonst kein anderes Benehmen, wie ich es von ihm gewohnt bin. Weitere Angaben habe ich nicht zu machen." Vgl. ebenfalls Vernehmung Rosa R. 11/1946: „Ich kann mich auch nicht erinnern, damals vom Richter befragt worden zu sein, ob Paterno bei seinen Schimpfereien betrunken gewesen wäre."

7   Vgl. ZV An der L. 02/1947; Hugo spricht 1943 in der Niederschrift des Ermittlungsrichters über sein Kopfweh, vgl. BArch/V1, Bericht des Ermittlungsrichters: „An das Gespräch mit dem Ehepaar R. kann ich mich trotz aller Bemühungen, die ich in den letzten Wochen in der Haft angestellt habe, wohl deshalb nicht mehr erinnern, weil diesem Gespräch ein erheblicher Schnapsgenuss vorausging, der mir sehr starke Kopfschmerzen bereitete. Betrunken oder angeheitert war ich nicht."

8   Hauptverhandlung 1947

9   BArch/V2, Kassenanweisung

10 Vernehmung Rosa R. 11/1946

11 BArch/V1, handschriftliches Urteil 1944

12 Im Folgenden BArch/V1, Urteil 1944; vgl. die Aussage von Hugos Arbeitskollegen Reinhold S., November 1945, der feststellt, dass „Rosa R. dem Paterno feindlich gesinnt war, weil sie angenommen hat, dass dieser einmal eine Anzeige gegen sie wegen Schwarzschlachtens erstattet habe", ZV Reinhold S. 11/1945; Maria erwähnt in ihrer Vernehmung 1947, dass sie nicht wisse, ob Hugo Rosa R. wegen einer Schwarzschlachtung angezeigt habe, vgl. ZV M. P. 02/1947

13 BArch/V5, Ermächtigung Todesurteil

14 BArch/V5

15 BArch/V5, Telegramm

Leben erbitten

1   Im Folgenden BArch/V6, Gnadengesuch Anwalt 1944

2   Lebenslauf o. Datum; 2003 richtete Quido ein Schreiben an den Nationalfonds der Republik Österreich für die Opfer des Nationalsozialismus: „Mein Vater [...] wurde infolge seiner politischen Einstellung im Mai 1940 strafweise nach Innsbruck versetzt. [...] Die Maßnahme und der Umstand, dass er fern von seinen vier unmündigen Kindern und seiner Frau leben musste, verbitterte ihn noch mehr gegen die herrschenden politischen Verhältnisse, denen er die Schuld anmaß. Mein Vater hing mit besonders großer Freude und Liebe an den Kindern, und aus diesem Grunde erschien ihm die Strafe übermächtig hart. Er ließ sich in der Folge deshalb wieder zu einer Kritik der politischen Verhältnisse hinreißen. [...] Es konnte meiner Mutter und uns Kindern niemand diesen Verlust

ersetzen und ebenso das Leid wiedergutmachen, das wir erlitten haben und zeitlebens fühlen werden", vgl. Brief Q. P. 05/2003

3 BArch/V6, Gnadengesuch 12. Mai 1944; Gnadengesuch 1944

4 Vgl. Bericht Adolf H. 1946: „Als das Todesurteil über den Finanzbeamten Hugo Paterno in München gefällt wurde, kam sein Bruder, welcher bei der Verhandlung war, am gleichen Abend zu mir und hat mich ersucht, das Schreckliche der Frau Paterno mitzuteilen, und übergab mir gleichzeitig den Auftrag, innert 24 Stunden ein Gnadengesuch der Post zu übergeben, welches seine Frau eigenhändig zu schreiben habe. Ich habe diese schwere Aufgabe übernommen und die Frau und dessen Bruder zum Ortsleiter Josef F. gesandt, mit der Bitte, dieses Gnadengesuch wenigstens zu Gunsten der vier kleinen Kinder zu unterfertigen. Die Antwort war eine kalte Absage, obschon er genau wusste, dass die ersten Schwierigkeiten, die man diesem aufrechten Österreicher machte, von seiner Ortsgruppe ausgegangen sind." Vgl. Protokoll An der L. 11/1945: „Nach meinem Dafürhalten wäre es möglicherweise zu keiner Vollstreckung des Todesurteiles an Paterno gekommen, wenn seitens des Oberfinanzpräsidiums ein Gnadengesuch gemacht worden wäre."

5 Vgl. BArch/V6

6 Im Folgenden Ursula 1944

7 Haftbrief 13/05/1944

8 Vgl. Rückschein 1944; BArch/V6, Gnadengesuch 24. Mai 1944; Gnadengesuch; Gnadengesuch II/1944; Emma L. schreibt Maria am 14. Juni 1944, dass „drei Gesuche laufen, dass doch Hoffnung berechtigt ist, dass es nicht ganz schlecht aussieht", vgl. Emma 06/1944/2

9 BArch/V6, Gnadengesuch 24. Mai 1944

10 Serafine H. 05/1944

Letzte Lebenszeichen

1 Brief M. P. 21/05/1944

2 Haftbrief 28/05/1944

3 Brief M. P. 02/06/1944

4 Brief M. P. 08/06/1944

5 Brief M. P. 13/06/1944

6 Vgl. Ansichten 2018, S. 46

7 Haftbrief 12/06/1944

8 Vgl. Lexikon 1932

9 Brief M. P. 19/06/1944

10 Haftbrief 24/06/1944

11 Brief M. P. 25/06/1944

12 Im Folgenden Brief M. P. 02/07/1944

Bis zuletzt

1 Vgl. PA/PHA

2 PA/PHA

3 Vgl. PA/PHA, Empfangsbescheinigung

4 BArch/V5, Besuchserlaubnis Sperger

5   BArch/V5, Besuchserlaubnis Sperger

6   PA/BH, Bezugseinstellung

7   PA/BH, Bezugseinstellung

8   BArch/V5, Freigabe der Leiche

9   Anwalt 08/1944, vgl. ebd.: „Ein schriftliches Urteil wird vom Volksge-
    richtshof niemals ausgefertigt. Ich konnte Ihnen daher auch ein solches
    nicht zugehen lassen. Auch bin ich nicht in der Lage, eine Abschrift der
    Anklageschrift zu übersenden, weil ich das mir seinerzeit zugekommene
    Stück wieder an den Oberreichsanwalt abliefern musste.“

Abschied

1   Haftbrief 07/07/1944

Vater im Himmel

1   Protokoll Erich M. 10/1945

2   Genovefa 1944

3   Genovefa 1944

4   Abschiedsbrief 1944

Neun Sekunden

1   Vgl. Schütz 2016, S. 865: Die Vollstreckungsrate in München-Stadelheim
    erreichte 1944 ihren „absoluten Höhepunkt“; zwischen 21. September
    1934 und 10. April 1945 wird in Stadelheim die Todesstrafe an 1188 Men-
    schen – 1113 Männer, 75 Frauen – vollstreckt, vgl. ebd., S. 860

2   Vgl. Alt 1946, S. 38: „Im Krieg musste man mit warmem Leberkäs und
    schließlich mit dem üblichen ‚Gefängnisfraß‘ (Suppe, Kraut und Kartof-
    feln) und nur einigen Zigaretten Vorlieb nehmen.“ Vgl. ebd. 1946, S. 39:
    „Dann kamen die Wachmänner; die Schuhe wurden mit Holzpantoffeln,
    das Gefangenenkleid mit dem Privatanzug vertauscht und mit gefessel-
    ten Händen wurde der Todeskandidat zur Richtstätte hinausgeführt,
    begleitet von dem laut betenden Geistlichen. Dort wurde nochmals vor
    einem Tisch mit Kruzifix und Kerzen das Urteil vom Staatsanwalt ver-
    lesen, vom Geistlichen ein kurzes Gebet gesprochen und in weniger als
    einer halben Minute fiel das Fallbeil mit dumpfem Schlag herab.“

3   Vgl. Sperger 1946

4   Vgl. Gefangenenbuch München Stadelheim; der Auszug ist schwer les-
    bar – aus dem Dokument geht hervor: Hugo Paterno geboren 19. Dezem-
    ber 1896 in Bludenz, österreichische Staatsangehörigkeit, Zollsekretär
    von Beruf, wurde am 6. Mai 1944, 8.45 Uhr, vom Strafgefängnis Berlin-
    Plötzensee zum Strafgefängnis München-Stadelheim überstellt, Gefan-
    genenbuch-Nummer 352; dort wurde er am 7. Juli 1944 um 17.00 Uhr
    hingerichtet

5   BArch/V3, Vollstreckung; Hugos Scharfrichter war mit hoher Wahr-
    scheinlichkeit Johann Reichhart, der in München-Stadelheim die meisten
    Todesurteile vollstreckte, vgl. Dachs 1996, S. 96 zum Ablauf der Vollstre-
    ckung: „Der Scharfrichter erhielt am Vorabend der Vollstreckung einen
    schriftlichen Auftrag ausgehändigt, der in der Art eines Formblattes ge-

halten war und [...] folgenden Wortlaut hatte: ‚Auftrag. Der Scharfrichter ... wird beauftragt, den rechtskräftig zum Tode und zum dauernden
Verlust der bürgerlichen Ehrenrechte verurteilten (Vor- und Zuname)
mit dem Fallbeil hinzurichten, nachdem der Führer und Reichskanzler
entschieden hat, dass der Gerechtigkeit freier Lauf zu lassen sei.'" Vgl.
ebd., S. 109: „Erst wenn der Staatsanwalt an der Richtstätte das Urteil
verlas und zu ihm sagte: ‚Scharfrichter, walten Sie Ihres Amtes', dann
erfuhr er, wer jetzt unter dem Fallbeil sterben musste." Vgl. Hefte 2010,
S. 25: „Die Eröffnung [der Hinrichtung] erfolgte in der Regel in einem
Rapportzimmer. Die Todeskandidaten waren in einem gesonderten Trakt
des Nordbaus [...] untergebracht. Am Ende befand sich die ‚Armensünderzelle'. Dort konnte noch gebeichtet und gebetet werden." Der Seelsorger
Karl Alt begleitete viele Todeskandidaten. In seinem gleichnamigen Buch
von 1946 schreibt er: „Ein großer Tisch mit mehreren Stühlen, ein Bet-
schemel vor einem an der Wand hängenden Kruzifix vervollständigte die
Einrichtung der ‚Armensünderzelle', in der so viele Seufzer gen Himmel
gesandt wurden, bis früh dann die Sonne durch die nach Osten gelegenen
Fenster hereinleuchtete und Punkt sechs Uhr die ‚Armensünderglocke'
den gewaltsamen Tod eines unglücklichen Menschenkindes verkündigte."
Alt berichtet von „‚Großschlachttagen', wo acht, zehn, zwölf, ja 18 Menschen hingerichtet wurden." (Alt 1946, S. 36 f) Die Hinrichtungsstätte im
Gefängnis München-Stadelheim wurde noch bis Ende der 1950er-Jahre
als Autowerkstatt der Gefängnisverwaltung benutzt, vgl. Dachs 1996, S. 105

6 Vgl. BArch/V3, Vollstreckung
7 BArch/V5
8 Maier 1944

Hoffnung dahin
1 Brief M. P. o. Datum

Knochenmühle
1 BArch/V2, Nachlass
2 BArch/V1, Gerichtskasse Moabit
3 Sterbeeintrag 1944; in kleiner Handschrift ist auf dem Dokument zu
   lesen: „Todesursache: Enthauptung"; auf der Maria zugesandten Sterbeurkunde vom 2. September 1944 steht vermerkt: „7. Juli 1944 um 17 Uhr
   11 Minuten in München, Stadelheimer Straße 12 verstorben", vgl. Sterbeurkunde 1944
4 Serafine H. 07/1944
5 BArch/V5
6 BArch/V5
7 Vgl. BArch/V5; Anwalt 08/1944

Heiland, hilf
1 Geheimnotiz 1943/1944
2 Brief 05/1944
3 Genovefa 1944/2

4 Genovefa 1944
5 Genovefa 1944/3
6 Emma 08/1944
7 Emma 10/1944
8 Ursula 1944
9 Parte 1944

Ohne Grab

1 Protokoll 1944; die Devise nach 1945 lautete, den „Schutt der Kriegszeit wegzuräumen und Lustenau, so gut es eben ging, in die neue Zeit
zu führen", vgl. Bösch 1996, S. 32
2 Protokoll 1944
3 I/Hedwig G. 2011
4 Sterbegottesdienst 1945
5 Todesanzeige 1945
6 Nachruf 1945
7 Parte 1944
8 Bestätigung 1968
9 Anatomie; auf der mutmaßlich nach dem Krieg erstellten „Liste über die
wegen politischen Vergehens oder Verbrechens hier [München-Stadel-
heim] hingerichteten Gefangenen" scheint Hugos Name auf: „209. Paterno, Hugo; Vorbereitung z. Hochverrat, 7. 7. 44", vgl. Liste Stadelheim;
die Leichenverteilung aus Stadelheim schlüsselt sich 1944 zwischen den
Anatomien München (110), Erlangen (16), Würzburg (32) und München/
Erlangen auf, vgl. Schütz 2016, S. 870

Epilog

Versuch einer Aufarbeitung: Rosa R. vor Gericht

1 Urteil Rosa R. 05/1948
2 Vgl. Urteil Rosa R. 06/1947; Urteil Rosa R. 05/1948; das erste Verfahren
wurde in das zweite eingebunden; das erste Verfahren bezog sich auf
die Illegalität von R. und wurde zunächst eingestellt; dann kamen Ermittlungen wegen der Denunziation dazu. R. wurde nach § 7 (2b) KVG
zu drei Jahren Haft verurteilt, worauf die Staatsanwaltschaft die Wiederaufnahme des Verfahrens wegen § 11 VG beantragte
3 Vgl. Urteil Rosa R. 05/1948; Gnadengesuch Rosa R. 09/1947; Gefangenenhaus 09/1947
4 Urteil Rosa R. 06/1947
5 Anonym 06/1947
6 ZVZ
7 ZTN
8 ZTT
9 Gnadengesuch Rosa R. 09/1947; Entlassung Rosa R. 03/1947 „Ich [wurde]
nach dem Einmarsch der Amerikaner im Juni 1945 verhaftet und in

das Anhaltelager Ludwigsburg gebracht, von wo ich am 28. Dezember 1945 entlassen wurde. Nach meiner Rückkehr nach S. wurde ich von der französischen Besatzungsmacht in Haft genommen, am 6. Februar 1946 entlassen und dann am 6. Mai 1946 wieder verhaftet. Ich wurde in das Lager Reichenau verbracht und am 10. November 1946 den österreichischen Behörden übergeben und dem Landesgericht Innsbruck überstellt. [...] Mir wird ein Verbrechen nach § 11 des Verbotsgesetzes und § 7 des Kriegsverbrechergesetzes zur Last gelegt."

Widersacher am Wort: Verhöre mit Hugos Denunzianten

1 PA/04; PA/05
2 Vernehmung Josef F. 10/1946
3 ZV Sperger 10/1946; vgl. Bestätigung 06/1949: „Der Bürgermeister der Marktgemeinde Lustenau bestätigt hiermit, dass Josef F., Buchhalter in Lustenau, [...] sich während der NS-Herrschaft eines loyalen Verhaltens beflissen hat. Er hat in uneigennütziger Weise seine Stelle als Ortsgruppenleiter verwaltet und sich in keiner Weise bereichert." Noch etwas mehr als drei Jahre zuvor charakterisierte der Bürgermeister Josef B. den ehemaligen Ortsgruppenleiter F. als „schlauen und gefährlichen Nazi", vgl. Notiz gegen F. 11/1946
4 Nationale 1946
5 Vernehmung Rosa R. 10/1946; Vernehmung Rosa R. 11/1946; Hauptverhandlung 1947
6 ZV Romed K. 02/1947
7 ZV Theresia R. 02/1947
8 ZV Reinhold S. 11/1945; ZV Reinhold S. 02/1947
9 ZV Max H. 11/1945; ZV Max H. 02/1947
10 Erläuterung O. 1945, Hofer 06/1944: „Wenn Sie schon der Ansicht sind, aus politischen Gründen für einen Volksverräter eintreten zu müssen, wäre es Ihre Pflicht gewesen, Ihre Auffassung meinem zuständigen Gnadensachbearbeiter bekanntzugeben. [...] Der Dienstweg ist stets einzuhalten. Für Ihr disziplinwidriges Verhalten erteile ich Ihnen hiermit eine Rüge."
11 ZV Albin R. 03/1947
12 Gnadengesuch
13 Protokoll Erich M. 10/1945

Josefs dunkler Traum: Aus dem Schulheft von Hugos Sohn

1 Tagheft 1946
2 Tagheft 1946

Quellen

Die verwendeten Dokumente wurden der neuen deutschen Rechtschreibung angepasst und offensichtliche Rechtschreib- und Satzbaufehler stillschweigend korrigiert. Abkürzungen wurden zum besseren Verständnis ebenso ausgeschrieben, wie die anonymisierten Nachnamen zuweilen mit den jeweiligen Vornamen ergänzt sind. Literaturhinweise werden im Fußnotenapparat als Siglen mit Autorennachname und Publikationsjahr angeführt; die letzten arabischen Ziffern bezeichnen die Seitenangabe der zitierten Quelle. Für Fehler und Ungenauigkeiten übernehme selbstverständlich ich allein die Verantwortung.

Archive

Amt der Stadt Bludenz
Meldezettel AP = Meldezettel Angelo Paterno, Bludenz, o. Jahr, Bürgerservice
Meldezettel B = Meldezettel Riedstraße 18 [später 20]

Archiv der Diözese Feldkirch
Abschiedsbrief 1944 = Abschiedsbrief Hugo Paterno, o. Ort, 7. Juli [1944]

Arolsen Archives. International Center on Nazi Persecution, Bad Arolsen
Anatomie = Dokument 70077758#1 (2.1.1.1/1000-1199/1009/0102)
Gefangenenbuch München Stadelheim = Dokument 11867684#1 (1.2.2.1/2338-
    2537/2503/0004)

Bundesarchiv / Berlin Document Center / Oberstes Parteigericht
BArch/BD1 = BDC OPG-Paterno, Hugo
BArch/BD2 = BDC PK-Paterno, Hugo
BArch/V1 = VGH-3572 A.1
BArch/V2 = VGH-3572 A.2
BArch/V3 = VGH-3572 A.3
BArch/V4 = VGH-3572 A.4
BArch/V5 = VGH-3572 A.5
BArch/V6 = VGH-3572 A.6

Bürgerservice Lustenau
Meldezettel MP = Meldezettel Maria Paterno, Lustenau, o. Datum

Dokumentationsarchiv des österreichischen Widerstandes, Wien
Anonym 06/1947 = Postkarte ohne Absender, Innsbruck, 14. Juni 1947
Hofer 06/1944 = Brief Franz Hofer, Innsbruck, 17. Juni 1944
Tatgeschichte = Tatgeschichte durch Gendarmerieposten S., S., o. Datum

Fohrenburg Bludenz
Fohrenburg = Mitarbeiterlisten 1912 bis 1913; 1918 bis 1919

Gedenkstätte Deutscher Widerstand Berlin
Plötzensee 1943 = Karteikarte Strafgefängnis Plötzensee, Berlin, 4. Dezember
1943

Museum der Stadt Bludenz
Vormerkblatt = Vormerkblatt zur Anlage des Heldenbuches der Stadtgemeinde
Bludenz Hugo Paterno, o Ort u. Datum

Österreichisches Staatsarchiv
Beförderung 1939 = Beförderung ehemaliger österreichischer Zollbeamter,
Berlin, 30. März 1939
Entlassung Max H. 01/1947 = Entlassung Max H., Innsbruck, 13. Jänner 1947
Hofer 03/1941 = Brief Franz Hofer, Innsbruck, 19. März 1941
Personalbogen Anton O. = Personalbogen Anton O., o. Ort u. Datum
Protokoll Erich M. 10/1945 = Protokoll Erich M., Innsbruck, 23. Oktober 1945
Verhandlungsniederschrift 1945 = Verhandlungsniederschrift Anton O.,
Innsbruck, 7. Dezember 1945
Versorgungsbezüge 1946 = Versorgungsbezüge Maria Paterno, Feldkirch,
15. April 1946

Pfarre Hl. Kreuz, Bludenz
Taufbuch B = Taufbuch
Taufbuch Paterno = Taufbuchauszug Familie Paterno, Bludenz, o. Jahr

Tiroler Landesarchiv
Anklage Rosa R. 03/1948 = Anklageschrift Rosa R., Innsbruck, 25. März
1948
Bericht 11/1945 = Bericht Erhebungsgruppe, Innsbruck, 13. November 1945
Bericht Adolf H. 1946 = Bericht Adolf H., o. Ort, 5. November 1946
Bericht An der L. 07/1945 = Bericht Paul an der L. v. H., Innsbruck, 30. Juli
1945
Bestätigung 06/1949 = Bestätigung Josef F., Lustenau, 7. Juni 1949
Erläuterung O. 1945 = Ausführliche Erläuterungen zum Personalfragebogen
der Militärregierung durch Anton O., Innsbruck, 17. Juni 1945
Gefangenenhaus 09/1947 = Schreiben Landesgerichtliches Gefangenenhaus,
Innsbruck, 15. September 1947
Gestapokartei 1943 = Gestapohäftlingskarte Hugo Paterno, Innsbruck, o.
Datum
Hauptverhandlung 1947 = Hauptverhandlung Strafsache Rosa R., Innsbruck,
6. Juni 1947
Leumund Albin R. 03/1947 = Leumundschreiben Albin R., Innsbruck,
14. März 1947
Nationale 1946 = Nationale Rudolf G., Lustenau, 10. Oktober 1946
Notiz gegen F. 11/1946 = Bürgermeister Josef B. gegen F., Lustenau, 5. No-
vember 1946
Protokoll An der L. 11/1945 = Protokoll Paul an der L. v. H., Innsbruck, 22. No-
vember 1945

Protokoll Anton O. 11/1945 = Protokoll Anton O., Innsbruck, 22. November 1945

Protokoll Rosa R. 09/1947 = Kurzschriftprotokoll Rosa R., o. Ort, 8. September 1947

Réquisitoire 1946 = Réquisitoire introductif, o. Ort, 20. Juli 1946 [Eingangsstempel Staatsanwaltschaft Innsbruck]

Réquisitoire 1946/2 = Réquisitoire introductif, o. Ort u. Datum [wie Réquisitoire 1946 mit Korrekturen]

Schreiben F. 1939 = Schreiben Josef F. an Max H., Dornbirn, 4. Oktober 1939

Staatsanwaltschaft 1946 = Schreiben Staatsanwaltschaft Innsbruck, 22. Juli 1946

Urteil Rosa R. 06/1947 = Urteil Rosa R., Innsbruck, 9. Juni 1947

Urteil Rosa R. 05/1948 = Urteil Rosa R., Innsbruck, 28. Mai 1948

Vernehmung Josef F. 10/1946 = Vernehmung Josef F., Feldkirch, 10. Oktober 1946

Vernehmung Rosa R. 09/1947 = Vernehmung Rosa R., Innsbruck, 31. September 1947

Vernehmung Rosa R. 10/1946 = Vernehmung Rosa R., Innsbruck, 29. Oktober 1946 [Eingangsstempel Staatsanwaltschaft Innsbruck]

Vernehmung Rosa R. 11/1946 = Vernehmung Rosa R., Innsbruck, 21. November 1946

ZV Albin R. 03/1947 = Zeugenvernehmung Albin R., Innsbruck, 22. März 1947

ZV An der L. 02/1947 = Zeugenvernehmung Paul an der L. v. H., Innsbruck, 6. Februar 1947

ZV Heinrich W. 11/1945 = Zeugenvernehmung Heinrich W., Innsbruck, 22. November 1945

ZV Heinrich W. 02/1947 = Zeugenvernehmung Heinrich W., Innsbruck, 6. Februar 1947

ZV Marianne S. 02/1947 = Zeugenvernehmung Marianne S., Innsbruck, 7. Februar 1947

ZV Max H. 11/1945 = Zeugenvernehmung Max H., Innsbruck, 20. November 1945

ZV Max H. 02/1947 = Zeugenvernehmung Max H., Innsbruck, 6. Februar 1947

ZV M. P. 02/1947 = Zeugenvernehmung Maria Paterno, Innsbruck, 17. Februar 1947

ZV Reinhold S. 11/1945 = Zeugenvernehmung Reinhold S., Innsbruck, 22. November 1945

ZV Reinhold S. 02/1947 = Zeugenvernehmung Reinhold S., Innsbruck, 6. Februar 1947

ZV Romed K. 02/1947 = Zeugenvernehmung Romed K., Innsbruck, 6. Februar 1947

ZV S. H. 02/1947 = Zeugenvernehmung Serafine H., Innsbruck, 27. Februar 1947

ZV Siegfried G. 02/1947 = Zeugenvernehmung Siegfried G., Innsbruck, 8. Februar 1947

ZV Sperger 10/1946 = Zeugenvernehmung Anton Sperger, Feldkirch, 14. Oktober 1946

ZV Theresia R. 02/1947 = Zeugenvernehmung Theresia R., Innsbruck, 6. Februar 1947

Stadtarchiv München
Sterbeeintrag 1944 = Sterbeeintrag Standesamt München, München, 11. Juli 1944

Vorarlberger Landesarchiv
Taufbuch = Taufbuch 394/1

Interviews, Telefonate

I/Hedwig G. = Interview Hedwig G., Dornbirn, 23. Februar 2011
I/Hermann R. 2011 = Interview Hermann R., Lustenau, 15. Juni 2011
I/Hofmann 2012 = Interview Rainer Hofmann, Innsbruck, 24. Jänner 2012
I/Horst G. 2011 = Interview Horst G., Lustenau, 25. Februar 2011
I/Hugo E. 2011 = Interview Hugo E., Dornbirn, 13. Juni 2011
I/Quido 2012 = Interview Quido Paterno, Lustenau, 17. November 2012
I/Trude L. 2011 = Interview Trude L., Innsbruck, 24. Februar 2011
T/Johann Z. 2011 = Telefonat Johann Z., 6. Dezember 2011
T/Karlheinz K. 2011 = Telefonat Karlheinz K., 4. Februar 2011

Personalakten Hugo Paterno – Steuer- und Zollkoordination Feldkirch

PA/01 = Meldung Pflichtwidrigkeiten, Gaißau, 10. Oktober 1938
PA/02 = Äußerung zu Anzeige, Gaißau, 17. Oktober 1938
PA/03 = Verhandlungsniederschrift Franz B., Feldkirch, 26. April 1946
PA/04 = Politisches Verhalten Franz B., Feldkirch, 7. August 1947
PA/05 = Politisches Gutachten Franz B., Gaißau, 29. August 1947
PA/AH = Anlageheft betr. Befähigungsgeschichte und politische Werturteile zur Personalakte
PA/BA = Beiakte betreffend Vorermittlungen zur Personalakte
PA/BH = Beiheft betreffend Besoldung zur Personalakte
PA/HA = Handakten des Vertreters der Einleitungsbehörde im förmlichen Dienststrafverfahren gegen den Z. S. Hugo Paterno der 3 U. Sl. (St) Innsbruck-Nord
PA/PHA = Personalhauptakte
PA/PNA = Personalnebenakte
PA/UA = Untersuchungsakten im förmlichen Dienststrafverfahren gegen den Zollsekretär Hugo Paterno der 3. U. Sl. (St) Innsbruck-Nord
PA/RA = Rückbehaltsakte
PA/VA = Vorakte zur Personalakte

Adolf H. 1950 = Brief Adolf H., Lustenau, 14. September 1950

Ahnenpass = Ahnenpass Hugo Paterno, o. Ort und Datum

Anita 1942 = Brief an Anita Paterno, Innsbruck, 16. September 1942

Anschuldigungsschrift 1941 = Anschuldigungsschrift Hugo Paterno, Innsbruck, 5. Juni 1941

Anwalt 10/1943 = Brief Paul an der L. v. H., Innsbruck, 20. November 1943

Anwalt 02/1944 = Brief Paul an der L. v. H., Innsbruck, 8. Februar 1944

Anwalt 05/1944 = Brief Paul an der L. v. H., Innsbruck, 4. Mai 1944

Anwalt 08/1944 = Brief Paul an der L. v. H., Innsbruck, 30. August 1944

Anwalt 01/1944 = Brief Paul an der L. v. H., Innsbruck, 15. Jänner 1944

Anwalt 01/1953 = Brief Paul an der L. v. H., Innsbruck, 8. Jänner 1953

Auskunftei 1950 = Auskunftei A. Fragner, Wien, 12. September 1950

Ausweis 1931 = Bundesfinanzamt für Vorarlberg Ausweis, Feldkirch, 8. August 1931

Bausparbrief 1937 = Bausparbrief Wüstenrot, Salzburg, 8. Februar 1937

Bausparvertrag 1931 = Bausparvertrag, o. Ort u. Datum

Bescheinigung 1931 = Amt der Vorarlberger Landesregierung Bescheinigung, Bregenz 10. Oktober 1931

Bestätigung 1946 = Gemeindeamtliche Bestätigung, Lustenau, 7. März 1946

Brief 07/1941 = Brief an Reinold [Nachname nicht ermittelt], Innsbruck, 23. Juli 1941

Brief 08/1942 = Brief an Reinold [Nachname nicht ermittelt], Innsbruck, 15. August 1942

Brief 05/1944 = Brief an Maria Paterno, Lauterach, 22. Mai 1944

Brief M. P. 21/05/1944 = Brief Maria Paterno, Lustenau, 21. Mai 1944

Brief M. P. 02/06/1944 = Brief Maria Paterno, Lustenau, 2. Juni 1944

Brief M. P. 08/06/1944 = Brief Maria Paterno, Lustenau, 8. Juni 1944

Brief M. P. 13/06/1944 = Brief Maria Paterno, Lustenau, 13. Juni 1944

Brief M. P. 19/06/1944 = Brief Maria Paterno, Lustenau, 19. Juni 1944

Brief M. P. 25/06/1944 = Brief Maria Paterno, Lustenau, 25. Juni 1944

Brief M. P. 02/07/1944 = Brief Maria Paterno, Lustenau, 2. Juli 1944

Brief M. P. o. Datum = Brief Maria Paterno, o. Ort u. Datum [Entwurf]

Brief Q. P. 05/2003 = Brief Quido Paterno, o. Ort, 20. Mai 2003 [Entwurf]

Brief Strigno 11/2011 = Brief Kinder, Strigno, 2. November 2011

Brief Toni 05/1942 = Brief an Toni [Nachname nicht ermittelt], Innsbruck, 30. Mai 1942

Bundesfinanzamt 1924 = Bundesfinanzamt für Vorarlberg, Feldkirch, 5. Jänner 1924

Bundesfinanzamt 1925 = Bundesfinanzamt für Vorarlberg, Feldkirch, 19. Februar 1925

Bundesfinanzamt 09/1929 = Schreiben an Bundesfinanzamt in Feldkirch, Lustenau, 6. September 1929

Bundesfinanzamt 12/1929 = Schreiben an Bundesfinanzamt für Vorarlberg, Lustenau, 8. Dezember 1929

Bundesfinanzamt 1930 = Bundesfinanzamt für Vorarlberg, Feldkirch, 17. Juni 1930

Bundesfinanzamt 1933 = Bundesfinanzamt für Vorarlberg, Feldkirch, 30. April 1933

Bundesfinanzamt 1934 = Bundesfinanzamt für Vorarlberg, Feldkirch, 23. Jänner 1934

Dienstvorschrift 1931 = Dienstvorschrift für die Vollstrecker, Wien 1931

Emma 04/1944 = Brief Emma L., Innsbruck, 30. April 1944

Emma 06/1944 = Brief Emma L., Innsbruck, 14. Juni 1944

Emma 06/1944/2 = Brief Emma L., Innsbruck, 14. Juni 1944

Emma 04/1944/2 = Brief Emma L., Innsbruck, 14. April 1944

Emma 10/1944 = Brief Emma L., Innsbruck, 24. Oktober 1944

Entlassungsschein = Entlassungsschein Hugo Paterno, Bregenz, 16. Oktober 1919

Entlassungs-Zeugnis = Entlassungs-Zeugnis Hugo Paterno, Bludenz, 15. Juli 1910

Gebete = Aufopferungsgebet, Linz 1903; Maria, Österreichs Schutzfrau, Wien 1914; Was die Welt braucht! [Zeitungsausriss o. Ort u. Datum]

Geburts- und Taufschein = Geburts- und Taufschein Hugo Paterno, Bludenz, 17. Juni 1920

Geburtsurkunde Sperger = Geburtsurkunde Maria Sperger, Lustenau, 6. September 1950

Geheimnotiz 1943/1944 = Geheimnotiz an Maria Paterno, o. Ort, 1943/1944

Genovefa 1944 = Brief Sr. Maria Genovefa, Gaißau, 14. Juli 1944

Genovefa 1944/2 = Brief Sr. Maria Genovefa, Gaißau, 28. Juli 1944

Genovefa 1944/3 = Karte Sr. Maria Genovefa, Gaißau, 16. Dezember 1944

Gnadengesuch = Gnadengesuch für Hugo Paterno, o. Ort und Datum

Gnadengesuch 1944 = Gnadengesuch für Hugo Paterno, Lustenau, 12. Mai 1944

Gnadengesuch II/1944 = Gnadengesuch für Hugo Paterno, Lustenau, 24. Mai 1944

Haftbrief 01/10/1943 = Haftbrief Hugo Paterno, Haftanstalt Innsbruck, 1. Oktober 1943

Haftbrief 12/10/1943 = Haftbrief Hugo Paterno, Haftanstalt Innsbruck, 12. Oktober 1943

Haftbrief 26/10/1943 = Haftbrief Hugo Paterno, Haftanstalt Innsbruck, 26. Oktober 1943

Haftbrief 09/11/1943 = Haftbrief Hugo Paterno, Haftanstalt Innsbruck, 9. November 1943

Haftbrief 23/11/1943 = Haftbrief Hugo Paterno, Haftanstalt Innsbruck, 23. November 1943

Haftbrief 07/12/1943 = Haftbrief Hugo Paterno, Haftanstalt Berlin-Plötzensee, 7. Dezember 1943

Haftbrief 23/12/1943 = Haftbrief Hugo Paterno, Haftanstalt Berlin-Plötzensee, 23. Dezember 1943

Haftbrief 06/01/1944 = Haftbrief Hugo Paterno, Haftanstalt Berlin-Plötzensee, 6. Jänner 1944

Haftbrief 07/02/1944 = Haftbrief Hugo Paterno, Haftanstalt Berlin-Plötzensee, 7. Februar 1944

Haftbrief 12/03/1944 = Haftbrief Hugo Paterno, Haftanstalt Berlin-Plötzensee, 12. März 1944

Haftbrief 29/03/1944 = Haftbrief Hugo Paterno, Haftanstalt Berlin-Plötzensee, 29. März 1944

Haftbrief 04/1944 = Haftbrief Hugo Paterno, Haftanstalt Berlin-Plötzensee, Ostern 1944 [Kassiber, vermutlich 9. u. 10. April 1944]

Haftbrief 04/1994/2 = Haftbrief Hugo Paterno, Haftanstalt Berlin-Plötzensee, o. Ort u. Datum [Kassiber, vermutlich April 1944]

Haftbrief 04/1994/3 = Haftbrief Hugo Paterno, Haftanstalt Berlin-Plötzensee, o. Ort u. Datum [Kassiber, vermutlich März, April od. Mai 1944]

Haftbrief 23/04/1944 = Haftbrief Hugo Paterno, Haftanstalt Berlin-Plötzensee, 23. April 1944

Haftbrief 23/04/1944/2 = Haftbrief Hugo Paterno, Haftanstalt Berlin-Plötzensee, 23. April 1944 [Brief an Josef]

Haftbrief 25/04/1944 = Haftbrief Hugo Paterno, Haftanstalt Berlin-Plötzensee, 25. April 1944

Haftbrief 13/05/1944 = Haftbrief Hugo Paterno, Haftanstalt München-Stadelheim, 13. Mai 1944

Haftbrief 28/05/1944 = Haftbrief Hugo Paterno, Haftanstalt München-Stadelheim, 28. Mai 1944

Haftbrief 11/06/1944 = Haftbrief Hugo Paterno, Haftanstalt München-Stadelheim, 11. Juni 1944

Haftbrief 24/06/1944 = Haftbrief Hugo Paterno, Haftanstalt München-Stadelheim, 24. Juni 1944

Haftbrief 07/07/1944 = Haftbrief Hugo Paterno, Haftanstalt München-Stadelheim, 7. Juli 1944

Identitätsausweis 1946 = Identitätsausweis Maria Paterno, Feldkirch, 22. März 1946

Kaufvertrag Riedstraße = Kaufvertrag des Hauses in der Riedstraße 18, Bludenz, 4. Mai 1928

Brief Werner K. 1944 = Brief von Werner K., Frankreich, 18. Juli 1944

Kündigung 03/1939 = Kündigung des Bausparbriefes, Salzburg, 9. März 1939

Kündigung 06/1939 = Kündigung des Bausparbriefes, Salzburg, 28. Juni 1939

Landesgericht 2010 = Schreiben Landesgericht Innsbruck, Innsbruck, 20. Dezember 2010

Lebenslauf o. Datum = Lebenslauf Quido Paterno o. Datum [um 1953]

Maier 1944 = Brief von Anton Maier, München, 9. Juli 1944

Meldegrundbuch = Meldegrundbuch Hugo Paterno, o. Ort u. Datum [Kopie via M. Denifl]

Mitteilungsblatt 1940 = Mitteilungsblatt der Bausparkasse Gemeinschaft der Freunde Wüstenrot, Salzburg, Nr. 1/1940

Nachruf 1945 = Nachruf Hugo Paterno, Lustenau, 8. Juli 1945

Notiz 1937 = Notiz Ferdinand Paterno, o. Ort und Datum

Parte 1940 = Parte Karolina Alge, 12. Oktober 1857–14. Februar 1940

Parte 1943 = Parte Herta Sperger, 17. Dezember 1926–1. Oktober 1943

Parte 1943/1 = Parte Valentin Sperger, 5. Oktober 1857–14. Dezember 1943

Parte 1944 = Parte Hugo Paterno, 19. Dezember 1896–7. Juli 1944

Parte 09/1944 = Parte Raimund L., 16. April 1914–12. September 1944

Personalstandsverzeichnis 1934 = Personalstandsverzeichnis der Finanzverwaltung in Vorarlberg, 1. Jänner 1934 [Quelle unbekannt]

Postkarte Innsbruck 1942 = Postkarte an Josef Paterno, Innsbruck, 1. September 1942

Postkarte o. Datum = Postkarte an Josef Paterno, Innsbruck, [mutmaßlich
19. März 1942]

Postkarte Spera 1938 = Postkarte an Hugo Paterno, Spera, 31. August 1938

Postkarte Weihnachten = Postkarte an Maria Paterno, Innsbruck, o. Datum
[mutmaßlich Dezember 1943]

Protokoll 1944 = Protokoll Maria Paterno, o. Ort, 2. August 1944

Rechtsmittel 1941 = Rechtsmittelverzicht Hugo Paterno, Innsbruck, 29. September 1941

Verhaftung 1943 = Vorsteher des Hauptzollamts an Maria Paterno, Innsbruck,
21. September 1943

Rückschein 1944 = Rückschein Maria Paterno, Berlin, 27. Mai 1944

Serafine H. 07/1944 = Brief Serafine H., Innsbruck, 17. Juli 1944

Serafine H. 12/1943 = Brief Serafine H., Innsbruck, 5. Dezember 1943

Serafine H. 04/1944 = Brief Serafine H., Innsbruck, 23. April 1944

Serafine H. 05/1944 = Brief Serafine H., Innsbruck, 24. Mai 1944

Serafine H. 07/1944 = Brief Serafine H., Innsbruck, 17. Juli 1944

Sparbrief 1937 = Sparbrief mit Lebensversicherung, o. Ort u. Datum

Sperger 1946 = Brief an Anton Sperger, Pullach, 9. Mai 1946

Stammbaum 2018 = Stammbaum via Elisabeth P., Hard, 2018

Sterbegottesdienst 1945 = Bewilligung Sterbegottesdienst, Lustenau, 4. Juli
1945

Sterbeurkunde 1944 = Sterbeurkunde Hugo Paterno, München, 2. September
1944

Tagheft 1946 = Tagheft für Josef Paterno [Deutschheft ab November 1946
bis Februar 1947]

Todesanzeige 1945 = Todesanzeige Hugo Paterno, Lustenau, Bludenz, Feldkirch, Bieno, [8.] Juli 1945

Trauungsschein = Kirchlicher Trauungsschein, Bregenz, 26. Juni 1958

Urteil 1941 = Urteil Hugo Paterno, Innsbruck, 25. September 1941

Übergabevertrag 1940 = Übergabevertrag Valentin Sperger, Lustenau, 28. Juli
1940

Vorbereitungskurs 08/1935 = Bundesfinanzamt für Vorarlberg Vorbereitungskurs, Feldkirch, 5. August 1935

Vorbereitungskurs 12/1935 = Bundesfinanzamt für Vorarlberg Vorbereitungskurs, Feldkirch, 31. Dezember 1935

Wehrpass 1939 = Wehrpass Hugo Paterno, Bregenz, 20. Jänner 1939

Werbung Bausparer = Handwurfzettel Bausparer, o. Ort u. Datum

Wüstenrot 1937 = Aufnahmeantrag Wüstenrot, Salzburg, 15. Jänner 1937

Zeitungsausschnitt o. Datum = Bericht über Hugo Paterno in nicht ermittelter
Zeitung, o. Ort u. Datum [„Lustenau, 5 Juli. Hugo Paterno. Dieser Namen

kann bei uns nicht mehr genannt werden, ohne dass man dabei nicht
Gefühle tiefster Dramatik empfindet ...“]
Zentralbesoldungsamt 1953 = Zentralbesoldungsamt an Maria Paterno, Wien,
15. Dezember 1953

Ausstellungskataloge, Zeitungen, Bücher

Alt 1946 = Alt, Karl: Todeskandidaten. Erlebnisse eines Seelsorgers im Gefängnis München-Stadelheim mit zahlreichen im Hitlerreich zum Tode
verurteilten Männern und Frauen. München 1946
Ansichten 2018 = Winkler, Nina; Steiner, Thomas (Hrsg.): Lustenau in alten
Ansichten. Gemeinde und Leute auf ausgewählten Fotos und Ansichten
aus der Sammlung Vincent Baur. Bregenz 2018
Baldermann 2017 = Enigl, Marianne: Baldermann, Wien 1903 – Berlin/Plöt-
zensee 1943. Eine Arbeitergeschichte im Roten Wien. Wien 2017
Barnay 2011 = Barnay, Markus: Vorarlberg. Vom Ersten Weltkrieg bis zur
Gegenwart. Innsbruck 2011
Battke 2013 = Battke, Kathleen: Trümmerkindheit. Erinnerungsarbeit und
biografisches Schreiben für Kriegskinder und Kriegsenkel. München
2013
Befreiungsdenkmal 2011 = Den für die Freiheit Österreichs Gestorbenen. Das
Befreiungsdenkmal und die Erinnerung. Eine Intervention. Innsbruck
2011
Bode 2009 = Bode, Sabine: Kriegsenkel. Die Erben der vergessenen Gene-
ration. Stuttgart 2009
Bösch 1984 = Bösch, Adolf: Hugo Paterno. In: *Vorarlberger Nachrichten*, Bre-
genz, 12. Juli 1984
Bösch 1996 = Bösch, Adolf: Lustenau und seine Geschichte. Lustenau 1996
(= Lustenau und seine Geschichte; 4)
Dachs 1996 = Dachs, Johann: Tod durch das Fallbeil. Der deutsche Scharf-
richter Johann Reichhart (1893–1972). Regensburg 1996
Dohmen, Scholz 2003 = Dohmen, Herbert; Scholz, Nina: Denunziert. Jeder
tut mit. Jeder denkt nach. Jeder meldet. Wien 2003
Freiheitskämpfer 2007 = „Hugo Paterno, ein vorbildlicher Österreicher“. In:
Der Freiheitskämpfer, Wien, Dezember 2007, S. 8
Haffner 2009 = Haffner, Leo: Ein besessener Vorarlberger. Elmar Grabherr
und die Ablehnung der Aufklärung. Hohenems, Wien 2009
Halbrainer 2007 = Halbrainer, Heimo: „Der größte Lump im ganzen Land,
das ist und bleibt der Denunziant“. Denunziation in der Steiermark
1938–1945 und der Umgang mit den Denunzianten in der Zweiten Re-
publik. Graz 2007
Hefte 2010 = *Stadelheimer Hefte*. Hrsg. v. Michael Stumpf; Redaktion Rudolf
Drasch, Nr. 7, München, November 2010
Holzner 1977 = Holzner, Johann: Zeugen des Widerstandes. Eine Dokumentation über die Opfer des Nationalsozialismus in Nord-, Ost- und Südti-
rol von 1938 bis 1945. Innsbruck 1977

Hormayr 2015 = Hormayr, Gisela: „Die Zukunft wird unser Sterben einmal anders beleuchten": Opfer des katholischen Widerstands in Tirol 1938–1945. Innsbruck 1995

Knoch 2012 = Knoch, Heike; Kurth, Winfried; Reiß, Heinrich J. u. Egloff, Götz (Hrsg.): Die Kinder der Kriegskinder und die späten Folgen des NS-Terrors. Heidelberg 2012 (= Jahrbuch für psychohistorische Forschung; 13)

Krenn 2004 = Krenn, Walter; Hirsch, Heinz: Zoll im Wandel der Zeit. Unter besonderer Berücksichtigung der österreichischen Zollgeschichte. Wien 2004

Kriegerdenkmal 2013 = Das Lustenauer Kriegerdenkmal – Entstehung und Geschichte. Ausstellungskatalog, Lustenau 2013

Lexikon 1932 = Von A bis Z. Das Konversationslexikon der deutschen Buchgemeinschaft. Nebst vollständigem Atlas-Kartenmaterial. Berlin 1932

Lipuš 2019 = Lipuš, Florjan: Schotter. Übersetzung von Johann Strutz. Salzburg u. Wien 2019

Malin 1985 = Von Herren und Menschen. Verfolgung und Widerstand in Vorarlberg 1933–1945. Hrsg. von der Johann-August-Malin-Gesellschaft. Bregenz 1985 (= Beiträge zur Geschichte und Gesellschaft Vorarlbergs; 5)

Modernes ABC 1921 = Brors, X.: Modernes ABC für das katholische Volk. Kurze Antworten auf die zahlreichen Angriffe gegen die katholische Kirche. 9. Auflage. Kevelaer 1921

Ottmer 1994 = Ottmer, Hans-Martin: „Weserübung". Der deutsche Angriff auf Dänemark und Norwegen im April 1940. Oldenbourg 1994 (= Operationen des Zweiten Weltkrieges, Militärgeschichtliches Forschungsamt; 1)

Pichler 2012 = Pichler, Meinrad: Nationalsozialismus in Vorarlberg. Opfer, Täter, Gegner. Innsbruck 2012 (= Nationalsozialismus in den österreichischen Bundesländern; 3)

Rohrer 1995 = Rohrer, Anton: Trentinisch-italienische Migrationsbewegung im Raum Bludenz-Klostertal. In: Burmeister, Karl Heinz; Rollinger, Robert: Auswanderung aus dem Trentino – Einwanderung nach Vorarlberg. Sigmaringen 1995 (= Bodensee Bibliothek; 38), S. 189–217

Rothmann 2009 = Ralf Rothmann: Feuer brennt nicht. Frankfurt am Main 2009

Safrian, Witek 1998 = Safrian, Hans; Witek, Hans: Und keiner war dabei. Dokumente des alltäglichen Antisemitismus in Wien 1938. Wien 1998

Scheffknecht 2003 = Scheffknecht, Wolfgang: 100 Jahre Marktgemeinde Lustenau. Lustenau 2003

Schütz 2016 = Schütz, Mathias: Das Strafgefängnis Stadelheim als zentrale Hinrichtungsstätte im Nationalsozialismus. Entwicklungen und Opfer. In: Zeitschrift für Geschichtswissenschaft. 10/2016. Berlin, S. 854–875

Reinprecht 2014 = Reinprecht, Christoph: Die österreichische Soziologie und der Nationalsozialismus. Aufbruch, Verdrängung und verletzte Identität. In: Christ, Michaela; Suderland, Maja (Hrsg.): Soziologie und Nationalsozialismus. Positionen, Debatten, Perspektiven. Berlin 2014), S. 237–262 (= suhrkamp taschenbuch wissenschaft; 2129)

Stenografie 1918 = Hirschberg, F. J.: Lehrgang der Stenografie. 21. Auflage. St. Joachimstal 1918

Urban 2015 = Urban, Thomas: Katyn 1940. Geschichte eines Verbrechens. München 2015

Vogel 1979 = Vogel, Maria: „Viele Herzen empört". [Leserbrief zu Hugo Paterno] In: *Vorarlberger Nachrichten*, Bregenz, 13. März 1979

Walser 1983 = Walser, Harald: Die illegale NSDAP in Tirol und Vorarlberg 1933–1938. Wien, 1983 (= Ludwig-Boltzmann-Institut für Geschichte der Arbeiterbewegung; Materialien zur Arbeiterbewegung; 28)

Weber 2015 = Weber, Anne: Ahnen. Ein Zeitreisetagebuch. Frankfurt am Main 2015

Wichner 1894 = Wichner, Josef: Im Schneckenhause. Ein Volksroman. 3. Auflage. Wien 1894

Wichner 1889 = Wichner, Josef: Alraunwurzeln. Ein lustiges und lehrreiches Volksbüchlein. Krems an der Donau 1889

Zollrecht 1920 = Das österreichische Zollrecht und Zollverfahren. Gesetz vom 10. Juni 1920, StGBl. Nr. 250, samt Vollzugsanweisung und Anlagen. Wien 1920

Zollwachvorschrift 1928 = Senkovsky, Hermann (Hrsg.): Die österreichische Zollwachvorschrift. Wien 1928

ZPR1 = Paterno, Wolfgang: „Bin das Opfer hasserfüllter Menschen". In: *profil*, Wien, 16. Juli 2012, S. 58–67

ZPR2 = Paterno, Wolfgang: „Meinen Worten glaubt man nicht". In: *profil*, Wien, 23. Juli 2012, S. 70f

ZPR3 = Paterno, Wolfgang: „Nur ein trauriger Held". In: *profil*, Wien, 30. Juli 2012, S. 70f

ZTN = N. N.: „Durch Tratscherei dem Schafott überliefert". In: *Tiroler Nachrichten*, Innsbruck, 10. Juni 1947, S. 2

ZTT = N. N.: „Urteile des Volksgerichtes". In: *Tiroler Tageszeitung*, Innsbruck, 10. Juni 1947, S. 3

ZVN 2006 = „Blumen der Erinnerung". In: *Vorarlberger Nachrichten*, Schwarzach, 6./7. Mai 2006

ZVZ = N. N.: „Vor dem Volksgericht standen ...". In: *Volkszeitung, Innsbruck*, 10. Juni 1947, S. 3

Bildnachweis

Leider war es nicht in allen Fällen möglich, Rechteinhaber der Abbildungen ausfindig zu machen. Berechtigte Ansprüche werden selbstverständlich im Rahmen der üblichen Vereinbarungen abgegolten.

Abb. 21, 31
Foto Heuberger, Lustenau

Abb. 28, 29
Foto Müller, Feldkirch

Abb. 24
Photo H. Huber, Innsbruck

alle übrigen
Privat

Dank

Für ihre Mithilfe und ihr Interesse an diesem Buch danke ich herzlich: Eva Streng, Johanna Fally, Vera Myslik, Rainer Hofmann, Karlheinz Koch, Matthias Denifl, Willi Weinert, Christian Rainer, Martin Achrainer, Elisabeth Paterno, Heidi Delbeck, Wolfgang Weber, Meinrad Pichler, Otmar Holzer, Eugen Schneider, Doris und Helmut Kanzian, Doris Daiber, Christof Thöny, Helmuth Schönauer, Horst Schreiber, Gerlinde Tamerl, Walter Krenn, Andreas Grunwald, Rudolf Jerabek, Peter Melichar, Michael Fliri, Marianne Enigl, Bernhard Mertelseder, Kurt Greussing, Tobias Schweitzer, Thomas Mittelberger, Dagmar Sachsenhofer, Alfons Dür, Hedwig Grohmann, Claudia Kuretsidis-Haider, Herbert Nagel, Astrid Honold, Rudolf Drasch, Christoph Redies, Harald Zraunig, Thorsten Noack, Sabine Hildebrandt, Hanno Loewy, Michael Viebig, Evelyn Grebenz, Helmut Bartels, Ursula Simmerle, Florian Steger, Tone Bechter, Alberto Vesco, Hugo Eisele, Johannes Tuchel, Robert Bierschneider, Magnus Koch, Wilhelm Schloz, Paul Hoser, Lukas Morscher, Heimo Halbrainer, Sabine Klotz, Gerhard Wanner, Peter Stephan Jungk, Peter Niedermair, Albert Hofer, Vincent Baur, Dorothea Zanon, Nina Gruber, Verena Zankl, Johann Holzner, Monika Helfer, Linde Beyweiss, Hanna Sukare, Trude Loacker, Viktor Eggert, Josef Concin, Gerald Aichner, Ernst Hollenstein, Dieter Raddatz, Geremia Carlo Paterno, Mathias Schütz, Noah Hofer, Elisabeth Mixa, Erwin Schuh, Evelyn Steinthaler, Angela und Johannes Heide.

Besonderen Dank, wie stets, an P.

Inhalt

7   **Vorrede**

11   **Prolog**
11   Der Fremde
18   Jeder tut mit
20   Kriegsenkel
23   Spurensuche
27   Lebenspuzzle
29   Maul halten

35   **Hugo Paterno 1896–1944**
37   Ein Leben als Geist
42   Im Dienst
45   Beamtenkarriere
50   Mit Wüstenrot
52   Privatmann
57   Staatsdiener
68   Nummer 7871889
71   B. erstattet Meldung
76   Vom Verschwinden
79   Gespräch unter Feinden
84   Hässliche Geschichte
87   Mörderbrut
91   7a P2 – PI 4d
94   Strafversetzt
95   Zerrieben, zerbrochen
102   Das Beweisstück
103   Gegenüberstellung
110   Das Porträtbild
114   Zur Sache
115   Anklageschrift 1941

120 Hauptverhandlung
126 Unterm Hakenkreuz
131 „Liebe Anita!"
134 Fünf Tage im Frühherbst
137 Jagdrausch
144 Gewaltstreich
154 Die Verhaftung
156 Das Verhör
162 Strenge Bestrafung
164 Rede der Rohheit
165 Vor dem Ermittlungsrichter
168 Hugos Gott
171 Schwarze Tage
174 Berlin-Plötzensee
177 Geisteszustand
181 Betschwester
182 Anklageschrift 1944
184 Freislers Unterschrift
186 Drum, Mut!
194 Vor dem Volksgerichtshof
201 Leben erbitten
209 Letzte Lebenszeichen
220 Bis zuletzt
222 Abschied
223 Vater im Himmel
224 Neun Sekunden
225 Hoffnung dahin
226 Knochenmühle
230 Heiland, hilf
233 Ohne Grab

239 **Epilog**
239 Versuch einer Aufarbeitung: Rosa R. vor Gericht

244 Widersacher am Wort: Verhöre mit Hugos Denunzianten

254 Josefs dunkler Traum: Aus dem Schulheft von Hugos Sohn

259 **Anhang**

259 Anmerkungen

285 Quellen

297 Bildnachweis

299 Dank

Wolfgang Paterno, geboren 1971, studierte Deutsche Philologie, Geschichte und Publizistik in Wien. Seit 2005 ist er Redakteur des Nachrichtenmagazins profil. Er veröffentlichte zahlreiche Artikel, u.a. im FALTER und der ZEIT, sowie Bücher zu historischen und literarischen Themen, zuletzt etwa „Faust und Geist – Literatur und Boxen zwischen den Weltkriegen" (2017), „Ein Jahrhundert Leben. Hundertjährige erzählen" (gemeinsam mit Eva Walisch, 2018) und „Das erste Mal. Autorinnen und Autoren über ihr erstes Buch" (2019).